The Pursuit of Happiness

追求幸福

"小人物"在美国法律秩序中争取平等权利的历程

刘宗坤 著

山西出版传媒集团　山西人民出版社

图书在版编目（CIP）数据

追求幸福："小人物"在美国法律秩序中争取平等权利的历程 / 刘宗坤著 . -- 太原：山西人民出版社，2023.2
ISBN 978-7-203-12512-9

Ⅰ.①追… Ⅱ.①刘… Ⅲ.①司法制度—研究—美国②平等—研究—美国 Ⅳ.① D971.26 ② D771.224

中国版本图书馆 CIP 数据核字（2022）第 247844 号

追求幸福："小人物"在美国法律秩序中争取平等权利的历程

著　者：	刘宗坤
责任编辑：	郭向南
复　审：	吕绘元
终　审：	梁晋华
出　版　者：	山西出版传媒集团·山西人民出版社
地　　址：	太原市建设南路 21 号
邮　编：	030012
发行营销：	010-62142290
	0351-4922220　4955996　4956039
	0351-4922127（传真）　4956038（邮购）
天猫官网：	https://sxrmcbs.tmall.com　电话：0351-4922159
E-mail：	sxskcb@163.com（发行部）
	sxskcb@163.com（总编室）
网　　址：	www.sxskcb.com
经　销　者：	山西出版传媒集团·山西人民出版社
承　印　厂：	唐山玺诚印务有限公司
开　本：	880mm×1230mm　1/32
印　张：	10.125
字　数：	260 千字
版　次：	2023 年 2 月　第 1 版
印　次：	2023 年 2 月　第 1 次印刷
书　号：	ISBN 978-7-203-12512-9
定　价：	58.00 元

如有印装质量问题请与本社联系调换

自　序

本书讲述"小人物"在美国法律秩序中追求幸福的故事。或者可以说，这是一部依据美国法院案例书写的"小人物"生活史，纵贯一个半世纪，无数细节碎片映照出时代变迁，有人称之为进步，有人称之为衰败。"小人物"的幸福和不幸、苟且和反抗、安逸和挣扎就在"大人物"高谈阔论的进步或衰败中一如既往地按生活世界的日常逻辑延伸、展开。

"追求幸福"的平等权利是美国的建国承诺，写在《独立宣言》中。V.S.奈保尔称之为"观念之美"，认为它是现代文明价值的核心。在日常生活的意义上，美国历史大致是迂回曲折地实现这一建国承诺的进程，体现在法律和司法中，就是追求幸福必不可少的一些基本权利从白人有产男性逐渐扩展到其他社会阶层、女性、少数族裔和其他传统上的弱势群体。这些权利主要包括法律的平等保护、选举投票、自由婚恋、女性堕胎、儿童入学、母语教育等。"追求幸福"的观念无论多么美好，必须"道成肉身"，具体化在可操作的法律中才有现实意义，体现在法院判决中才有生命力。

法院的判决和档案为我们认知美国历史提供了可靠的专业记录。每个案件都是真实人物演绎的活生生的时代故事，像社会的一面面棱镜，折射出当时的法律、政治、人心、习俗、冲突、潜规则、时代思潮、生活状况等。判决书中表述的事实大都经过双方律师的职业筛选和陪审团的常识过滤,虽然不是百分之百无误,但一般要比学者书写的历史更可靠,更少理论家的个人喜好、宗教或政治偏见,也更接近普通人的生活现实。很多案件本身就是精彩的故事,有些令人心酸,有些令人唏嘘,有些令人愤怒——岁月静好的成人童话到不了法院。

除了美国最高法院的几个分水岭式判例,书中也选取了近年基层法院轰动一时的几起审判。美国的基层法院是个奇妙的世界,法官有着不同的背景和经历,在审理和判决案件时,除了职业规范和利益考虑,有时候还会服从自己的感性和良知,有时候则会扭曲自己的良知,并不完全按照法律的逻辑运转。各种习俗和潜规则在最高法院的判决书中不易看到,读者只能跟着好奇心,一点一点去探索。所以,在了解案情的时候,读者只看最高法院的判决书远远不够,还要了解案子的来龙去脉,比如当事人的身世、冲突和纠纷的缘起、律师的背景、案子怎么从基层法院一步一步到了最高法院、法官的个人经历等因素如何影响案件在基层法院的输赢。读者的好奇心往往能引出意想不到的发现。

笔者无意论证抽象的法律理论,而是侧重讲述个案所涉及的具体权利、当事人的命运、律师和法官的互动等,其间穿插一些重要历史事件、政客的起伏、国会立法和学者的论说,从中揭示历史中缓慢展开的正义,同时也是不断迟到的正义。尽管了解相关司法程序的细节有助于从专业角度阅读判决书,但对于读者理解这些案件并非必要条件。律师写文书、打官司,技术细节至关重要。但读者通过阅读案例认知历史,理解力和洞察力更重要。律师在办案时需要聚焦事实细节,往往见枝叶,不见树木和森林。魔鬼和上帝都在细节中。水平高的法官在审理案件时除了把事实梳理清楚,还会把枝叶放在树上,把树放在森林中做出判决。

这些案例展现的历史事件和人物命运一再显示,政治乌托邦承诺的人人幸福固然是精神鸦片,但法律保障普通人追求幸福必不可少的那些基本权利却是现代文明秩序的基础。不管喜不喜欢,我们只生活在生活世界,普通人的幸福只存在于在生活世界对幸福的追求中。就像美国最高法院1923年在"梅耶诉内布拉斯加案"中讲的那样,法律保障的一些基本权利对自由人追求幸福必不可少。在现实世界,传统上被社会忽略和遗忘的"小人物"要追求幸福,往往不得不打破一些成文法律和社会潜规则积累的陈规陋习。过去,人们习惯于把这个进程称为"启蒙"或"觉醒"。"启蒙"也好,"觉醒"也罢,归根到底是芸芸众生在平等的法律秩序中按自己理解的方式追求幸福,或按自己选择的方式生活。

笔者在写作过程中得到师友的热心鼓励和无私帮助。书中部分内容曾见诸《财新周刊》《南方周末》《读书》等报刊。徐晓女士、饶淑荣女士和刘小磊先生曾对书写的角度提出宝贵建议并在文字表述等方面做了大量工作。写作期间,笔者曾就书中涉及的诸多问题向老友刘时工教授请教,受益良多。友人刘瑜女士不但为本书出版牵线搭桥,而且审阅初稿并提出中肯的意见和建议。在此一并致谢!

第一章　新奥尔良往事

一　1857：一个不寻常的年份 2
二　"必要的恶"与"积极的善" 6
三　温情家长制 10
四　"隔离但平等" 13
五　过去还没成为过去 17

第二章　最南的南方

一　林氏姊妹 25
二　转战法庭的前州长 28
三　不同寻常的法官 32
四　法院与宪法的距离 38
五　晦暗年代 46

第三章　难题与信条

一　冈纳·缪达尔 55
二　南北鸿沟 57
三　美国社会的"黏合剂" 61
四　审慎的乐观主义 64
五　政治标签 69
六　潜规则 75

第四章 教育平权

- 一 瑟古德·马歇尔 ... 84
- 二 "我们国家的信条" ... 86
- 三 巨变的前夜 ... 90
- 四 转折点 ... 93
- 五 一致判决 ... 99
- 六 汉娜·阿伦特的异见 ... 106

第五章 爱的权利

- 一 弗吉尼亚 ... 116
- 二 判罪与放逐 ... 120
- 三 申诉 ... 123
- 四 "这太不公平了" ... 128
- 五 追求幸福的自由 ... 134
- 六 真相与和解 ... 137

第六章 公道矫正法律

- 一 日出前开庭 ... 148
- 二 无辜的孩子 ... 153
- 三 平等保护 ... 160
- 四 "文盲是终身残疾" ... 166
- 五 制造"低端阶层" ... 171
- 六 "柏拉图式保护者" ... 176

七　两种正义..................................183

第七章　历史与神话

　　一　短语的奴隶..................................195
　　二　塞缪尔·亨廷顿..................................198
　　三　由多归一..................................201
　　四　本土主义..................................205
　　五　盎格鲁-撒克逊神话..................................209
　　六　保守主义与文化偏执..................................213

第八章　未竟的救赎

　　一　斯特罗姆·瑟蒙德..................................221
　　二　南方生活方式..................................225
　　三　"我永远搞不懂他"..................................228
　　四　宽恕与和解..................................231

第九章　勇气是最好的保护

　　一　另一半公民..................................241
　　二　化名简·罗伊..................................247
　　三　"你永远不会赢"..................................254
　　四　最年轻的律师..................................258
　　五　离散的一家人..................................263
　　六　忏悔与迷茫..................................268

结 语

- 一 常识理性 277
- 二 反启蒙 280
- 三 启蒙与革命 284
- 四 保守与激进 286
- 五 法律与公道 289

附录：美国联邦法院的司法审核权

- 一 司法审核权 296
- 二 "午夜法官" 299
- 三 "违反《宪法》的法律不是法" 304
- 四 法官、总统、党派 308

第一章　新奥尔良往事

  在目前的文明状况下，两个不同源的种族，肤色、体征、智力都有差异，他们在蓄奴州现有的关系，不是恶，而是善——积极的善。

——约翰·卡尔霍恩

  最高法院的权力可以用来行善，也可以用来行恶，都不可低估……既能通过判决巩固人民对我们体制的信心和爱戴，也比其他政府部门更容易破坏我们的政体。

——约翰·哈伦大法官

  理解美国历史和社会需要至少把握两条线索：一条是辉煌的主线，一以贯之的是《独立宣言》确立的建国理想和《宪法》搭建的宪政制度；另一条是晦暗的线索，在奴隶制中达到顶峰，尽管经常表现为种族问题，但本质上不是种族问题，而是等级制问题，即在社会地位上把国民按种族、财富、出身、国家来源等分为三六九等。奴隶制是美国的原罪，废除奴隶制开启了一个坎坷的自我救赎历程，至今仍然在起伏跌宕中。在历史上，这两条线索相互交织，共同定义了美国这个国家。从各级法院的判决中，我们可以看到这两条线索在不同时代，以不同的方式表现出来。

一　1857：一个不寻常的年份

20多年前，沃尔特·约翰逊（Walter Johnson）从纽约来到路易斯安那州的新奥尔良，寻找一段消失的南方历史。当时，他是纽约大学历史系年轻的助理教授。美国内战前后半个世纪，新奥尔良曾是南方最繁华的都市和最繁忙的港口，有"南方的纽约"之称，声色犬马，歌舞美食，成为南方有钱人寻欢作乐的首选之地。在名著《飘》中，新奥尔良是"乱世佳人"斯嘉丽跟瑞德度蜜月的地方——在这座奇异惊艳的城市，她"像一名终身监禁的囚犯突然获得赦免，沉醉在癫狂的快乐中"[1]。

内战期间，一些南方城市遭战火破坏，官方档案被大量焚毁。新奥尔良是第一座被联邦军队占领的南方大都市。1862年4月，联邦海军的战舰从墨西哥湾进入密西西比河入海口，发动突袭，摧毁了两岸的炮台。因为新奥尔良三面环水，内线防御薄弱，联邦军队长驱直入，占领了这座完好无损的城市。此后，内战又持续了三年，新奥尔良成为南方战火中的和平孤岛。跟城市建筑和街道一起免于战火毁坏的是法院档案。

20世纪80年代，在新奥尔良一栋旧建筑的地下室，人们发现了大量保存完整的内战前法院档案，包括判决书、起诉书、答辩书、证人证词、法庭证人做证记录、律师在法庭上的陈述和辩护记录等。在数千份路易斯安那最高法院卷宗中，有200多起案件涉及奴隶市场交易。当年，沃尔特·约翰逊的新奥尔良之行就是为了发掘这批档案中被尘封了一个多世纪的历史。新奥尔良之行的成果是约翰逊学术生涯的第一本著作《一个个生灵：内战前奴隶市场生活内幕》。出版几年后，约翰逊获得哈佛大学的教职，如今已经成为首屈一指的研究美国南方和奴隶制的历史学家。跟许多同行历史学家不同，约翰逊注重依据法院档案书写小人物的"日常生活史"。[2]艾丽克希娜·莫里森（Alexina Morrison）就是这样一位曾被尘封在法院档案中近一个半世纪，被约翰逊重新发掘出来获得生命的小人物。

1857年新年过后，阿肯色州人约翰·哈利伯顿（John Halliburton）带着一位十几岁的女孩子从小石城（Little Rock）来到新奥尔良。在密西西比河南下的汽轮上，他们看上去像一对父女。法国区是新奥尔良最繁华的地段，圣路易街（St. Louis Street）和夏尔特街（Chartres Street）交叉口的圣路易酒店是法国区最热闹的场所，吸引着来自全国的商人、政客和社会名流。酒店的大厅有罗马式穹顶，科林斯石柱环绕，是个咖啡、烟酒、古董、艺术品的拍卖场，也是全国最豪华的奴隶拍卖场。根据肤色深浅，展出拍卖的奴隶被分为六种成色：纯黑（negro）、半黑（mulatto）、棕黑（griffe）、四分之一黑（quadroon）、八分之一黑（octoroon）。[3]

到达新奥尔良后，哈利伯顿把随行的那位女孩子打扮起来，带到圣路易酒店的奴隶拍卖场。她的卖契上写的肤色是"黄"，姓名简·莫里森（Jane Morrison），年龄15岁。但她看上去没有黄皮肤的迹象，既不像印第安人、华人，也不像印第安人或华人跟白人或黑人的混血儿。她是个肤色白皙、眼睛碧蓝的女孩子，言行举止跟其他白人女孩子没有两样。当时，买主对于浅色奴隶

第一章　新奥尔良往事　3

比较小心,流行的观念是肤色越浅,人越聪明,可能还认字,不容易管教,一旦逃跑,难以找回来。简·莫里森的买主是詹姆斯·怀特(James White)。他本来是奴隶贩子,曾在新奥尔良拥有一家关押和贩卖黑奴的"奴圈"(slave pen)。不久前,他卖掉了"奴圈",在新奥尔良西邻的杰斐逊教区(Jefferson Parish)买下一座种植园。简是怀特在杰斐逊教区置产后买下的第一个奴隶。他请人剪短了她的亚麻色头发,烫成卷发,染成黑色,让她看上去更像黑白混血儿。被怀特买回家不久,简逃跑了。[4]

奴隶制时代的南方,白人购买种植园和奴隶是进入上层社会的标志。不过,当怀特从奴隶贩子改行做奴隶主的时候,奴隶种植园经济的发展正在接近尾声。

1857年在美国历史上是个不寻常的年份。3月4日,詹姆斯·布坎南总统就职。两天后,最高法院宣判"德雷德·斯科特诉桑福德案"(*Dred Scott v. Sandford*)。首席大法官罗杰·托尼(Roger Taney)在他亲自撰写的判决书中,判决奴隶是奴隶主的合法财产,《宪法》第五修正案保护奴隶主对奴隶的财产权,而且所有黑人,无论是奴隶身份还是自由人身份,都不是美国公民,没有在联邦法院起诉的权利。在此之前,按照北方自由州的法律和法院判例,奴隶一旦进入自由州居住即获得自由人身份,即一朝获得自由,终身为自由人,享有法律保护的公民权。德雷德·斯科特案的判决推翻了北方自由州的相关法律和法院判例,等于主张一朝为奴隶,终身不能成为公民。这意味着,北方各州将无力保护从南方逃出来的黑奴。[5]

德雷德·斯科特案不但断绝了南方奴隶逃往自由州的道路,

而且也把自由州的黑人地位下拉到准奴隶的水准——本来受州法律保护的自由人不能再自由旅行，不能再像其他自由人一样携带武器。自由州的黑人，甚至包括其他有色人种，既不是奴隶，也不享有自由人的公民权，成了生活在法律夹缝中的人群。

最高法院试图通过德雷德·斯科特案的判决平息废奴和蓄奴的争执，缓解北方自由州和南方蓄奴州的冲突，但结果却适得其反。北方各自由州官民普遍被最高法院的判决激怒，南方蓄奴州则欢庆司法胜利。美国在约翰·卡尔霍恩（John C. Calhoun）预言和诅咒的内战道路上加速行进。堪萨斯州支持奴隶制和反对奴隶制的两方不断发生流血冲突，成了大规模内战的预演。不到四年，布坎南总统输掉大选，在他任期的最后三个月，南方各州纷纷宣布脱离联邦。1861年3月4日，林肯总统就职的时候，美国已经是一个事实上南北分裂的国家。

简·莫里森失踪后，怀特报案，并悬赏捉拿，但没有获得任何线索。复活节过后，是闷热的炎夏。如果简逃出路易斯安那，找到的希望就渺茫了，如果她逃到北方，就可能永远找不到了。她可以说自己是孤儿，就像其他孤苦伶仃的白人女孩子一样，没有人会相信她是奴隶——她的长相、肤色、头发、言谈举止都不像黑奴。如果她不是黑人，则最高法院的德雷德·斯科特案判决在她身上不适用。

1857年10月，怀特收到路易斯安那第三区法院的传票，原告是艾丽克希娜·莫里森。简并没有逃出路易斯报案，甚至没有离开新奥尔良一带。从怀特家逃出后，她向巡警报案，说自己被当奴隶拐卖，逃脱后无家可归。奴隶制时代，巡警的任务之一就是抓捕逃跑的奴隶，但眼前这位黑发女孩子皮肤白皙、眼睛碧蓝，外表和言谈举止都不像奴隶。巡警把她送到教区监狱，交给看守威廉·戴尼森（William Dennison）收容。女孩子告诉戴尼森，她名叫艾丽克希娜·莫里森，被人从阿肯色州绑架到新奥尔良，当奴隶卖给詹姆斯·怀特。[6]奴隶贩子绑架自由人当奴隶贩卖，在奴隶制时代的南方并非闻所未闻。1853年，纽约的黑人自由人所罗门·诺瑟普（Solomon Northup）曾出版自传《为奴十二年》（*Twelve Years a Slave*），讲述自己被绑架，运送到新奥尔良奴隶市场贩卖，在南方做了12年奴隶的经历。路易斯安那最高法院的档案中，也有类似案件。[7]

监狱看守戴尼森家里没有奴隶，他同情艾丽克希娜·莫里森的遭遇，把她领回家，跟家人一起生活，并带她参加朋友和邻里的聚会。不过，怀特找到莫里森是早晚的事。戴尼森为莫里森请了律师，起诉怀特。她说自己是白人，不是奴隶，请求法院宣判她是自由人，并让怀特赔偿一万美元损失。在律师建议下，她同时请求监狱收监自己，以免被怀特当逃跑的奴隶抓回去。案件在两个地区法庭审判了三次，上诉到路易斯安那州最高法院两次，前后拖了五年。[8]

二 "必要的恶"与"积极的善"

路易斯安那的法院对奴隶交易案件并不陌生。内战前，新奥尔良是南方最大的奴隶市场。除了圣路易酒店的豪华奴隶拍卖场，在沿街开设的"奴圈"中，黑奴被打扮起来，男女分开，列成两排待售，是这座城市生活的日常景观。为买主贷款的银行家、起草交易合同的律师、为文件做公证的公证员、为奴隶检查身体的医生和做饭的厨师……形成一条完整的产业链。艾丽克希娜·莫里森是被输送进新奥尔良这条贩奴产业链的十余万名奴隶之一。[9]

对奴隶制历史，美国政界、学界和民间历来存在三种叙事和评价模式：一是"不可容忍的恶"，视奴隶制为文明社会的耻辱和美国历史的污点；二是"必要的恶"，把奴隶制作为当时历史条件下不得已而为之的制度安排；三是"积极的善"，把奴隶制本身当成一种符合人性的良善制度，甚至是上帝的安排。

内战前，北方自由州的废奴运动发布了上万件奴隶自述，揭示奴隶制的罪恶和奴隶主的残暴。奴隶口述经过废奴人士的专业加工，被纳入第一种叙事模式。因为没有渠道核实奴隶的口述内容，加上难以确定记录者的加工程度，史学界往往对这类奴隶自述的真实性和准确性存疑。而法院档案往往能提供比奴隶口述更可信的资料。虽然原告和被告找证人做证都要服从打赢官司的目的，但证人在法庭上会被双方的律师交叉质询，从质询记录中可以更好地判断证词的可靠性和可信度，看到比奴隶在法庭外的单方陈述更完整的事实。

把奴隶制作为历史中"必要的恶"，在学界和政界由来已久。它承认奴隶制是一种罪恶，但是当时社会条件下不得不付出的政治和道德代价：棉花种植是南方的经济支柱，没有黑奴劳动力，棉花产业就会萎缩，经济就会垮掉；而且，只有"一国两制"，蓄奴州和自由州并存，联邦才得以建立和维持。按照这种观点，发展经济和建立、维护联邦都是通过奴隶制这种"必要的恶"才能实现的更高的善。这种叙事模式至今为很多人所接受。2020年

第一章 新奥尔良往事 7

7月，国会参议员汤姆·科顿（Tom Cotton）对媒体说，美国就是建立在奴隶制这一"必要的恶"上面，让它在历史进程中发挥自己的作用，最后寿终正寝。[10]

"积极的善"是内战前南方为奴隶制辩护的主导模式，也是对北方废奴运动的一种进攻性回应。在这种主张看来，黑奴智力低下，生性懒惰，没有自我管理的能力，无法融入文明社会，必须由文明人来管教，组织劳动，提供生活所需，让他们少有所教、病有所医、老有所养，是故，奴隶制是最符合人性的制度，对奴隶主和奴隶来讲，都是善莫大焉。保守主义理论家拉塞尔·柯克（Russell Kirk）十分推崇的南方政治家约翰·卡尔霍恩是"积极的善"最知名的鼓吹者。[11]

卡尔霍恩是南卡罗来纳人，内战前曾做过美国副总统、国务卿和国会参议员。他把南方的奴隶制跟西方文明辉煌时代古希腊和古罗马的奴隶制相提并论，认为是文明社会不可或缺的等级安排。在批评自由州的废奴运动时，卡尔霍恩辩称，黑奴在蓄奴州的生活状况比北方工厂的"工薪奴隶"要好得多："在目前的文明状况下，两个不同源的种族，肤色、体征、智力都有差异，他们在蓄奴州现有的关系，不是恶，而是善——积极的善。"[12]

"必要的恶"和"积极的善"两种叙事模式有一个理论交集，就是家长制：奴隶主相当于家长，奴隶相当于孩子；主人和奴隶共同组成充满慈爱和亲情的大家庭。这种温情家长制的历史叙事一直存在于南方的政界和民间，20世纪60年代民权运动后开始在史学界流行。看过《飘》的读者，对这种温情色彩的家长制不会陌生：主人与奴隶各安其命，各就其位，共同组成和谐大家庭。一些史学家把这种温情家长制归因于奴隶主的基督教信仰。不过，新奥尔良的大量法庭档案和交易文件显示，主人善待奴隶既有宗教和人性因素，也有利益考量：奴隶属于贵重财产。很多奴隶主是贷款购买奴隶，奴隶一旦逃跑或死亡，投资立即归零。在新奥尔良的奴隶市场流行一句老话："活着的奴隶才是价格最好的奴隶。"[13]

对于不听话的奴隶，主人有两种处理方式：一是体罚，二是卖掉。不过，奴隶主在体罚奴隶时要考虑交易价格因素：如果奴隶身上留下鞭打的伤疤，会贬值。买家不愿要身上有鞭疤的奴隶，因为那意味着不听话。法院档案包含的交易文书和证词等显示，奴隶主家长制有很强的市场导向，也是一种常用的管理奴隶的手段。比如，主人经常提醒奴隶：我对你们好，你们要好好表现，干活要出力，平时要听话。如果偷懒或不听话，就把你们卖掉，落到残暴的主人手中，后悔就晚了。主人对奴隶的"职责和责任"最终服从市场原则。[14]

不过，奴隶的命运不只是掌握在奴隶主手中，奴隶主和奴隶有个共同的强大主人——奴隶制。曾有游客记下了他在新奥尔良奴隶拍卖场见到的场景：一位中年女奴站在拍卖台前伤心地哭，说她35岁，从小跟主人长大，又能干又忠诚，但主人欠债，被迫拍卖家产还债，她被列入拍卖品行列。表面上看，奴隶主掌握着奴隶的生杀大权，但从法院档案看，奴隶主遇到财务困难，拖欠债务时，银行往往会要求法院没收奴隶主的财产，包括奴隶，拍卖后还债。奴隶制是奴隶和奴隶主的共同主人。[15]

奴隶的价格跟年龄、性别、健康状况和肤色深浅有关。奴隶交易和拍卖广告中会标明奴隶肤色的深浅：纯黑、半黑、棕黑、四分之一黑、八分之一黑。男奴隶肤色越深越值钱，肤色越浅价格越低——当时人们相信，肤色越浅，人越聪明。很多浅肤色的奴隶是黑白混血，有一些甚至识字。奴隶越聪明越不好管，如果识字，不但不好管，而且逃跑的机会大增。女奴隶则是肤色越浅价格越高，被奴隶主买去之后做女佣，收拾家务，或兼做性伴侣。在新奥尔良的奴隶市场，年轻的浅肤色女奴价格往往比同样年龄的其他奴隶高出数倍。从交易档案看，内战前这类奴隶的价格高达2000到5200美元，而一般奴隶的价格往往低于1000美元。[16]

奴隶主跟女奴发生性关系成为奴隶制时代只能做不能说的潜规则，是南方生活方式的日常。1850年，美国人口普查首次将"混血儿"作为独立于黑人和白人的种族选项，结果显示全国约有40万混血人口，南方蓄奴州有34.8万名，大多是白人奴隶主跟女奴的后代。1860年，林肯在总统竞选中曾引述这一人口普查结果，指出弗吉尼亚一个州就有近8万混血儿，比所有自由州加起来还多2.3万名。[17]

三　温情家长制

詹姆斯·怀特把艾丽克希娜·莫里森买回家的时候，这种南方生活方式已经临近巨变的前夜。在书面证据不完整的情况下，莫里森要在法庭上证明自己不是奴隶，只有一个办法，就是说服陪审团相信她是白人，不是长得像白人的黑白混血儿。

第一次开庭审判时，莫里森16岁。怀特提供了由证人、证词和交易文件组成的证据链,把莫里森的身世从路易斯安那追溯到阿肯色,又从阿肯色追溯到得克萨斯,证明她有黑人血统,不属于白人,属于奴隶。莫里森说自己是自由人,唯一证据就是她本人的长相和言谈举止。法庭上,她的律师让陪审团仔细看她的白皮肤、蓝眼睛和亚麻色头发,问陪审团是相信自己的眼睛,还是相信被告的证词。法庭陪审团全部由白人男性组成,按照当时的法律,妇女和有色人种的男性没有资格担任陪审员。当时的人口普查档案显示,能够查到的陪审团成员家里都没有奴隶。

这起审判在杰斐逊教区引起广泛关注,居民普遍同情莫里森,愤恨怀特——不是愤恨他蓄奴,而是愤恨他把白人女孩子当成奴隶买卖。判决前,怀特在法庭外被情绪激动的民众拦住,有人威胁要吊死他。第一次审判,陪审团无法达成一致。法院宣布审判无效,择日重审。怀特指控当地居民和陪审团对他的个人偏见太重,无法得到公正审判,要求法院异地审理。法院把案件从杰斐逊教区转到新奥尔良的法庭重审。[18]

第二次开庭审判时,莫里森17岁。新奥尔良法庭的陪审团一致认定她是白人,判决给她自由。怀特上诉。路易斯安那州最高法院认为,新奥尔良法庭处理被告证据不当,怀特提供了完整的证据链,显示莫里森有奴隶血统。基于这一理由,州最高法院把案件打回新奥尔良法院重审:"证据充分证明,原告是一位混血女奴的后代,生而为奴,通过正常财产权转让,已经由她最初的所有人,也是她母亲的所有人,转让给被告所有。基于肤色的自由推定不是法律推定,必须让位于有奴隶血统的证据。立法者没有宣布黑人和白人之间血统混合到什么程度就让奴隶的后代获得自由,确定这类财产法则不属于司法权限范围。"[19]

第三次开庭审判时,莫里森已经20岁。新奥尔良法庭的陪审团又出现无法达成一致的局面。怀特再次上诉到路易斯安那州最高法院。不久,联邦海军的战舰兵临城下,路易斯安那州最高法院五名法官中有四名弃城逃亡,所有上诉案件的审理被迫中止。[20]

莫里森从15岁到20岁,经历了被作为奴隶买卖,三场审判,两次上诉,进进出出监狱,生了一个孩子,染上肺结核。新奥尔良被联邦军队占领后,法院记录中断,她彻底消失在历史中。从战后路易斯安那人口普查记录中,史学家已经找不到跟她在法庭的记录相匹配的名字。她15岁之前的身世是个谜,20岁以后的下落也是个谜。甚至没有人知道1863年1月1日林肯总统发布《解放奴隶宣言》时,她生活在哪里。也没有人知道,1865年12月《宪法》增加第十三修正案正式终结奴隶制时,她是否还在人世。正义一迟到,一代人就蹉跎过去了。

奴隶制时代的南方曾有无数像艾丽克希娜·莫里森这样的小人物生活着。在温情家长制的叙事模式中,奴隶主把奴隶当成外围家庭成员,但法院的奴隶交易档案和法庭审判记录显示,那是一种想象的家庭关系:奴隶主不会卖掉自己的妻小,但会卖掉奴隶,甚至把奴隶的家庭成员分开卖。内战爆发时,南方大约有400万名奴隶,而在南方各州的奴隶交易市场,曾有过200万单交易。

种植园经济的日常运作形成了主人和奴隶的近距离生活纽带,不乏善待奴隶的主人,但奴隶交易档案展示出,历史上一些政治家、小说家和学者描绘的那种温情奴隶制大家庭是一个南方神话。命运截然相反的主人和奴隶共同被一种反人性的制度毫无希望地捆绑在一起，拥有与被拥有、依附与被依附，双双陷入一个靠自身无法突破的闭环。经历了一场惨烈的内战，付出六十多万国民和一位总统的生命，这种制度捆绑才被强行打破。

四 "隔离但平等"

2019年5月，《今日美国》评出美国最高法院历史上21个里程碑式判决，其中包括1896年宣判的"普莱西诉弗格森案"（*Plessy v. Ferguson*）。[21]这项判决影响了美国社会百余年，被法官和学者引用过两万多次，改变了无数人的命运，所带动的历史惯性冲击至今。

内战结束后，美国《宪法》增加第十三、十四、十五修正案，奴隶制被废除，南方黑人获得公民权，黑人男性获得选举权，开始享有法律的平等保护。为保障这些新宪法权利的实施和战后重建，联邦政府对南方各州实行军管，历时十年。南方重建失败后，各州开始在学校、医院、交通、餐饮、旅居等场所推行种族隔离政策。新奥尔良生活着大量的混血人群，他们成为种族隔离政策的主动挑战者。

1892年6月7日，黑白混血儿霍默·普莱西（Homer Plessy）在新奥尔良买了张头等厢的火车票，坚持坐白人车厢，遭到拘捕并被起诉。普莱西的外曾祖父是法国白人，在路易斯安那还是法国殖民地的时候看上了一位女黑奴，出钱为她赎身，两人生了八个孩子，其中一个女儿嫁给白人，又生了好几个孩子，包括普莱西的母亲。作为南方最繁华的城市和最繁忙的港口，新奥尔良居住着法国人、西班牙人、英国人、非洲人、印第安人、加勒比人、爱尔兰人……经过几代融合，形成庞大的非黑非白、亦黑亦白群体，肤色呈现出深浅不一的光谱，形成了美国最早的族群熔炉。普莱西的外婆和母亲都嫁给了白人，到了他这一代，已经是八分之七白人血统，只有八分之一外曾祖母的黑人血统。[22]

内战结束后，南方重建失败，前蓄奴州纷纷实行种族隔离政策。对于种族界定，一些州宽松一些，四分之三白人血统就算白人；有些州比较严苛，只要有黑人血统，不管过了多少代，都归入黑人，俗称"一滴血"政策，即"一滴有色人种的血会污染白人的汪洋大海"。路易斯安那属于后者。虽然普莱西的肤色实际上比一些白人还白，但因为有八分之一黑人血统，仍然被视为黑人。按照路易斯安那州法律，他违规坐白人车厢，可以被判处20天监禁并罚款。审判庭法官约翰·弗格森（John Ferguson）没有判普莱西监禁，只判罚款25美元。[23]普莱西上诉，弗格森法官成了被告。案子一直打到美国最高法院，七位大法官判决种族隔离政策符合《宪法》，只有一位大法官反对。

判决书执笔人是亨利·布朗（Henry Brown）大法官。他把平等分成"政治的"和"社会的"两种，认为法律只管得了"政治平等"，管不着"社会平等"："《宪法》第十四修正案的目的无疑是实现两个种族在法律面前绝对平等。但在本质上它的目的不是取消种族间的差别，或实行不同于政治平等的社会平等……"[24]布朗大法官认为，政府不可能通过立法克服社会偏见，也不可能通过强制两个种族融合来保障黑人的平等权利。他的以下论述今天仍然被很多人深信不疑：

> 如果两个种族要达到社会平等，必须是自然亲和、相互欣赏对方优点、个人之间情投意合的结果。法律无力铲除种族本能，废除身体差别，试图这么做只会加剧目前的困境。如果两个种族在民权和政治权利方面是平等的，就不可能是一个种族在民权和政治上比另一个劣等。如果一个种族在社会方面比另一个种族劣等，美国《宪法》无法把他们拉平。[25]

在布朗大法官看来，法律规定黑人和白人不能坐同一车厢，黑白一视同仁，并没有给黑人打上劣等种族的烙印。普莱西之所以觉得自己被当作劣等种族对待，不是因为法律不平等，而是因为他自我感觉劣等。所以，这不是法律的问题，而是普莱西自己的问题。

最高法院唯一的反对意见来自约翰·哈伦（John M. Harlan）大法官，后世因此称他为"伟大的反对者"。哈伦大法官是肯塔基人，内战前父亲是奴隶主。奴隶制时代，父母是奴隶主，儿女天生也是奴隶主；父母是奴隶，儿女天生也是奴隶。但世界总是比法规和原则复杂。哈伦有几位长兄，包括他父亲跟一位女黑奴生的混血儿罗伯特。到了上学年龄，他父亲早上送罗伯特入学，因为孩子长得有点黑，下午被学校打发回家。罗伯特只能在家里接受教育，长大后成了相当成功的商人。[26]内战爆发时，哈伦反对废奴，但为了维护联邦，组织义勇军加入联邦军队，跟南方叛军作战。这种经历显然影响了哈伦大法官对法律的理解和对种族隔离的看法。在普莱西案中，他的反对意见措辞激昂：

> 白人被视为这个国家的优势种族。事实上，在声望、成就、教育、财富和权力方面都是这样。如果我们坚守伟大的传统，坚持《宪法》的自由原则，我也不怀疑，将来会一直这样。但是，从《宪法》看，在法律眼中，这个国家的公民没有优等的统治阶级。不存在高低贵贱的等级。我们的《宪法》不讲肤色，不知道也不容忍把公民分成三六九等。在民权方面，所有公民在法律面前人人平等。最卑微的和最有权力的被一视同仁。在涉及国家最高大法保障的民权时，法律把人当成人，不看他的出身和肤色。[27]

哈伦大法官认为，他的同事肯定知道法律规定车厢黑白隔离，"目的不是把白人排除出黑人车厢，而是把黑人排除出白人车厢"。[28]所以，黑白"平等对待"只是一层法律上"薄薄的伪装"。这事实上是在批评布朗大法官和其他同事故意无知或装糊涂。历史上，这种故意无知在法律界、政界和学界显隐交错，延绵不绝。100多年前，逆潮流将这种批评写在判决书的反对意见中需要非凡的道德勇气。

普莱西案判决后的半个多世纪，哈伦大法官的反对意见在法律界和学界很少被提及，几乎被世人遗忘。[29]直到58年后，他的反对意见才成为最高法院的主流意见——1954年，最高法院推翻了普莱西案的判决，宣判种族隔离违反《宪法》。[30]

五　过去还没成为过去

法官的判决为法律注入生命，而法官也是时代之子。即便不乏勇气反对偏见的法官，像哈伦大法官，也难免受时代、习俗、生活阅历和知识结构等造成的偏见影响。在主张黑白种族平等的同时，哈伦大法官在判决书的反对意见中以充满偏见的笔调描述华人："有一个种族跟我们差异如此之大，以至于我们不允许那个种族的人成为美国公民。那个种族的人，除了不多的例外，被我国绝对排除在外。我指的是华人。但是，按照本案中有争议的法规，即便是华佬也能跟美国的白人公民坐在一个车厢……"[31]

普莱西案判决两年后，在旧金山出生的华人黄金德回美国时被拒绝入境。按照《宪法》第十四修正案，所有在美国出生的人都是生而为美国公民，但行政当局不承认黄金德是美国公民，认为虽然《宪法》第十四修正案规定了出生公民权，但华人可以被排除在外。经过联邦法院审理和逐级上诉，最高法院判决行政当局的做法违宪——按照第十四修正案，只要是在美国出生的人就是美国公民，没有任何附加条件。有两名大法官反对这项判决，其中一位就是哈伦大法官。[32]

美国联邦法院的法官由总统提名，参议院投票核准后，再由总统任命。一些有强烈党派倾向的选民期望通过总统和国会选举，让符合自己政治、宗教和文化观念的法官进入联邦司法系统，尤其是最高法院。不过，联邦法院的一些判决呈现的历史细节让人们看到，法官往往不是被党派预装了法律程序的司法机器。他们有政治倾向、宗教偏见和道德偏好，他们不是僵化的政治单层人。参加普莱西案判决的八名大法官中，有六名是北方人，大多在耶鲁、哈佛等名校受教育。哈伦大法官是蓄奴州肯塔基人，只念过本地不知名的学校，父亲还是奴隶主。如果刻板僵化地以身份取人，很可能以为维护种族隔离的应当是哈伦大法官，而反对种族隔离的应当是布朗等名校出身的北方法官。但现实呈现的结果却完全相反。

代理普莱西的主打律师奥比昂·图尔吉（Albion W. Tourgée）是个悲剧性人物。内战爆发后，他加入联邦军队，被派往前线作战，脊椎受伤，几乎瘫痪。恢复后又回到战场，再次受伤，被南方叛军俘虏。他和哈伦在同一场战争中跟共同的敌人作战，但作战的理由却不同：哈伦是为了维护联邦，图尔吉是为了解放黑奴。在代理普莱西打官司期间，图尔吉律师一直内心挣扎：对于他来讲，这是场难以抗拒的战斗，但如果官司输了，一些南方州打擦边球的种族隔离政策就会变成明目张胆的合宪法律，不但帮不了当事人，而且让无数有色人种国民丧失回旋的空间，生存境况更加艰难。律师打这种官司就像看到有人在水中挣扎，他跳下去救，激流却将溺水人卷入更深的水域。"这是我们输了官司将面对的终极后果，要竭尽全力避免。"[33]

1896年5月18日，最高法院宣判普莱西案，图尔吉律师没能避免他要竭尽全力避免的结果。他输了官司，噩梦成真，种族隔离成了最高法院明确授权的全国性法律。图尔吉从此放弃了律师职业，在抑郁中度过余生。几年后，他客死法国，终年67岁，没有留下财产，遗孀靠继承他的伤残军人抚恤金生活。[34]

最高法院判决后，普莱西主动到新奥尔良的法院交了25美元罚款，从此在法院档案中消失。人口普查记录显示，他的种族身份随着法律的变化而几经改变，先是从"混血"变成"黑人"；1920年，他57岁，又从"黑人"变成"白人"。五年后，普莱西去世，一生几十年，被人为归入不同的种族类别。在那个流行"一滴黑人的血会污染白人的汪洋大海"的时空，图尔吉律师无法为他从最高法院讨回公道。普莱西案之后，哈伦大法官曾在一次演讲中感叹："最高法院的权力可以用来行善，也可以用来行恶，都不可低估……既能通过判决巩固人民对我们体制的信心和爱戴，也比其他政府部门更容易破坏我们的政体。"[35]

虽然普莱西案的判决早已被推翻，哈伦大法官的反对意见成就了他的英名，但布朗大法官在判决书中揭示的问题依然存在：社会习俗难以很快随法律改变。最高法院从赞成种族隔离到废除种族隔离，花了近60年时间，各州在制度层面的种族隔离前前后后持续了上百年。改变法律实属不易，而消除社会偏见、移风易俗更难。普莱西案定义了此后一个世纪的美国，也仍然在塑造美国的下一个世纪。[36]

普莱西案判决后没有像德雷德·斯科特案受到那么广泛的关注。那时候，内战已经结束30年，南方重建已经以失败告终，种族隔离制度在南方逐渐建立起来，北方已经对黑人问题失去兴趣。最高法院以"隔离但平等"的原则把种族隔离合法化，打开了向社会生活各个方面延伸的大门。

哈伦大法官的反对意见默默无闻了50多年，直到1954年最高法院判决"布朗诉托皮卡教育委员会案"（*Brown v. Board of*

Education of Topeka），这个走在历史前沿的雄辩激昂的反对意见才被挖掘出来，成为最高法院的主流意见。当初支持普莱西案判决的七位大法官，后来鲜少提及这个判决。首席大法官梅尔维尔·富勒（Melville Fuller），在自传中讲了很多在他任内最高法院判决的案子，但只字不提普莱西案。也许那时候，他在内心深处知道这是他任内的一个污点判决。后来的100多年历史表明，普莱西案成为最高法院历史上几个最大的污点案例之一，很多法官和律师将其与德雷德·斯科特案并列为两大污点判例。

120余年后，人们也可以从普莱西案的判决中看到一些流行理论和思潮的机会主义特征。州议会立法实行种族隔离，但铁路公司并不情愿为白人和有色人种分别设置车厢，这显然增加运营成本，也不符合市场需求：同一列车，白人车厢可能人满为患，而黑人车厢可能旅客稀疏。19世纪至今，自由市场导向理论对美国保守派的政治、经济和法律思潮影响巨大，但在种族隔离问题上，保守派却不讲究自由市场导向。法律要求车厢、餐馆、旅店、学校等为白人和有色人种分别建立设施，显然增加成本，违反市场规律。路易斯安那州通过要求州内火车设立隔离车厢的法律后，铁路公司并不赞同这种做法，支持有色人种权利组织发起诉讼，希望通过法院判决降低运营成本。[37]

普莱西案揭示了自由市场理论在历史上根据社会情境不断伸缩的适用边界。一方面，它是强者和优势群体的理论，在财富和群体势力方面越占优的人群，享有的自由越多。另一方面，劣势群体在自由市场上并没有多少讨价还价的自由，很大程度上，弱者的自由是一种被迫的"自由"或无奈的"自由"，是一种不得不接受的命运。在没有天然障碍的前提下，弱者可能有机会通过努力变成强者，进入强势群体，充分享有市场提供的自由，但如果法律把人按种族和肤色划分等级，弱势族裔便丧失了充分享有自由市场提供的自由的机会，因为种族是一道无法逾越的先天障碍。

如今，走在新奥尔良古旧的法国区街头，满目亭榭楼阁，挂着餐馆、酒吧、客栈和商铺的招牌，旧事随流水，已经没有丝毫"奴圈"和种族隔离的痕迹。沿街随处是地道的卡津和克里奥尔美食，昏暗的酒吧飘出爵士乐和布鲁斯曲调。虽然这座城市往昔的辉煌不再，但余韵缠绵，仍然是南方人出门放纵一把的首选之地。内战前形成的这一习俗延续至今。早年在新奥尔良写作的南方作家威廉·福克纳（William Faulkner）曾感慨："过去永远不会死。过去甚至还没成为过去。"[38]传统家长制养成的等级秩序、依附与被依附关系、种族潜规则和主人–奴隶心态以各种变异的方式顽强地延续下来，与后世和当下的生活纠缠在一起。归根到底，对历史的理解是当代人的自我理解。

注释

1 Margaret Mitchell, *Gone with the Wind*（New York：Pocket Books，2008），1183.
2 Walter Johnson, *Soul by Soul：Life Inside the Antebellum Slave Market*（Cambridge：Harvard University Press，1999），12.
3 同上，139。
4 Walter Johnson, "The Slave Trader, the White Slave, and the Politics of Racial Determination in the 1850s", *The Journal of American History*, Vol. 87, No. 1（June 2000），13.

5 *Dred Scott v. Sandford*, 60 U.S. 393（1857）.

6 Ariela Gross, *What Blood Won't Tell：A History of Race on Trial in America*（Cambridge：Harvard University Press, 2008）, 1.

7 Solomon Northup, *Twelve Years a Slave：Narrative of Solomon Northup, a Citizen of New York*（Bedford：Applewood Books, 1859）.

8 Ariela Gross, *What Blood Won't Tell：A History of Race on Trial in America*, 1–3.

9 Walter Johnson, *Soul by Soul：Life Inside the Antebellum Slave Market*, 12–13, 16–17.

10 Nicholas Reimann, "Arkansas Sen. Tom Cotton Says Slavery Was A 'Necessary Evil', Cites Founding Father", *Forbes*, July 26, 2020, https：//www.forbes.com/sites/nicholasreimann/2020/07/26/arkansas-sen-tom-cotton-says-slavery-was-a-necessary-evil-cites-founding-fathers/?sh=678ce7456de7.

11 Russell Kirk, *The Conservative Mind：From Burke to Eliot*（Washington D.C.：Regnery Publishing, 2019）, 168–180.

12 John Calhoun, *Speeches of Mr. Calhoun on the Bill for the Admission of Michigan*（Washington：Duff Green, 1837）, 6.

13 Walter Johnson, *Soul by Soul：Life Inside the Antebellum Slave Market*, 111–112.

14 同上。

15 同上, 218。

16 同上, 113。

17 Eric Foner, *The Fiery Trial：Abraham Lincoln and American Slavery*（New York：W. W. Norton, 2010）, 150–151.

18 Ariela Gross, *What Blood Won't Tell：A History of Race on Trial in America*, 1–2.

19 *Morrison v. White*, 16 La. Ann. 100, 102（1861）.

20 Ariela Gross, *What Blood Won't Tell：A History of Race on Trial in America*, 2.

21 Richard Wolf, "The 21 Most Famous Supreme Court Decisions", *USA Today*, May 7, 2019, https：//www.usatoday.com/story/news/politics/2015/06/26/supreme-court-cases-history/29185891/.

22　Steve Luxenberg, *Separate : The Story of Plessy v. Ferguson, and America's Journey from Slavery to Segregation*（W. W. Norton，2019），xxii.

23　同上。

24　*Plessy v. Ferguson*，163 U.S. 537, 551（1896）.

25　同上，551-552。

26　Steve Luxenberg, *Separate : The Story of Plessy v. Ferguson, and America's Journey from Slavery to Segregation*, 30.

27　*Plessy v. Ferguson*, 559.

28　同上，557。

29　Melvin Urofsky, *Dissent and the Supreme Court : Its Role in the Court's History and the Nation's Constitutional Dialogue*（New York : Pantheon Books，2015），120.

30　*Brown v. Board of Education of Topeka*，347 U.S. 483（1954）.

31　同上，550。

32　*United States v. Wong Kim Ark*，169 U.S. 649（1898）.

33　Steve Luxenberg, *Separate : The Story of Plessy v. Ferguson, and America's Journey from Slavery to Segregation*, xvii.

34　同上，499。

35　同上，493。

36　同上，505。

37　同上，385-386。

38　William Faulkner, *Requiem for a Nun*（New York : Vintage Books，1994），73.

第二章　最南的南方

　　三K党员的目标是弘扬爱上帝和爱国，保护我们国家的基督教理想和体制，维护白人至上，协助执行我们国家的法律。做三K党员需要什么样的素质呢？"毫不利己，专门利人"就是三K党员的格言，如果做不到，就辜负了自己的信念。

——山姆·坎普贝尔博士

　　南方文明一直不允许种族融合，我们的人民一直认为，最好是所有种族各自保持自己的纯洁性。

——1925年密西西比州最高法院判决书

　　普莱西案宣判27年后，最高法院判决"梅耶诉内布拉斯加案"（Meyer v. Nebraska），把结婚成家、养育子女、学习母语等作为跟人身自由同等重要的权利，认为这些权利对自由人有秩序地追求幸福必不可少。[1]但是在南方，普莱西案的判决使几乎所有领域和场所的种族隔离合法化，公立教育实行有色人种与白人学生分校。最高法院要求"隔离但平等"，而现实是"隔离但不平等"。1924年，一家居住在密西西比州的林姓华人在法院挑战普莱西案判决。跟很多《宪法》第十四修正案诉讼的原告一样，他们不是想做英雄；当两个上小学的女儿因为华人身份被从公立学校赶出来时，他们别无选择。

一　林氏姊妹

密西西比河奔流南下，经过孟菲斯，在密西西比州境内形成一片7000平方英里的三角形冲积平原，土地肥沃，气候温暖，是种植棉花的黄金地带。密西西比三角地带北邻田纳西、西面与阿肯色和路易斯安那隔河相望，被称为"最南的南方"。那里离密西西比河在墨西哥湾的入海口还有数百英里，显然不是地理意义上的最南方，而是文化意义上的指称。[2]

82号公路横贯密西西比三角平原的核心地带，也是沿途村镇的主街道。公路两旁是低矮杂树隔开的农田和鱼塘，田野上有些高大的橡树和棉白杨。昔日的棉花种植园生长着玉米、大豆和花生。十字路口有供应快餐的简易加油站，卖炸鱼加薯条和奶酪汉堡。每接近一个小镇，公路两旁就出现卖农机的，逐渐变成达乐店（Dollar General）、美元树（Dollar Tree）等廉价商品连锁店。

进入小镇，公路变成主街道，两旁坐落着快餐店和汽车旅馆，后面是居民区，一片低矮破旧的木板独立屋被狭窄的街道分开。当地人把这种木板屋戏称为"猎枪屋"，意指其像猎枪筒一样简陋。穿过几道有红绿灯的十字路口，街道重新变成公路，两旁又出现农机卖场。驾车沿82号公路西行，从亚洛布沙（Yalobusha）河畔的格林伍德到密西西比河畔的格林维尔，每隔二十几分钟就会路过这样一个小镇，如果没有地图标示，难以看出这些小镇之间的差异,犹如在同一个画面中循环往复地穿梭。

20世纪80年代末,奈保尔(V.S. Naipaul)游历本地的时候,还能看到一群群黑人在棉花地劳作,"如果远处加上一些山岭,犹如身处肯尼亚"[3]。而今,已经难以看到黑人在田间劳作的迹象,低廉的劳动力已经被大马力农机取代。他们或者像白人一样搬离此地,或者在鱼塘和镇上打零工,或者什么也不做,靠政府发放的食品券为生。在亚拉巴马,奈保尔看到比佐治亚和南北卡罗来纳更严重的贫穷和种族问题,但跟密西西比相比,亚拉巴马还说得过去:"我发现,即使在亚拉巴马,密西西比也是以贫穷和种族严苛著称。"[4]在美国的社会语境中,南方跟种族歧视、保守、贫穷、落后分不开,密西西比三角平原一带不仅被称为美国"南方的南方",甚至被称为"地球上最南的地方"。[5]在那里,城市的繁华喧嚣、市郊的富足静怡,都是另外一个世界的景象。

内战前,密西西比三角地带是南方最富裕的地区之一,财富来源是土地、奴隶劳动和棉花贸易。内战结束后,奴隶劳动不复存在,很多获得自由的奴隶到北方谋生,劳动力匮乏。一些种植园主开始另想办法,采取收成分成的方式把土地承包给留下来的黑人和贫穷白人耕种。但因为大量人口外迁,本地仍然需要补充劳动力。当时,加利福尼亚州和加勒比海地区大量进口华人苦力。密西西比的棉花种植园主从中受到启发,开始引进华人苦力和意大利民工。第一批引进的16名华人苦力在种植园劳动一段时间后,纷纷离开或转行。他们最常见的行业路径是攒钱开杂货店。当时,密西西比三角洲一带的黑人数量远超过白人,但很少有黑人开的店铺,白人开的店铺不愿接待黑人顾客,华人店主填补了这项空白。他们一般是小本经营，以黑人顾客为主。[6]

林恭（Gong Lum）就是这样一位杂货店主。他的太太凯瑟琳是广东人，10岁时成了孤儿，被一家姓王的大户人家收养，一半是养女，一半是丫鬟。她随王家来到美国。当时，美国实行排华法案，禁止华人劳工入境，但商人可以获得签证，合法进入美国经商。王家以商人身份来美，在密西西比三角地带经商落户。凯瑟琳很聪明，很快学会英语，去本地浸信会做礼拜。18岁的时候，她嫁给林恭。夫妻开了一家杂货店，生了两个女儿、一个儿子。虽然生活不易，未来却充满希望。他们盼望孩子长大后能像本地受尊敬的白人那样过上体面生活。林恭夫妇给大女儿取名波尔达，那是镇上一位富贵太太的名字，给二女儿取名玛莎，那是邻居家太太的名字，给儿子取名汉密尔顿，那是镇长的名字。[7]

到了上学年龄，波尔达和玛莎跟其他孩子一样在罗斯代尔镇（Rosedale）的公立小学入学。那时候，密西西比已经实行义务公立教育，州法律规定，父亲必须让5至21岁的孩子完成基础教育。姐姐波尔达在学校成绩普通，但妹妹玛莎成绩突出，经常得到老师表扬。老师在教室墙上贴了一棵纸苹果树，把红纸剪成苹果形状，在每个纸苹果上写上学生的名字。每次测验后，把成绩好的学生的苹果往上移，成绩最好的学生在树顶。玛莎的苹果常常在接近树顶的位置。[8]

按照1890年修订的密西西比宪法，政府必须为白人学生和有色人种学生分别建立学校。在执行中，白人学校和黑人学校严格分离，但华人既不属于白人，也不属于黑人，大部分学区的公立

第二章　最南的南方　27

中小学允许华人学生在白人学校入学。[9]1924年，密西西比州开始严格执法，禁止华人学生与白人学生同校。当时，美国和欧洲盛行优生学，认为白人是优等种族，必须保持血统的纯正。同年，美国国会通过了最严苛的移民法，不仅有效地禁止了亚洲移民，而且把东欧和南欧移民的数量也降到历史低点。[10]美国南方各州，包括密西西比，纷纷效仿，从严执行公立学校的种族隔离法律和禁止跨种族婚恋的法律。

二　转战法庭的前州长

1924年9月，新学年开学，波尔达11岁，玛莎9岁。她们像前一学年一样去上学，午休时间，校长把姐妹俩和另外两名华人学童叫到办公室，告诉他们学区遵照州法律，有了新规定，他们不能再跟白人孩子一起上学了，她们可以去上黑人学校，或者上私立学校。姐妹俩回到家，摆在林恭夫妇面前的选择不多，他们没有钱供孩子上私立学校，但黑人学校的条件太差，他们也不愿把孩子送到那里。当时，虽然密西西比法律在公立学校中禁止白人和有色人种同校，但并不是所有学区都执行这种政策。三角平原一带的学区显然走在各学区前面。当地一些华人家长决定搬走。但林恭夫妇刚刚盖了新房子，搬到一个新地方开杂货店也前景未卜。剩下只有一条路，去法院告。

林恭夫妇打算联合其他华人家庭，共同起诉学区，经过一番努力后，没有得到其他华人家长的支持。他们决定自己去起诉，找到镇上的律师厄尔·布鲁尔（Earl Brewer）。布鲁尔是鼎鼎大名的人物，曾做过密西西比州长和州检察官。林恭夫妇去找他办案的时候，布鲁尔已经是英雄暮年，在政治上屡受挫折，竞选失败，回到家乡做律师，客户多是乡镇贫民，往往付不起律师费，送他一些地里打的粮食或蔬菜当律师费。林恭夫妇在镇上找到布鲁尔的事务所。布鲁尔听他们诉说孩子的遭遇，了解了他们的身世，知道不会在这起官司中赚到钱。但布鲁尔觉得这是个挑战密西西比种族歧视法律的机会，可以做成一起大案。布鲁尔答应做林恭夫妇的律师。[11]

跟密西西比很多出身世家的政客不同，布鲁尔出身贫寒。他12岁丧父，作为长子承担起种地养家的重任。那时候，三K党风行一时，很多当地白人青年入党。布鲁尔也受同伴影响，去参加三K党聚会。他母亲知道后，说那些人用白布把脸蒙起来，不像好人，不让他再去。布鲁尔天性聪明，一边打工一边自学，24岁时用七个月时间在密西西比大学修完了法律课程，毕业五天后开始接案子打官司，正式成为律师。做了三年律师后，布鲁尔成功竞选州议会参议员。1902年，他被州长任命为州检察官；1911年，布鲁尔竞选州长成功。在州长任上，他促成了一些帮助贫困家庭和增加儿童福利的政策。

当时，南方流行癞皮病，死亡率高达百分之十几，密西西比是重灾区。医学界无法确定病因，流行观点认为是由病菌感染所致。[12]美国卫生署医生约瑟夫·戈德伯格（Joseph Goldberger）发现，这种病主要在贫困人口、孤儿院、精神病院和监狱流行，但孤儿院和监狱的管理人员并不会染病。基于这种观察，他提出病因是饮食营养不良。戈德伯格的理论不被当时的医学界接受。布鲁尔做州长时，密西西比有一万多居民染上癞皮病，其中每年有1500多病人死亡。戈德伯格在密西西比做研究，希望能用实验方法证明病因。他设计了两组实验对象，一组只吃玉米等淀粉食物，另一组吃包括肉类和蔬菜的营养丰富的食物。布鲁尔帮助他在州监狱犯人中寻找志愿者，承诺赦免志愿参加这项实验的犯人。分组实验几个月后，第一组犯人中大量出现癞皮病症状，第二组犯人则没有出现任何症状。[13]

戈德伯格依据实验结果撰写报告，指出癞皮病的病因是营养不良，建议政府从增加贫困人口和高危人群的营养入手，以消除这场夺走无数生命的流行病。戈德伯格在密西西比监狱的实验结果不仅推翻了医学界很多专家坚持的细菌感染说，而且影响到社会政策，因此遭到很多同行和政客的反对。戈德伯格试图找到致病的具体元素，但生前没有实现愿望。他去世后，医学研究发现，饮食中缺乏维生素B3和蛋白导致癞皮病。[14]

林恭夫妇为女儿打官司的年代，癞皮病在密西西比已经得到控制。那时候，布鲁尔的政治生命已告结束，律师生涯也不见起色。他仍然支持维护穷人利益的政策，但那些政策已经被政敌冠以"社会主义"的名称，难以为继。同时，内战后南方重建时期遭受沉重打击的三K党重新兴盛，全国有500多万名党员，在每个州都设立了支部，密西西比是重要根据地。

布鲁尔接了林恭夫妇的案子。当地法院10月起开始放假，直到新年过后才重开。布鲁尔必须尽快行动。跟以前他打过的合同纠纷或刑事官司不同，在本案中，他要慎重考虑适用的法律。在权衡各种利弊后，他决定依照州宪法和联邦宪法起诉，指控罗斯代尔学区从学校驱逐林家女儿,不仅违反了密西西比州宪法规定的义务教育要求,也违反了美国《宪法》第十四修正案的平等保护条款。律师打官司往往不只是考虑法律问题,还要考虑激发法官对当事人的同情心,让法官觉得当事人受到的对待不公平。在诉状中,布鲁尔强调,玛莎是个9岁的女孩子,在学校守纪律、讲卫生、学习好,她被从学校赶出来,唯一的原因是她的肤色。他指控学校当局把玛莎归入有色人种是错误的。[15]

布鲁尔到法院呈递诉状,交了5美元递送费,警长把诉状递送给被告学区负责人。5天后,当地报纸《玻利瓦尔县民主党人报》(*The Bolivar County Democrat*)登载标题新闻"罗斯代尔学校禁止华人",指出这是起试探性诉讼,试图通过司法程序确立在上学问题上华人到底是什么身份。这家报纸称,在这起充满争议的诉讼中,前州长厄尔·布鲁尔站在华人一边,一点都不奇怪,并讥讽说,一个过气政客,竞选参议员,一个选区都没赢,现在又想迫使密西西比的白人学童跟华人同校,他在法院打赢官司的希望跟他赢参议员选举一样渺茫。卸任州长后,布鲁尔在从政道路上屡战屡败,竞选参议员是他的最后一场惨败。政治风向变了,在密西西比推行他的政策主张无异于逆水行舟,选民不再给他机会。但他还没有准备认输,他要把战场从政界转到法庭。林恭案给他提供了发动一场战役的机会。[16]

密西西比的选民抛弃了布鲁尔,但他在选民中并非没有同情者。当地另一家报纸《克拉克斯纪事报》(*Clarksdale Register*)发表了两位法学生的文章,批评《玻利瓦尔县民主党人报》对布鲁尔的"恶意攻击",指出那样做既不道德,也缺少自律:"你们和其他人，所有美国公民一样，都曾经宣誓坚守和维护《宪法》。但你们完全没有这样做，反而试图剥夺华人，或任何种族，任何在上帝创造的太阳下生存的人，在这片土地的法庭上与生俱有的由称职律师代理的平等权利。"两位作者并不认为，华人孩子应当跟白人孩子同校，但他们认为即便华人孩子没有跟白人孩子同校的权利，也应当享有被律师代理的权利，布鲁尔代理玛莎是履行他的律师职责，也是履行他维护《宪法》的誓言。这篇文章的作者之一是本案的被告之一格雷克·莱斯（Greek Rice）的儿子。[17]

作为学区的董事，格雷克·莱斯和其他被告收到了起诉书。法庭安排在11月5日开庭。那时候正值法庭放假期间，按照常理，不会有法官愿意在放假期间出面审理这种棘手的案子。所以，按照常规，很可能要等到第二年才有机会开庭审理。不过，布鲁尔并非等闲之辈。邻县一位名叫威廉·奥尔康（William Alcorn）的法官答应主持审判，他跟布鲁尔熟识，都是长老会的信众，在克拉克斯代尔镇（Clarksdale）的同一家教会做礼拜。[18]

三　不同寻常的法官

奥尔康在密西西比是个响当当的姓氏。威廉·奥尔康的堂伯詹姆斯·奥尔康（James Alcorn）早年带着家眷和一名年迈女黑奴从肯塔基来到密西西比三角平原，开了一家律师事务所，经过十几年经营，成为拥有万亩棉田和数百名黑奴的种植园主。内战爆发前夕，威廉·奥尔康的父亲从肯塔基搬到密西西比，加入堂兄的种植园。内战爆发时，詹姆斯·奥尔康正在路易斯安那买奴隶，带回来一位14岁的浅肤色女奴。那名女奴住在奥尔康的庄园，生了六个浅肤色的孩子，其中三个儿子，长子名叫詹姆斯，次子名叫州长，三子名叫法官。孩子的父亲不明，但外界猜测是詹姆斯·奥尔康。[19]

内战爆发前，詹姆斯·奥尔康反对密西西比脱离联邦，跟后来南方推举的邦联总统杰斐逊·戴夫斯（Jefferson Davis）产生矛盾。内战爆发后，他征召士兵，组织队伍，被南方军队任命为准将。威廉·奥尔康的父亲也加入南军，成为中尉。战争中，詹姆斯·奥尔康准将失去了两个儿子。虽然他是密西西比三角平原的大庄园主，但他尊敬林肯，厌恶发动内战的南方上层政客，内心对奴隶制有负罪感。1865年4月9日，南军司令罗伯特·李（Robert Lee）将军向联邦军队投降，内战实质上结束。但戴夫斯领导的南方政权仍然苟延残喘。4月15日，林肯遇刺。詹姆斯·奥尔康在日记中写道："听到这个消息，内心如此悲伤。未来愈加暗淡，一幕幕流血的场景！何时何地这场争斗才会结束？"[20]

战后，詹姆斯·奥尔康从政，他加入共和党，获得选举权的密西西比前黑奴成了他的票仓。1865年，他当选国会参议员。因为他的政见和党派，这位内战时期的南军将领成了密西西比维护奴隶制的白人的敌人。三K党开始威胁他的家族，并把威胁付诸实施，放火烧了他的一个种植园。那时候，威廉·奥尔康刚刚出生，他父亲的种植园与詹姆斯·奥尔康被焚毁的种植园相隔不远。[21]

1869年，詹姆斯·奥尔康竞选州长成功，成为密西西比州第28任州长。在任期间，他致力于州内现代化，最大政绩是在密西西比建立了公立教育系统。内战前，密西西比法律禁止黑人接受教育。奥尔康在州长任内制定的密西西比新宪法规定，州政府向所有5到21岁的居民提供免费基础教育，允许各县自主决定是黑白同校，还是黑白分校；如果黑白分校，则必须在白人和黑人学校之间平均分配教育经费。奥尔康在密西西比建立了第一所黑人大学，以他的名字命名为"奥尔康州立大学"。奥尔康的公立义务教育政策遭遇巨大反弹，受到来自民间和政敌的夹击。反对的理由主要有两个：一是州政府搞免费义务教育，意味着要给纳税人加税，二是公立义务教育会导致黑人跟白人混杂。

1871年，詹姆斯·奥尔康辞去州长职务，去首都华盛顿填补国会参议员的空缺。他在密西西比的政治生命结束了，但他留下的政治遗产却保存下来，惠及民众，尤其是底层民众。他大力推行的普及公立教育的新宪法颁布五年后，密西西比已经有一半学龄儿童入学，使内战前州内居民的普遍文盲状态大有改观。[22]

威廉·奥尔康10岁时，他父亲染上黄热病去世。幼年丧父，他跟堂伯詹姆斯·奥尔康一起生活。那时候，詹姆斯·奥尔康已经卸任国会参议员，回到密西西比三角平原的庄园。他把这位聪明上进的侄子带大，培养成律师，像他年轻时一样。威廉·奥尔康一生以法律为业，做了多年律师后，成功竞选法官，成为州巡回法院法官。显然，若他主动接手审理一件华人学童失学的案子，在事业上要冒很大风险，下次竞选法官时，肯定要因此失去一些选民的支持。法院本来已经放假，他完全可以像其他法官那样，不受理任何案子，尤其是富有争议的案子。他之所以挺身而出，除了布鲁尔的因素，可能跟成长经历和个人信念不无关系——他要继续他堂伯未竟的事业，让每个学童享有基础教育。[23]

跟他的堂伯詹姆斯·奥尔康一样，威廉·奥尔康法官或许并不认为政府应当强令白人跟黑人孩子同校，但他认为应当尊重黑人的宪法权利，让黑人学童享有跟白人学童平等的教育机会，这是基于当时南方盛行的"隔离但平等"理论。1896年，最高法院判决普莱西案，确立"隔离但平等"的原则，把南方的种族隔离政策合法化，直到1954年才被最高法院推翻。当初最高法院在普莱西案中的判决并非空中楼阁，而是反映了社会的普遍认知和价值观，也反映了南方的种族隔离现实——隔离是实实在在的日常，平等是法院设想的目标。不过，现实世界总是比法律复杂，人种并非只有黑白，而是在黑白之间有着深浅不一的光谱。布鲁尔律师和奥尔康法官显然不同意把华人归入黑人。当时密西西比三角平原也有其他有色人种聚居，包括意大利人和犹太人，严格意义上讲也是有色人种，但公立学校并没有把他们从白人学校赶走。

布鲁尔很清楚，指控密西西比公立学校的隔离政策本身违反《宪法》，等于挑战最高法院的普莱西案判例，在当时的社会、政治和司法氛围中，没有获胜希望。种族隔离本身符合美国《宪法》，不违反第十四修正案的正当程序和平等保护条款，这是最高法院在普莱西案中的主张。即便同情华人学童的奥尔康法官，也不可能抛开最高法院的判例，宣判密西西比的学校隔离法违宪。在这种情况下，要打赢官司，唯一的现实选择就是指控学校当局把华人学童归入黑人的做法不合法。在起诉书中，布鲁尔律师强调，按照密西西比州宪法，公立学校的经费来源是州县税收，林恭作为小业主跟其他居民一样交税，他有义务遵照密西西比宪法把孩子送到公立学校受教育；作为美国公民和密西西比公民，他的女儿玛莎有权利跟白人学童同校接受教育：

> 上学是一项宝贵的权利。她不是有色人种的成员，也不属于混血人种，而是纯种的华人或华裔，而且是出生在美国的公民，也是密西西比州公民，罗斯代尔学区居民，年龄在5至21岁之间，所以，从任何方面讲，她都有入学的能力和资格，她也有权利进入这所学校……学校剥夺了她入学的权利，唯一的理由是她是华裔，所以，她遭受到直接歧视，被剥夺了作为密西西比公民应有的宝贵权利……[被告]未经法律程序，凭她的种族和族裔，剥夺了她宝贵的权利、宝贵的机会，拒绝给予她法律的平等保护，既违反了美国《宪法》也违反了密西西比州宪法中的相关条款。[24]

布鲁尔律师请求法庭责令学校允许林恭夫妇的女儿上学。在普通法中，这一类诉讼被称为"履行职务令"（Writ of Mandamus）。按照密西西比州宪法，罗斯代尔学校当局的职务是教育本学区的适龄儿童，拒绝接受华人学童入学，相当于不履行自己的职责。在普通法传统中，如果地方官员或下级法院不履行职责，原告可以去法庭或上级法院申诉，要求法院责令地方官员或下级法院履行职责。在诉状中,布鲁尔特别强调,法律没有给学校当局选择学童的权利。

11月1日,离预定开庭日期还有4天,校方律师递交"诉求不充分抗辩书",对原告诉状中陈述的事实没有异议,但指出即使事实正确,按照密西西比法律,玛莎作为有色人种也没有权利上白人学校。密西西比州宪法规定,各县为白人和有色人种分别设立学校:"诉状明明白白写着原告是蒙古人种或黄种人,没有权利上密西西比法律规定的白人或高加索人种的儿童上的学校……"[25]换言之,校方不允许玛莎跟白人学童同校,正是按照密西西比法律履行作为学校董事的职责。基于这一辩护,校方律师指出,原告诉状中对校方的指控没有法律依据,要求法庭责令校方履行职责的起诉理由不充分。校方请求法庭驳回原告诉求。

奥尔康法官驳回了校方的诉求。在判决书中,他写道:"本庭判决,被告的不充分抗辩及相关诉求予以驳回,密西西比玻利瓦尔县一区巡回法庭书记官依本庭指令……发出履行职责令,责令被告立即按照原告林玛莎的诉求,允许她在罗斯代尔学校入学。"[26]

近百年后,一位调查这起诉讼的作者写道:"如果另外一位法官被分配来审理这起案件,校方的不充分抗辩诉求十有八九会被准许,从而把这起诉讼拒之法庭门外。密西西比法律明显站在学校董事会一边。但奥尔康法官曾经是10岁丧父的小威廉·奥尔康,跟堂伯长大,而他的堂伯恰恰相信所有孩子都应当有接受平等教育的机会。奥尔康法官1924年11月5日的判决反映了那段经历。"[27]

外界对法官往往有一种误解，认为法官可以像司法机器一样执行法律。但法官不是被预装了司法程序的机器，而是有生活经历和价值观的人。法律条文是死的，要靠法官的解释和判决获得生命，而对法律的解释和判决无不或隐或显地体现法官的生活经历和价值观。尤其是在普通法中，法律和传统给了法官很大的解释和判决空间，引用相同的法律条文和法院判例，不同的法官可以做出全然不同的解释和结果相反的判决。除了个案的事实差异之外，法官对法律的理解、对社会问题的理解、坚持的价值观、对当事人的同情心或偏见，都会影响对法律的解释、对案件当事人的态度，以及对判决结果是否公正的考量。

考量判决结果是否公正是普通法的悠久传统。如果严格解释法律，按照法律条文的字面意义判决，结果可能不公平、不正义，有悖于良知。在本案中，一位9岁的华人孩子，学业优秀，守纪律，父亲是小业主，像其他居民一样交税，却不能跟其他白人孩子一起接受公立教育。她的父母只是普通人，没有力量抵抗政府的立法、司法、行政和社会习俗共同编织的歧视网络，但除了在权力和偏见的缝隙中挣扎，他们也会为自己的权益和孩子的未来抗争，尽管他们的抗争显得无力。好在这个国家有一部《宪法》向所有公民做出法律平等保护的承诺，有两套法院系统可以求助，可能更重要的是，有无数坚持专业操守的律师和法官。

四　法院与宪法的距离

布鲁尔在巡回法院为林恭夫妇和他们的女儿赢了诉讼，但他知道，这只是一个前奏，真正的战役还没有开始。为了孩子的安全，他建议林恭夫妇先不要把玛莎和波尔达送回学校。奥尔康法官的判决在一些本地人中引起的激愤可想而知。三K党正如日中天，在密西西比三角平原活跃着不少激进的不良之徒。虽然他们不敢向法官和律师下手，但从他们对其他少数族裔的行为看，他们冲华人的孩子下手，并非是匪夷所思的事。他们知道，把华人赶出他们地盘的最好办法就是不让华人孩子上学，让这些家庭看不到下一代的未来。[28]

奥尔康法官做出判决的时候，玛莎已经失学两个月。如果校方上诉，判决被推翻，她将彻底失去在罗斯代尔上学的机会。官司前景未卜，孩子上学却耽误不起，林恭夫妇决定把两个女儿送到北方底特律亲戚家里，那里的学校没有种族隔离。奥尔康法官判决30天后，校方上诉。代理校方上诉的是密西西比州总检察长拉什·诺克斯（Rush Knox），上诉通知书由助理检察长埃尔默·夏普（Elmer Sharp）签署。布鲁尔律师和林恭夫妇面临一场更凶险的战役。[29]

1925年4月6日，密西西比州最高法院开庭审理"林恭诉莱斯案"（*Gong Lum v. Rice*）。密西西比最高法院位于首府杰克逊（Jackson）的州政府大楼的二层。十年前，布鲁尔任州长的时候，他的办公室在大楼的三层。大楼中间是圆形大厅，罩着富丽堂皇的罗马式穹顶，高处镶嵌着正义女神的浮雕，女神两侧发髻各插着一朵木兰花，那是密西西比的州花。跟美国别处法庭的正义女神像一样，她的眼睛被布蒙着，象征着法律的公正：不看权势、财富、肤色、社会地位和身份，只主持公道。

布鲁尔进入法庭的时候，庭上已经挤满旁听的民众和记者，在人群外围的角落，零星有几位穿着整齐的华人。密西西比最高法院有六位法官，全员听审，其中乔治·埃斯里奇（George Ethridge）法官在布鲁尔当州长的时候，曾经担任州助理检察长。埃斯里奇是教师出身，熟悉教育事务，但他主张学校实行种族隔离政策，认为只有隔离，不同种族才能和平共处。八年前，他判过一个公立学校驱逐学生的案子。[30]在"莫勒诉格兰蒂奇案"（*Moreau v. Grandich*）中，四名学童在白人学校上学，从长相看跟其他白人孩子没有明显区别，仔细端详，可能会发现他们的肤色不是纯白。有人告发，说那四名学童的老奶奶是黑人。他们的老奶奶皮肤是棕色，像不同人种混血。但是，已经无从得知他们老奶奶的父母到底是黑人、白人，还是其他人种。证据确凿的是，那四名学童的父母和爷爷、奶奶都不是黑人。

那四名学童被人告发后，学校判断他们有黑人血统，把他们从白人学校赶走，要求他们去上黑人学校。但他们的长相不像黑人，跟黑人学童在一起更加与众不同。于是，他们的家长起诉学校当局。县巡回法院的法官认为，那四名孩子的黑人血统已经少于八分之一，按照密西西比州宪法，甚至可以跟白人合法结婚了，学校不应该把他们当成黑人对待，所以责令学校当局让他们复学。密西西比最高法院推翻了县巡回法院的判决。埃斯里奇法官在他起草的判决书中认为，公立学校的种族隔离应该比禁止通婚的标准更严格：

> 这两部分法律都反映了宪法立法者的目的，即在州内

建立种族隔离。婚姻条款为允许结婚的血统的程度和比重，确立一个具体标准，以避免出生的孩子遭受杂种的邪恶命运……但这并不必然让少于八分之一黑人血统的孩子就成了白人种族的一员。在确立为白人和有色人种分校的部分，我们必须假定宪法的立法者是在本国固有的和广为接受的意义上使用这两个术语。"白人"这个词的定义是白人种族或高加索种族，"有色人种"不只是指黑人，而且包括混血人种。[31]

这等于说，不管经历了多少代，只要血统中有过非白人祖先，都要归入有色人种。密西西比宪法规定，有色人种血统少于八分之一的混血儿可以跟白人合法结婚，但没有明确有色人种血统少于八分之一是否可以跟白人学童同校。县巡回法院的法官根据婚姻法中的规定，将"八分之一"的种族标准用于公立教育的案子，不乏合理性，从具体案情看，判决让那四名学童恢复学业，结果也比较人道。埃斯里奇法官却是另一种思路。在法律不明确的地方，他朝着最严苛、最不人道的方向解释：法律已经规定，婚姻法适用"八分之一"血统标准，法院必须照办，但在法律没有明确规定的学校种族隔离标准上，必须采用最严苛的一滴血标准——只要有一滴黑人的血，世世代代不得被归入白人行列。

布鲁尔律师熟悉埃斯里奇法官本人，也熟知他在莫勒诉格兰蒂奇案中的判决。从在县巡回法院起诉开始，布鲁尔就强调，玛莎不是混血儿，而是纯种华人孩子。在密西西比最高法院的上诉案中，他再度强调玛莎不是混血儿，以避免埃斯里奇法官把他8

年前的判决搬到这个案子上。

代理校方出庭辩论的是助理检察长埃尔莫·夏普。密西西比不是一个人口众多的州，20世纪20年代的密西西比法律界更是一个不大的圈子。那天，夏普面对的六位州最高法院法官之一，曾是他大学橄榄球队的队长。他的陈述十分简短，讲了密西西比宪法要求建立把白人和有色人种分开的学校，目的是为了保持白人血统的纯正，指出玛莎是华人孩子，属于有色人种，不属于白人，应当被排除在白人学校之外。站在州政府的立场，夏普认为，州议会制定的法律是这样写的，州法院的惯例也是这样判的，本案涉及的法律问题似乎无须争辩。[32]

夏普助理检察长结束陈述后，布鲁尔律师做申辩。他在从事一项不可能完成的使命。法院判例、时代、社会、法官都不在他一边，只有美国《宪法》在他一边，但法院判例、时代、社会和法官把《宪法》跟他隔开。他必须拉近自己跟《宪法》之间的距离，虽然可能是徒劳，但那是他有希望获胜的唯一法律依据。在陈述中，他回顾了1890年密西西比州宪法的立法经过，指出宪法为白人和黑人分别建立学校的目的是避免黑人孩子和白人孩子混杂。但玛莎既不是黑人孩子，也不是白人孩子，她是美国《宪法》第十四修正案保护的孩子："州政府取之于民，用之于民。林玛莎是本州的孩子，享有进公立学校受教育的权利，跟她的种族无关。"[33]

布鲁尔知道，对他基于美国《宪法》第十四修正案的申辩，眼前的六位法官不会买账。第十四修正案是内战后国会在南方议员缺席的情况下制定的，虽然依据《宪法》第五条，得到四分之三的州批准即算通过，但很多南方法官不认可它的合法性。南方重建时期，国会立法把承认第十四修正案作为南方各州重新加入联邦、获得州法律地位的条件。威廉·奥尔康法官的堂伯詹姆斯·奥尔康等共和党人承认第十四修正案，恢复了密西西比在联邦中的地位。但密西西比各界对第十四修正案的不满却延绵不绝，至林恭案时代，已经积聚了半个多世纪。布鲁尔律师引用第十四修正案的平等保护条款，为玛莎辩护，难以说服密西西比最高法院的法官。他必须回到更具体、更个人化的申辩，尽管这种申辩在今天听起来不乏偏见：

> 对方律师认为，华人孩子应当去上黑人学校。但是我们引述的权威清楚显示，在法律的意义上，华人不属于"有色人种"。所以，他们不应当作为黑人去上黑人学校。法庭将看到以下事实：我们的种族隔离法律并不把蒙古人种归入黑人种族。日本人和华人被归入同一人种。这两个族群涌现出一些最聪明、最勤勉的人。他们当然更接近白人种族，而不是黑人种族。即便高加索人种不愿承认典型的蒙古人种跟他是平等的，至少会认同蒙古人种在高加索人种和黑色人种中线的这一侧。[34]

布鲁尔的这段申辩等于否定了他对《宪法》第十四修正案平等保护的诉求。这或许是，或许不是他的本意，但清楚的是，他不得不面对当时法律存在的一个巨大悖论：美国《宪法》向所有公民承诺了平等保护，但美国最高法院在普莱西案中说隔离也可以平等；他面对的六位法官都相信隔离是密西西比州宪法的铁律，也是南方文化的初心。美国《宪法》给了他法律的理想标杆，但现实并没有给他把《宪法》理想付诸实践的空间。窘迫的境况迫使他做出捉襟见肘的申辩：《宪法》平等保护所有肤色的公民，但在黑白的光谱上，华人更接近白人。《宪法》的平等保护条款虽然可望而不可即，但那是布鲁尔的最终法律依据。在主张应该把华人划入白人，不应该划入黑人之后，他又回到平等保护条款，并以《宪法》第十四修正案结束了自己的申辩："我们必须明白，把华裔公民的孩子从公立学校赶走……第十四修正案的最后一款禁止这种做法。"[35]

那天决定案子输赢的不是美国《宪法》，不是第十四修正案，而是六位密西西比州最高法院法官。在美国《宪法》眼中，玛莎是美国公民，是个跟白人学童一样有入学权利的学童，但是在密西西比最高法院法官眼中，她是个华人孩子，没有跟白人学童同校上学的权利。四个星期后，密西西比最高法院推翻了奥尔康法官的判决，支持学校把华人孩子赶出白人学校的做法。在判决书中，埃斯里奇法官大段照搬他在莫勒诉格兰蒂奇案判决书中的内容，而且进一步发挥，不但认为混一滴有色人种的血就让后代永远成为有色人种，而且除了纯正的高加索人种以外，任何其他人种在法律上都是有色人种，不得跟白人孩子同校。

为了论证华人不是白人，埃斯里奇法官引用英语大辞典中的白人定义。当时密西西比不是众多华人聚居的区域，此前州法院也没有判过涉及华人在法律上种族归类的案子，所以在州法院此前的判决中无先例可循，必须从其他州的法院判决中寻找依据。当时法律上常用的种族术语包括"白人"（white）、"黑人"（black或negro）、"有色人"（colored）等，外延经常相互重叠。法院在解释法律的时候，往往需要做出澄清：华人属于蒙古人种，肤色比白人深，但比黑人浅，而法律往往只把人分为两类，白人和黑人，或者白人和有色人，只有在涉及婚姻等问题的时候，才进一步细分。法院按照英语辞典的定义，将"白人"界定为高加索人种，华人属于蒙古人种，显然不属于"白人"。路易斯安那州法院在一个判决中曾像绕口令一样说明这一点："黑人肯定是有色人种，但有色人种不一定是黑人。没有不是有色人种的黑人，但有不是黑人的有色人种。"[36] 一言以蔽之，白人，也就是高加索人种以外的所有人都是有色人种，华人自不例外。

埃斯里奇法官认为，既然加利福尼亚州和其他兄弟州都不把华人当成白人，那么，华人属于有色人种无疑。而且，判断一个人是不是白人，不能依据个人肤色，而要看当事人的整体种族归属：有些华人的肤色比有些白人的还白，但这不说明他们就是白人，因为他们的种族归属就是华人，肤色再白也不是白人。基于这种界定，埃斯里奇法官指出，密西西比有些校区对华人网开一面，让华人学童上白人学校，这是执法不严造成的现象，并不说明学校当局或州政府认可华人属于白人。如今，法院既已在本案中正本清源，密西西比各学区必须拨乱反正，堵上这个漏洞。

埃斯里奇法官坚持按照立法者的意图解释法律。密西西比州宪法明确规定，各学区要为白人和有色人种分别建立学校，立法意图明确，就是防止白人跟其他种族融合："南方文明一直不允许种族融合，我们的人民一直认为，最好是所有种族各自保持自

第二章 最南的南方

己的纯洁性。"[37]密西西比州宪法要求白人和有色人种分校，在公立教育中实行种族隔离，不仅反映了州议会的立法意图，也反映了密西西比人民的意志和文化传统。罗斯代尔学区把华人视为有色人种，禁止华人学童跟白人学童同校，忠实地执行了密西西比州宪法，维护了白人血统的纯正。同时，密西西比州宪法并不关心华人和其他有色人种是否保持血统纯正。既然林家女儿是华人，属于有色人种，应该去上有色人种的学校，即事实上的黑人学校。判决书最后说，如果她不愿上黑人学校，可以去上私立学校，但没有权利上白人公立学校。[38]

林恭夫妇没有钱供女儿上私立学校。布鲁尔律师上诉至美国最高法院。

五　晦暗年代

在20世纪20年代的密西西比，为少数族裔争取平等权利不仅是逆水行舟，而且随时面临挫折的打击。不良法律的漏洞和缝隙是法律受害者的活路和希望。在密西西比州最高法院判决之前，本来各地执法宽严不一，有些学区允许华人的孩子上白人学校，华人还能打擦边球，在不良法律的缝隙中隐身辗转。密西西比州最高法院的判决堵上了缝隙和漏洞，不良法律在执行中就成了铁板一块。

1925年10月末，布鲁尔律师办公室所在的克拉克斯代尔镇法院有一个盛大集会。一位名叫山姆·坎贝尔（Sam Campbell）的亚特兰大神学博士应邀前来演讲，题目是"三K党员是如何炼成的"。当地第一浸信会的牧师做开场祷告。坎贝尔在演讲中盛赞三K党的功绩：促进国会通过了限制有色人种移民的法律，成功防止了白人血统继续被有色人种污染，保证了美国继续伟大。他强调："没有什么熔炉，永远不会有。黑人、墨西哥人、日本佬、华佬、土耳其佬，等等，都不能跟纯正血统的美国人融合。我们不允许外国人把基督踩在脚下，摧毁我们建国以来先辈一直坚守的基督教体制和理想。内战一结束，三K党力挽狂澜，守住了我们的理想。我们国家的灵魂在经受考验，维护我们深爱的美国的灵魂是我们神圣的职责，过去是，今天仍然是。"[39]

三K党员是如何炼成的呢？坎贝尔博士提出三K党员的三大要素——目标、素质和时间："三K党员的目标是弘扬爱上帝和爱国，保护我们国家的基督教理想和体制，维护白人至上，协助执行我们国家的法律。做三K党员需要什么样的素质呢？'毫不利己，专门利人'就是三K党员的格言，如果做不到，就辜负了自己的信念。三K党什么时候会消亡？永远不会！在取得胜利之前不会，在每一位男党员和女党员贡献出自己的力量之前，不会。"坎贝尔牧师演讲完毕，会众欢声雷动，掌声响彻法庭。[40]

1925年末，离布鲁尔输了林家女儿的官司已经半年，虽然已经上诉到美国最高法院，但前途未卜，能翻案的机会渺茫。奥尔康法官开庭审理一起凶杀案。一名白人遇害，警方抓了五名黑人嫌犯。一名嫌犯死于拘留所，三名嫌犯遭受酷刑后招供，一名嫌犯坚持自己无辜。陪审团认定三名招供的嫌犯罪名成立，法庭将其中两名判处死刑，一名判处终身监禁。最后受审判的是那名坚持自己无辜的黑人。他名叫林赛·科尔曼（Lindsey Coleman），参加过第一次世界大战,穿着一战时的美军旧军服出庭,那是他最好的衣服。陪审团经过一天审议,判他无罪。奥尔康法官宣读了陪审团的判决,科尔曼被当庭释放。[41]

科尔曼从法庭走出来,被几名白人劫持进一辆汽车,警长就在旁边,但没有介入。不久,人们在街上发现科尔曼的尸体,仍然穿着旧军装,法医解剖后,说身上有26个枪眼。布鲁尔律师决定投入一场新的战斗,这是他更熟悉的战场。他没有精力同时在两个战场战斗,就把林恭案的上诉工作交给了另一位律师詹姆斯·弗劳尔斯(James Flowers)。弗劳尔斯的日常工作是为铁路公司起草合同和处理法律业务,既没有出庭辩论的经验,也没有打《宪法》第十四修正案官司的经验。[42]

在科尔曼案中,布鲁尔决定协助县检察官把杀人凶手绳之以法。他知道,检方要起诉犯罪嫌疑人,最大的障碍是找不到证人——不是没有目击证人,相反,包括警长在内的很多人目击了几名白人在法院门口绑架科尔曼,只是没有人愿意为白人杀黑人出庭做证。布鲁尔决定把警长作为突破口。在他的建议和协助下,检察官指控警长犯了两项渎职罪:一是审判结束后没有保护科尔曼的安全,二是审判前有一名黑人嫌犯在关押期间死亡。按照法律,如果陪审团认定警长的罪名成立,他不仅会被解职,而且会永远失去参选警长的资格。大陪审团决定起诉警长。布鲁尔律师和奥尔康法官建议警长跟检方达成认罪协议,交500美元罚款,避免进入审判程序。条件是,警长必须作为证人指认几位绑架科尔曼的犯罪嫌疑人。警长接受了这项交易。[43]

布鲁尔在县法院以本县律师协会的名义召集会议,商讨科尔曼案件，有25位律师出席。警长同意接受律师们的询问。在布鲁尔的质询下，警长写下四名犯罪嫌疑人的名字。圣诞节前一天，大陪审团决定起诉四名犯罪嫌疑人。布鲁尔义务做公诉方律师，出庭参加审判。这是本县有史以来第一起白人因为涉嫌杀黑人而被审判的案件。[44]

1926年1月9日，法院开庭审判第一位犯罪嫌疑人，检方传唤了几十位证人，包括警长。证人的证词和证据都对检方有利。审判持续了一个星期，陪审团经过26个小时审议，最终判定被告无罪。继续审判另外三名被告已经没有意义，检方放弃了所有起诉，案件结束。布鲁尔律师的又一场战斗，又一场失败。第二年，美国最高法院对林恭案做出判决，他又经历了一场失败。九位大法官一致判决，管理教育属于各州政府权限，密西西比州政府有权在公立学校实施种族隔离，也有权把华人归入有色人种，禁止华人学童跟白人学童同校。最高法院依据普莱西案判例，认为密西西比州的相关法律和做法不违反《宪法》第十四修正案的平等保护条款。[45]

直到10年后，布鲁尔律师才获得一场胜利。那时候，他已经是67岁的老人。在"布朗诉密西西比案"（*Brown v. Mississippi*）中，他代理一名受酷刑折磨招供被判死刑的犯人，上诉到美国最高法院。最高法院推翻了密西西比法院的判决，责令下级法院不得使用酷刑招供作为证据。[46]自此，美国执法当局对犯罪嫌疑人屈打成招的做法逐渐成为历史。布朗案也已经成为教科书式案例。1942年3月10日，布鲁尔去世，享年73岁。

当年，林家输了官司，变卖了罗斯代尔镇的家当，搬到密西西比河西岸阿肯色州的小镇伊林，把两个女儿从底特律接回来上学。伊林的学区允许华人子女跟白人学生同校。林家两个女儿高中毕业时，正值经济大萧条，玛莎想当老师，考上了阿肯色州立大学，因为无钱支付学费，只上了一年，即辍学帮父母料理杂货店。珍珠港事件爆发后，她跟姐姐波尔达在加州的道格拉斯飞机制造厂找到工作，在生产线上制造轰炸机。林家小儿子汉密尔顿应征入伍，被派往中国云南驻军。林恭夫妇搬到得克萨斯的休斯敦，继续靠开杂货店为生。玛莎嫁给一位在店里帮工的伙计，波尔达的丈夫是位华人设计师，毕业于莱斯学院，那是莱斯大学（Rice University）的前身，后者现在是得克萨斯最好的私立大学。林恭和凯瑟琳先后于1965年和1988年在休斯敦去世。[47]

布鲁尔去世12年后，美国最高法院宣判布朗诉托皮卡教育委员会案，九名大法官一致判决学校种族隔离违宪。他当年依据《宪法》第十四修正案平等条款为林家女儿做的失败的申辩，终于成为法律。依据同一部《宪法》，同一条修正案，同一项条款，最高法院做出两个截然相反的判决，虽然相隔只有27年，社会却已经进入了不同的时代。

注释

1 *Meyer v. Nebraska*, 262 U.S. 390, 399（1923）.

2 James C. Cobb, *The Most Southern Place on Earth : The Mississippi Delta and the Roots of Regional Identity*（New York : Oxford University Press, 1994）, 153.

3 V. S. Naipaul, *A Turn in the South*（New York : Vintage Books, 1989）, 170.

4 同上，155。

5 James C. Cobb, *The Most Southern Place on Earth : The Mississippi Delta and the*

Roots of Regional Identity, 3–6.

6 Jay C. Kang, "Why a 19th-Century Plan to Replace Black Labor with Chinese Labor Failed", *The New York Times*, August 26, 2021, https：//www.nytimes.com/2021/08/26/opinion/Mississippi-chinese-labor.html. Charles R. Wilson, "Italians in Mississippi", Mississippi History Now, August 2004, https：//www.mshistorynow.mdah.ms.gov/issue/italians-in-mississippi.

7 Adrienne Berard, *Water Tossing Boulders：How a Family of Chinese Immigrants Led the First Fight to Desegregate Schools in the Jim Crow South*（Boston：Beacon Press, 2016）, 27–28, 48.

8 同上, 4。

9 *Mississippi Constitution of 1890*, Article 8, Section 207. 1977年, 密西西比州议会提案废除1890年版密西西比宪法第8条第207款, 1978年11月7日, 全州选民公投, 正式废止。

10 *The Immigration Act of 1924*, United States House of Representatives, April 12, 1924, https：//history.house.gov/Historical-Highlights/1901-1950/The-Immigration-Act-of-1924/.

11 Adrienne Berard, *Water Tossing Boulders：How a Family of Chinese Immigrants Led the First Fight to Desegregate Schools in the Jim Crow South*, 63–69.

12 同上, 72–73。

13 Alan M. Kraut, *Goldberger's War：The Life and Work of a Public Health Crusader*（New York：Hill and Wang, 2004）, 124–136.

14 同上。

15 Adrienne Berard, *Water Tossing Boulders：How a Family of Chinese Immigrants Led the First Fight to Desegregate Schools in the Jim Crow South*, 81–83.

16 同上, 92。

17 同上, 93。

18 同上, 93–94。

19 同上, 94–95。

20 同上，96。
21 同上，97。
22 同上，98。
23 同上，99。
24 "Petition for Writ of Mandamus", *U.S. Supreme Court Transcript of Record with Supporting Pleadings*. Gale MOML, *The Making of Modern Law：U.S. Supreme Court Records and Briefs*，1832–1978，Print Edition，3–4.
25 "Defendant's Demurrer to Petition for Mandamus"，同上，6。
26 "Circuit Court's Order Overruling Demurrer and Allowing Appeal"，同上，7。
27 Adrienne Berard, *Water Tossing Boulders：How a Family of Chinese Immigrants Led the First Fight to Desegregate Schools in the Jim Crow South*，99.
28 同上，100。
29 同上。
30 *Moreau v. Grandich*，114 Miss. 560（1917）.
31 *Moreau v. Grandich*，114 Miss. 560，574，75 So. 434（Miss. 1917）.
32 Adrienne Berard, *Water Tossing Boulders：How a Family of Chinese Immigrants Led the First Fight to Desegregate Schools in the Jim Crow South*，102.
33 同上，104。
34 同上，105。
35 同上。
36 *State v. Treadaway*，126 La. 300，322，52 So. 500（La. 1910）；*Rice v. Gong Lum*，139 Miss. 760，785，104 So. 105（Miss. 1925）.
37 *Rice v. Gong Lum*，139 Miss. 760，787（Miss. 1925）.
38 同上，788。
39 Adrienne Berard, *Water Tossing Boulders：How a Family of Chinese Immigrants Led the First Fight to Desegregate Schools in the Jim Crow South*，116.
40 同上，117。
41 同上，118–119。

42 同上，119，129。

43 同上，119-122。

44 同上，122。

45 同上，127，139。

46 *Brown v. Mississippi*，297 U.S. 278（1936）.

47 Adrienne Berard，*Water Tossing Boulders*：*How a Family of Chinese Immigrants Led the First Fight to Desegregate Schools in the Jim Crow South*，147-148.

第三章　难题与信条

> 很多南方人仍然在"打"内战。而在北方，内战早已被遗忘。
>
> ——冈纳·缪达尔

> 社会主义是他们用来攻击过去20年人们取得的所有进步的一个唬人名称。他们把公共权力称为社会主义，把社会保障称为社会主义，把银行保险金制度称为社会主义……他们把几乎所有能帮助大众的东西都叫社会主义。
>
> ——杜鲁门

1974年，两位欧洲学者分享了诺贝尔经济学奖，一位是近几十年来在中文世界鼎鼎大名的弗里德里希·哈耶克（Friedrich August von Hayek），另一位是对战后西欧和美国的公共政策产生过重大影响，但在中文知识界反响有限的冈纳·缪达尔（Gunnar Myrdal）。两位学者都以研究经济、社会和政治的相互关联见长，论著涉及广泛，对欧美社会和学术的影响远远超过经济学领域。事实上，两人在欧美经济学圈子外广为人知，主要不是因为他们的经济理论，而是因为他们的社会学说。

一　冈纳·缪达尔

1938年，卡耐基公司（The Carnegie Corporation）出资，请缪达尔来美国研究种族问题，在选题和选人方面都表现出超越时代的前瞻性。当时，虽然内战已经结束70多年，但美国南北在制度、习俗和经济发展等方面差异巨大。南方实行种族隔离制度，随着传统农业社会不断工业化，种族问题愈加尖锐，政界、学界和商界很多有识之士意识到，南方的种族问题到了不得不解决的时候。但是，如何解决？如何通过学术研究和实地考察提出政策建议？如何避免因政治和文化偏见而阻碍研究成果被广泛接受？处理这一系列相当敏感的问题需要很高的智慧。当时卡耐基公司的决策者有这种智慧。

为什么要找一位外国人主持这项研究？卡耐基公司董事会主席弗雷德里克·凯佩尔（Frederick Keppel）曾专门做出解释："美国并不缺少对这个课题深感兴趣的称职学者，他们已经潜心研究多年，但是，近百年来这个问题一直牵动人们的情绪，明智的做法似乎是找一个不被过往结论和传统态度影响的新人。出于这种考虑，我们决定'引进'一位课题负责人……因为情绪因素既影响白人，也影响黑人，我们就把目标锁定在那些知识和学术水准高，但又没有帝国主义背景或传统的国家当中，以免减损美国黑人对这项研究在完全中立性和结论合法性方面的信心。显然，瑞士和斯堪的纳维亚国家最符合这些限定条件，最终冈纳·缪达尔博士入选……"[1]

缪达尔本人认为，美国一家民间机构请一位外国人来研究本国最棘手的问题，其他国家不可能做到。他在瑞典的工作跨越学界和政界，十分熟悉社会研究项目在选题和选人方面的政治考量："在其他任何国家，这种计划都会被认为不现实、政治上欠考虑。很多人相信这是个愚蠢的想法。但是，从根本上讲，这种做法体现了美国的道德、理性和乐观精神——体现了美国人对自己的社会稳健和自己实力的信心。"[2]任何国家都有心胸狭窄、讳疾忌医的人，但缪达尔发现，那种人在美国不占主流，大部分美国人反倒热心于找出自己国家的毛病，并公开讲出来。就这一点，他拿美国跟德国比较：很难想象德国会请他去研究犹太人问题。

卡耐基公司最初制定的预算为25万美元，在当时是一笔巨款，最终投入近30万美元。缪达尔自主聘请研究团队成员，数十位知名学者和研究人员先后加入。团队核心成员包括黑人政治学家拉尔夫·邦奇（Ralph J. Bunche）。缪达尔去南方考察，邦奇随行。当时，南方各州禁止黑人光顾白人餐馆和白人酒店。缪达尔坚持跟黑人同事一起在白人餐馆用餐，引起当地人震惊。邦奇事后回忆，说那是他一生中最胆战心惊的一次出行。1950年，邦奇获得诺贝尔和平奖，比缪达尔获诺贝尔经济学奖还早24年。

缪达尔的外国人身份时常使他跟美国本土学者处在一种微妙的关系中。研究团队的一些成员，包括邦奇，觉得他不了解美国黑人问题。邦奇甚至说，缪达尔是哲学家，对美国社会问题过于生疏。在邦奇看来，美国黑人问题本质上是贫穷问题；黑人可以联合贫穷白人，共同提高经济地位；黑人的经济地位提高了，种族问题就会迎刃而解。缪达尔在实地考察中发现，对黑人歧视最深的就是白人中的穷人,邦奇的设想从理论上讲或从长远看可能有道理,但在现实中行不通。事实证明,缪达尔的观察和结论是正确的。当时最为紧迫的是在法律和制度上废除种族隔离政策。

缪达尔在美国从事研究期间,二战爆发。1940年4月,德军入侵挪威。瑞典虽然是中立国,但缪达尔担心会成为希特勒入侵的下一个目标。他向卡耐基公司告假,回国准备抗战,全家乘一艘运武器的货轮,经芬兰返回瑞典。缪达尔回国后,瑞典继续保持中立,希特勒没有像他担心的那样入侵。第二年春,缪达尔只身乘火车,途经莫斯科、西伯利亚、海参崴(今Vladivostok),再乘船途经日本、夏威夷、旧金山,转乘火车穿越美国,抵达纽约,恢复了研究。不久,珍珠港事件爆发,美国参战。1944年,《美国难题》(*An American Dilemma*)出版时,欧洲和太平洋战场的硝烟正浓。

近200年间,有关美国社会的书籍汗牛充栋,但有两部出自欧洲人之手的著作格外突出,对塑造世界对美国的认知和美国人的自我认知均发挥了本土著作无可比拟的影响。一部是法国人亚历西斯·托克维尔(Alexis de Tocqueville)的《论美国的民主》,另一部就是冈纳·缪达尔的《美国难题》。两部著作的出版相隔110年,两位作者都被誉为对美国社会极富洞察力的观察家和预言家。在这个意义上,可以说缪达尔是20世纪的托克维尔。

二 南北鸿沟

缪达尔不是书斋理论家。他花了大量时间在美国各地考察,其中两度深入南方各州做实地调查,访谈各种族、各阶层的居民，甚至在密西西比租房子，住了几个月。他的外来人身份和视角让他看到许多本土学者不易察觉的现象。基于从考察获得的丰富亲知，他分析了南方和北方在政治、经济、文化、传统、制度和习俗方面存在的巨大鸿沟。

缪达尔观察到，不仅南方整体上比北方贫穷，而且南方的穷人比北方的穷人更穷。南方普遍存在佃农承包庄园主土地，用收成交租的现象，这在北方十分罕见。北方更多的是拥有土地的传统自耕农。南方有根深蒂固的贵族传统，上层流行"绅士""淑女"风习。但贵族传统的另一面是社会阶层固化和僵化的等级制度。因为南方工业不发达，城市化程度低，机会不多，教育落后，普通人难以靠聪明才智、发明创造或勤劳致富，要想致富必须固守家产，自上而下层层剥削弱势群体，尤其是处于社会等级最底端的黑人。在这种相对封闭的等级社会，靠自身改变传统难上加难，更别说改善种族关系了。在访谈中，缪达尔发现，南方人习惯于向后看，难以摆脱内战的创伤，对解放黑奴充满怨愤："很多南方人仍然在'打'内战。而在北方，内战早已被遗忘。"[3]

跟南方相比，北方社会更富有活力，大量国外移民涌入，充满机会，种族问题不像在南方那么突出。另外，北方的媒体发达，舆论多样，对社会问题的看法五花八门。而南方媒体落后，舆论单一，改革的声音微弱。这样一来，北方的社会问题能被媒体当成一个个具体问题对待，而南方的社会问题则被当成整个南方的问题。缪达尔提到，一位南方学生曾经抱怨，北方媒体在批评北方的阴暗面时，往往是批评阴暗面本身，但在批评南方的种族问题时，则是批评整个南方。缪达尔分析，媒体之所以如此，有两个原因。第一个原因是,黑人问题在北方只是众多社会问题之一,而在南方则是头号问题。第二个原因是,南方白人社会空前团结,一面倒地支持种族歧视,而在北方,在任何问题上,包括黑人问题上,都是众声喧哗,舆论从来不是铁板一块。[4]

在政治方面,缪达尔发现,当时美国南方是一党独大的局面,民主党占绝对主导地位,选举时无法形成两党竞争。在很多地方选举中,民主党初选的候选人往往在没有竞争对手的情况下获胜。年复一年,政治成了一种裙带活动,事实上的家族世袭盛行。选民投票也不怎么关注具体的政治和经济议题,而是按照习惯支持或反对一位候选人。很多选民甚至不知道自己支持的候选人在具体政治和经济议题上的主张。南方白人之间存在巨大贫富差距,但有一个共同的政治目标能把贫富不均的白人选民团结起来,形成统一的票仓。这个目标就是把黑人排斥在社会生活和选举程序之外。只要候选人是白人,承诺排斥黑人,就能获得稳固的选票,在这方面越极端的候选人越容易在竞选中占上风。[5]

缪达尔认为,南方之所以形成这种局面,主要原因在于政治活动长久被世袭寡头把持,民众参与的积极性不高。而在北方,选民往往为实现某种政治理想或为维护某种经济利益而组织起来,形成各种组织良好的民间团体,推动公共政策改革和社会变革。是故,美国的每一项改革几乎都是从北方开始,艰难地向南方传播。妇女投票权、最低工资制、工会、公立教育、儿童福利、公务员改革、警察和法院改革、监狱改革等,无不如此。在南方,每一次重大社会变革都是受北方冲击的结果,甚至需要联邦政府派军队和执法人员强制推行。南方白人的这种反改革、反进步传统被一些学者称为"南方保守主义"。在缪达尔看来,这种保守主义跟南方的寡头政治脱不了干系:政治寡头自然反对改革,维护既得利益,在任何社会都是如此。[6]

不过,在政治组织粗陋的同时,南方人在道德和信仰方面却表现出异乎寻常的热情,甚至有以道德、宗教覆盖政治问题的倾向。缪达尔特别以禁酒运动和教会活动为例。禁酒运动在南方的群众基础远远大于北方,南方政客受选民的道德狂热驱动,在州议会牵头立法,最终通过国会成功把禁酒条款变成宪法修正案。在宗教方面,南方教会的主流是福音派等,重《旧约》而轻《新约》,很多会众去教会是为获得情感满足,而不是理性地用教义指导生活。南方牧师讲道则更注重来生的事,但又特别强调要改变现世的政治权力。缪达尔甚至发现,一些南方牧师和教会为三K党提供精神资源,而且有大量信徒加入三K党。[7]

基于这种观察,缪达尔提出一个问题:南方是不是存在法西斯化?这个问题并不突兀。南方因为种族歧视政策、一党独大局面和白人官民对黑人权利的压制,有时被北方媒体称为"法西斯"。但缪达尔认为,这一说法名不副实。他提出了一个简单的理由:南方不存在一个法西斯国家必不可少的中央集权组织。相反,南方的政治权力分散,甚至相当混乱。南方白人的各种政治势力没有共同的意识形态目标和统一的政治理想,只是因为排斥黑人和抗拒北方才结成一体。南方人在开拓边疆的历程中,养成了一种独立不羁的个性,不信任任何组织,更不信任政府,难以形成那种组织严密的法西斯政权。[8]

缪达尔在考察中发现,二战爆发前的几十年,南方社会对黑人的歧视已经呈现出明显松动趋势："南方的歧视有一个缓慢但可见的递减轨迹。种族规矩逐渐松动。白人开始认识到，黑人内部在教育和阶层方面存在差异，愿意把不同的黑人区别对待。"[9] 来自北方的影响、教育水平的提高、经济地位的改善等因素，使越来越多的南方白人不再把黑人作为一个整体歧视，而是开始自觉地把黑人作为个人对待。当时，虽然种族隔离制度在南方仍然稳固，歧视政策有深厚的群众基础，但民间和政府时常把不同的黑人区别对待，因人而异。比如说，一些白人和地方政府总体上排斥黑人投票，但同时又支持一些"好黑人"投票，以显示其开明。缪达尔把类似现象作为南方种族隔离政策出现松动的迹象。[10]

三 美国社会的"黏合剂"

表面上看，缪达尔研究的是美国黑人问题，但透过种族关系，他意在探讨的最根本的问题是"美国人的道德难题"，即崇高的价值理想和不堪的现实之间的冲突。这是书名《美国难题》的由来。

作为一位没有在法律上黑白有别的社会生活过的外来人，缪达尔无法像美国学者那样，把事实和数据方便地纳入自己熟悉的价值坐标，按思维惯性做出评估或得出某种符合学界预期的结论。他必须综合自己的阅读、团队的研究报告，还有实地考察获得的亲知，建立一个据以定位现实的新坐标。在实地考察中，缪达尔发现，尽管现实中普遍存在种族歧视现象，但几乎所有美国人都真诚地相信平等、自由、正义等价值，不但社会上层和富裕白人相信，而且底层白人和黑人也相信。他把美国人的这类核心价值信念称为"美国信条"（American Creed），并将其作为定位现实的价值坐标。[11]

在这个坐标中，幽暗的现实跟崇高的价值理想形成鲜明反差，凸显出美国社会的"道德滞后"现象。就此，缪达尔强调，学者必须始终如一地忠实于观察到的事实和采用的方法："对于学者来讲，著作永远是宿命。他个人的控制微不足道，必须把自己交到事实、专业标准和采取的基本方法手中。"[12]事实往往令人不快。缪达尔在《美国难题》的序言中给读者打预防针，说心地善良的公民阅读这本书，可能会感觉有些煎熬——面对严酷的事实和数据，写这本书对他来讲就是一场煎熬。研究和写作的过程让缪达尔成为一名"认识美国诸多不完美之处的专家"，细察了很多美国人都了解不多的社会阴暗面。但缪达尔坦承，深入了解美国社会各个层面之后，他对这个国家的爱慕和崇敬并没有减弱，反倒与日俱增。

缪达尔试图通过自己的经历和观察，回答一个令无数人百思不得其解的问题：美国人来自不同国家、不同种族，有着不同语言、不同宗教、不同文化、不同经济条件，社会存在着各种令人触目惊心的缺陷，是什么力量把他们凝聚成一个国家？缪达尔认为，答案在美国信条中。在这个意义上，他把美国信条称为凝聚人心和社会的"黏合剂"。因为有了这一"黏合剂"，美国社会的凝聚力甚至超过领袖集权的法西斯和纳粹国家："令人惊叹的是，这样一个充满众多文化差异的庞大民主机体能达成一致的理想，并把理想上升到超越大众认知的高度。全权的法西斯主义和纳粹主义在它们自己的国家——至少在到目前为止的短期内——还没有达成类似的结果，尽管那些政府极力打压跟美国信条最接近的原则，试图通过集中控制、精心设计的宣传机关和暴力机关，残暴地禁锢国民的头脑。"[13]

无疑，"美国信条"是缪达尔在《美国难题》中提出的核心概念，也是其著作被后世引用最多的一个概念。这部长达1500页的巨著旁征博引，使用了大量从田野调查获得的一手资料，展现出一幅美国社会的广阔图景。不过，缪达尔指出，《美国难题》无意提供一幅美国社会的全景图，而只是一种有限视角的社会研究。他称之为"蛙视角"。尽管这种"蛙视角"的研究能揭示出美国社会的一些真实现状，但它主要集中在梳理社会的缺陷和错误上面。缪达尔提醒读者，这不是一个全面了解美国社会的恰当视角。为了避免读者因视角错置造成误读，缪达尔甚至在序言中提出明确警告："任何人不加分辨地把这项美国黑人问题研究的观点和发现扩而大之，得出关于美国和美国文明的宽泛结论，都是在误用本研究。"[14]

社会研究的对象大都集中在一个社会有问题的地方，统计数据也主要是统计社会上出了问题的现象。比如，每个国家都统计犯罪率，但没有国家统计助人为乐率。缪达尔说，社会研究的性质决定了他是做"在众目睽睽之下洗脏床单"的工作。所以，研究越透彻的社会，看起来问题就越多。他警告，这是一种假象。如果读者从《美国难题》中得出缪达尔反复警告的那种结论，说明不会读书，也不了解学术研究的性质。

四　审慎的乐观主义

《美国难题》初版于1944年，甫一问世，即被知名社会学家罗伯特·林德（Robert Lynd）称为"书写当代美国文明最精辟、最重要的著作"。甚至神学家莱茵霍尔德·尼布尔（Reinhold Niebuhr）也向学生推荐本书，说值得"每一位有头脑的美国学生阅读并收藏"。[15] 一直到21世纪初叶，塞缪尔·亨廷顿（Samuel Huntington）在生前最后一本著作《我们是谁？》（*Who Are We?*）中，还在反复引述《美国难题》。[16] 缪达尔这部著作不仅影响了学术界和文化界，而且直接促进了美国公共政策改革和相关法律的变革。二战后期，美国陆军把《美国难题》缩编成30多页的小册子，分发给官兵阅读，为他们战后在生活中恰当处理种族问题做准备。战争结束不久，联邦政府宣布在军队中废除种族隔离，开启了缪达尔在书中展望的种族融合的新时代。

在这部巨著正文的结尾，缪达尔回顾了他在美国接触和交往的无数陌生人，有租地耕种的佃农、种植园主、工人、企业主、商人、银行家、知识分子、牧师、社区活动人士、政治领袖、街头地痞……他看到，这些不同种族、不同阶层、不同境遇的美国人，在相互矛盾的价值观、相互冲突的利益和五颜六色的社会面具后面，大都希望自己做个理性和公正的人。即使事情搞砸了，他们也有意愿诉诸良知，以求改进。[17]

社会研究不是分辨好人与坏人，而是在事实的基础上，"解释为何所有这些有良善潜能和意愿的人，一旦生活在一起——在同一个家庭，同一个社区，同一个国家，或同一个世界，往往把自己和他人的生活变成地狱。这当然不是错在有组织的生活本身。我们看到，在正式的组织中，人们投入最高的理想。这些组织结构通常引导个人朝合作和公正的方向发展，远超过一个人在孤立状态中愿意遵守的规则。毋宁说，错误在于我们的组织结构太不完善，单个组织不完善，组成社会整体的结构更不完善"[18]。

基于这种认知，缪达尔注重学以致用，运用社会研究的成果，提出积极的政策建议。《美国难题》通过大量事实和数据揭示，种族隔离造成了事实上的黑人贱民阶层，改变这种有悖于美国信条的状况，出路在于废除种族隔离，让黑人有秩序地逐渐融入主流社会。就像在历史上，妇女逐步获得投票权等男性所有的公民权一样，黑人获得白人所拥有的权利、不再被白人社会排斥，都属于实现美国信条的总体进程的一部分。在这个意义上，缪达尔认为，种族问题一方面是美国社会的一大失败，另一方面也为美国社会进步提供了无与伦比的机会。

这里显然有理想化的成分。基于一种社会理想制定的面向未来的公共政策都或多或少地包含理想化成分。跟哈耶克一样，缪达尔清醒地认识到人类知识的限度，但跟哈耶克不同的是，他强调社会研究既需要知识框架，也需要道德目标，他对运用知识改善公共政策持更积极的态度。显然，比之哈耶克，缪达尔对维系人类生存与发展的"伟大同情心和合作天性"表现出更大的信心。[19]在二战史无前例的残杀和动荡中，缪达尔预见到，美国信条激发的国民良知在战后将促使美国发生社会巨变。今天，我们读他写于近80年前的文字，仍然充分感受到那种开阔的眼界、锐

第三章　难题与信条

利的观察力和对未来发展趋势的惊人洞察力。

后世不断有学者批评缪达尔过于乐观。不过，历史的发展并没有证伪缪达尔的乐观预言。1954年，美国最高法院引用缪达尔的研究废除了学校种族隔离；1957年，联邦政府动用军队在阿肯色州小石城执行最高法院判决；1965年，国会通过新移民法，取代了1924年的种族主义移民法；1967年，最高法院废除了禁止跨种族婚恋的法律。1958年的统计显示，只有4%的美国民众支持跨种族婚恋，2013年，支持跨种族婚恋的民众增长到87%……缪达尔在《美国难题》中曾断言：美国社会的"主流趋势是不断实现美国信条"[20]。战后70多年的美国历史虽曲折迂回，但大致没有脱离这条发展轨道。

与此同时，缪达尔从未停止批评美国社会的"道德滞后"现象。他在获得诺贝尔奖后对美国的批评广为人知："美国是最富有的国家，但有着最大的贫民区，最不民主和最落后的医保体制，对本国的老人最吝啬。"[21]当然，缪达尔是拿美国跟西欧国家相比较说这番话。他在国会众议院做证时，批评联邦政府的扶贫政策三心二意，投入不够，管理不善。他呼吁行政当局和国会，要像战后为重振欧洲经济制定马歇尔计划一样，投入足够的人力和财力，制定振兴美国经济的"马歇尔计划"。他认为，那是美国消除种族问题和贫困问题不可替代的途径，美国社会难以长期承受这两大问题造成的恶性后果，越往后拖，后果越严重。近几十年的历史表明，美国制定振兴本国经济的"马歇尔计划"比制定振兴欧洲经济的马歇尔计划难度大得多。

随着时间流逝，缪达尔的乐观主义变得更加审慎，他对美国政府的公共政策批评越来越多。针对美国保守主义回潮、市场放任主义盛行、政府为富人减税、贫富差距扩大、阶层固化日趋严重的状况，他评论说，一个睿智的国家才会保持强大；宁肯刺激富人增加消费，不肯帮助穷人提高收入，这不是一种明智的政府行为，会导致一轮一轮的政策性失败。他警告说："每次失败，丧失理智的疯狂因素就会进入人们的思想，这太危险了。"[22] 此后半个世纪，联邦政府在公共政策方面得过且过，放任经济不平等加剧，加之结构性种族问题沉疴难愈，造成社会空前撕裂。虽然缪达尔在《美国难题》中预言的美国信条不断实现的进程没有脱轨，但公共政策层面的改革长期处于停滞状态。

近200年前，托克维尔在《论美国的民主》中也曾表达过跟缪达尔类似的忧虑：国家发展到一定程度，既得利益阶层害怕革新，把任何新理论都当成危险因素，把每项社会改革当成革命的第一步，以至于完全拒绝进步。托克维尔之后，美国经历了内战、两次世界大战、经济大萧条、多次周期性经济危机，在不同时段和不同地域，社会进步与停滞相互交替，但总体趋势是在不断实现价值理想的轨道上演进。跟托克维尔一样，缪达尔把美国看作一个尚未完全定型的年轻国家，在价值理想和千疮百孔的现实之间，"不断为自己的灵魂挣扎"[23]。无疑，实现价值理想的进程同时也是灵魂挣扎的历程。在可见的未来，这种挣扎还会持续下去。

1987年5月18日，缪达尔去世的第二天，《纽约时报》刊发纪念文章，称缪达尔为当代顶尖经济学家和社会学家，"名副其实地为历史留下了一个脚注"[24]。这个脚注支撑着美国最高法院在20世纪做出的最重要判决之一——"布朗诉托皮卡教育委员会案"。1954年,最高法院在这项判决中废除了公立学校的种族隔离政策,指出隔离伤害少数族裔学生的心理成长,在隔离的情况下不可能有平等。判决书在脚注11中引用了缪达尔的《美国难题》支持以上结论。自此,缪达尔的名字在学界和媒体上常常跟"脚注11"联系在一起。

20世纪初,史学家威廉·杜波依斯（William Edward Burghardt Du Bois）说:"20世纪的问题是肤色界线问题。"到了20世纪末,史学家约翰·富兰克林（John Franklin）说:"21世纪的问题仍将是肤色界线问题。"他认为,"按任何衡量标准或评估标准,这个问题都没有在20世纪得到解决,从而变成了下个世纪的一部分遗产和负担"[25]。在这个意义上,可以不夸张地讲,不了解美国种族问题的过去和现状,就不可能了解美国的历史和当代美国社会,也不太可能为美国当代各种社会冲突探索出合理的缓解途径。

缪达尔在中文知识界的影响远不及同时代的哈耶克和早一个世纪的托克维尔。他的《美国难题》至今没有中文译本,他对现代美国社会的研究和解读在中文知识界长期被忽视。这种状况跟他在欧美知识界得到的广泛赞誉和产生的深远影响形成鲜明反差。从近年中文知识界围绕美国社会问题的一些争论来看,不少学者对美国的认知存在明显滞后和偏差,或者停留在180年前托克维尔的观察和论述上,或者局限于用哈耶克的抽象政治哲学原理来解读当代美国的社会问题,得出诸多跟地上的现实相去甚远的结论。在这种状况下,要了解美国当代社会,冈纳·缪达尔的美国研究是一段跳不过去的阶梯。

五　政治标签

20世纪的马克思主义者认为缪达尔是资产阶级改革家,美国一些保守派人士,尤其是南方维护种族隔离的人士,则称他是激进的社会主义者。在最高法院引述《美国难题》废除南方学校的种族隔离政策后,很多保守派人士给他的著作贴上"共产主义""社会主义"的标签。[26]

在美国学界和政界,保守派人士给主张社会改革的学者和政治对手贴"共产主义"或"社会主义"的标签,由来已久。这一传统可以追溯到内战后的南方重建时期。美国的建国理想是"人人生而平等",显然奴隶制不符合这种平等理想。建国初期,只有马萨诸塞、宾夕法尼亚、康涅狄格等5个州禁止奴隶制,纽约、马里兰、新泽西、弗吉尼亚、佐治亚、南北卡罗来纳等8个州则允许奴隶制。到内战前夕,北方各州已经先后立法废除奴隶制,形成南北对立局面。南方白人以一种更具进攻性的等级理论为奴隶制辩护。比如,约翰·卡尔霍恩称奴隶制是"积极的善"。在他看来,人群分高低贵贱贤愚,社会等级依此来划分,低贱愚昧的群体付出劳动,高贵贤达的白人精英收获劳动成果。这种安排具体到不同种族上,就是奴隶制。当时,南方最强有力的辩护是把奴隶制说成上帝的安排。比如,南卡罗来纳州州长詹姆斯·哈蒙德(James Hammond)说:"美国奴隶制不但不是罪,而且是上帝通过摩西颁布的特别诫命,并得到基督恩准。"[27]

南方战败后,为奴隶制辩护的理论不再流行,但白人至上主义的传统并没有消亡,而是改头换面,变异成一种维护内战前南方传统生活方式的保守主义。它强调南方各州自己决定种族关系,反对联邦政府干预,并把这种理念说成是国父建国的"自由"理想。在这种语境中,"自由"意味着南方等级社会中,按种族和阶层划分的人群各安其命。

1871年,欧洲爆发巴黎公社运动,在美国引起恐慌,保守派找到了新的表达方式——把白人至上主义跟反"社会主义"、反"共产主义"挂钩。三K党成立后,自称主要使命之一是反"共产主义",经常把犹太人和有色人种描述成"共产主义分子"。南方重建失败后,实行种族隔离制度。白人维护种族隔离的借口就是保守南方独特的生活方式,而那种生活方式的独特性就体现在种族、性别和阶层不平等上。很多白人担心,黑人参加投票选举之后,会立法瓜分白人的财产。所以,他们把打压黑人投票和反"社会主义"联系起来,把建立公立基础教育、提高富人税收、增加穷人福利、建立社会安全网等政府行为统统称为"社会主义"政策。按照这种世界观,个人自由就成了税收、福利的对立面,政府征税等同于剥夺私有财产,侵犯个人自由。

美国大萧条期间,胡佛总统称竞选对手小罗斯福为"社会主义"者。小罗斯福总统上任后,着手刺激经济,增加政府投资,保护劳工权益,实行每周40小时工作制,设立社安金,使退休人员和家属老有所养。政治对手把这一系列"新政"措施统称为

"社会主义"。纽约前州长阿尔·史密斯（Al Smith）指责罗斯福"新政"将把美国变成苏联式"社会主义"："我们只能有一个首都——不是华盛顿就是莫斯科。我们只能有一种政府氛围——不是自由美国纯净新鲜的空气，就是共产俄国肮脏的呼吸。我们只能有一面旗帜，不是星条旗，就是苏联不敬神的红旗。"罗斯福总统对他的劳工部部长说："我们联邦政府所做的一切实际上都是阿尔·史密斯当纽约州长时做过的。他如果能当上美国总统，会做同样的事。"[28]

二战结束后，世界形成资本主义和社会主义两个相互敌对的阵营，美国和苏联两个超级大国在意识形态、政治制度和经济结构方面泾渭分明、势不两立。在美国政治中，"社会主义"不仅是脏词，而且变成一个令选民恐惧的名称。冷战期间，用"社会主义"攻击对手在美国政治中有广泛的民意基础。1949年，盖勒普（Gallup）曾做过一个民调，发现只有15%的美国民众对"社会主义"有好感。因为85%的民众对"社会主义"没有好感，甚至心存厌恶和恐惧，所以攻击政治对手搞"社会主义"，自然是行之有效的竞选策略。冷战初期，杜鲁门（Harry Truman）总统说："社会主义是他们用来攻击过去20年人们取得的所有进步的一个唬人名称。他们把公共权力称为社会主义，把社会保障称为社会主义，把银行保险金制度称为社会主义……他们把几乎所有能帮助大众的东西都叫社会主义。"[29]

冷战初期，美国政治倾向不同的民众有个共同的敌人——社会主义苏联。民主党和共和党主流在民主理念和经济政策方面达成诸多共识，被称为"自由派共识"（liberal consensus），以自由主义对抗苏联式"社会主义"。与此同时,文化、宗教、经济、政治领域的保守势力加强集结,结合冷战时期的内外环境,重塑保守主义话语:只要政府干预经济就是"社会主义",就会导致扼杀个人自由、走向极权社会、毁灭美国的繁荣。不过,当时大部分民众受益于罗斯福"新政",认同"新政"的政策遗产。一些保守派人士转而诉诸民众的宗教信仰和情感,借民众对苏联的恐惧获得支持。[30]

一些保守派理论家用二分法,人为打造出两种反差鲜明的政治脸谱:"保守主义"等于维护个人自由、保护私有财产、保守基督教信仰;"进步主义"意味着"社会主义",等于激进变革、高税收、重新分配财富、无神论。比如,20世纪50年代兴起的"运动保守派"(Movement Conservatives),理念上强调个人自由,恢复基督教传统,现实政治目标是废止罗斯福"新政"的"社会主义"政策,包括政府规范经济活动、最低工资制、工人退休金等。

在文化界和宗教界,保守派领军人物威廉·巴克利(William Buckley)指责支持"自由派共识"的共和党人和民主党人是"社会主义"者和无神论者的工具,正合伙迫害有正统基督教信仰的美国人。他把支持男女平等、经济平等、政教分离、政府福利的人统称为"自由派"(liberals),把他们描绘成要把美国变成苏联那种国家的"社会主义"者和"共产主义"者。一些保守派人士甚至把最高法院废除种族隔离的判决称为"共产主义",把所有跟他们意见不同的人,包括最高法院大法官和艾森豪威尔总统,称为"共产主义"分子。肯尼迪任总统期间,跟他担任司法部部长的弟弟一起推动在南方大学中取消种族隔离,派联邦执法人员护送黑人学生入校,遭到大量保守派白人的围攻。当时,很多支持种族隔离的白人汽车上贴着一句流行标语"卡斯特罗兄弟搬进了白宫"[31],把肯尼迪兄弟比作古巴的卡斯特罗兄弟。

美国政治中的这种极端保守主义不同于主张渐进改良、政府有限干预的古典保守主义,或进步的保守主义。他们试图颠覆林肯以来的主流思想,把美国历史描述成民众从内战开始就道德堕落,推崇回到过去那种自由自在、小政府、各州自治、低税收的时代。民权运动前后,他们为南方的种族隔离政策辩护,指责联邦政府保护族裔平等是侵犯州权,摧毁美国的立国价值。巴克利甚至反对妇女和少数族裔拥有投票权,称之为哗众取宠,暗示白人统治有色人种是天经地义。[32]

罗纳德·里根(Ronald Reagan)总统有句格言:"政府不解决问题,政府才是问题。"[33]任何政策在实施过程中都会出现问题,产生违背政策目标的副作用,在极端状况下,甚至失之毫厘,谬之千里。如果单纯从这方面讲,里根的话有道理。担任总统前,他致力于反对退休人员医保和低收入民众医保。担任总统后,他反对政府干预,经常把政府为民众提供社会保障等通称为"社会主义"。政府过度干预会出问题,但政府无所作为,社会就会出更大的问题;没有政府不断解决问题,各种社会问题就会积累成堆,达到临界点,最终爆发。基于历史的经验和教训,负责任的政府会主动实施一些政策,避免社会问题演化成社会灾难,出现不可收拾的局面。20世纪大萧条期间,小罗斯福总统实施"新政",扩大基建投资,建立社会安全网,以防止经济衰退导致大量人口流离失所，避免造成欧洲式集权主义革命和法西斯主义兴起。在这个意义上，一些历史学家讲，罗斯福"新政"拯救了美国的资本主义。吊诡的是，美国的右翼保守势力称他为"社会主义"者。

自20世纪80年代初以来，美国政府为公司和富人减税、削减福利导致社会贫富分化不断扩大。社会底层，尤其是教育程度较低的白人，成了这种经济政策的主要受害者，不断积聚不满。右翼保守势力把底层民众的不满引向移民、少数族裔、"社会主义"，把有色人种和移民描述成不劳而获的福利寄生虫，把底层民众的贫困化归咎于税收太高、移民太多和政府提供社会福利等。事实上，美国底层白人跟其他族裔的低收入民众一样，都是社会福利的受益者。用简单的政治承诺解决复杂的社会问题，只有头脑简单的人群才会相信。所以，右翼保守势力把目标瞄准低教育水平的选民群体，让他们相信这些积累多年的问题有简单的解决办法：降税、排外、削减福利、反移民、反科学、反职业政治等。

冷战结束后，美国对内对外都面临新的挑战，当年里根总统反"社会主义"的名言警句被很多得过且过的政客重复了几十年，已经成了跟美国的现实政治、经济和社会问题脱节的陈词滥调。曾经被称为"社会主义"的政策包括最低工资制、社保退休金制度、退休人员医保（Medicare）、低收入家庭医保（Medicaid）、失业保险金等。小罗斯福、杜鲁门、艾森豪威尔、肯尼迪、约翰逊、克林顿、奥巴马等总统提出的几乎所有经济、民生政策都曾经被贴上"社会主义"标签。

六　潜规则

跟极端保守主义者对政府功能的诋毁不同，无论在理论上，还是在现实世界中，政府形态不同，性质各异，良莠不齐，既可以侵犯个人自由，也可以保护个人自由。在现代文明国家，保护个人自由和公民权利仰赖的法律是由政府的立法分支所制定，是由政府的司法分支所解释并对个案做出判决，法院的判决则要仰赖政府的行政分支来执行。从这个角度讲，"政府不解决问题，政府才是问题"的口号不符合现代社会的基本常识。

古典自由主义强调，自由就是防止政府侵犯个人权利。这种理论取向产生于社会从专制政府向民主过渡的历史时段，有具体的原生语境和针对的实际问题。在民主制度建立之后，民选政府仍然可能蜕变为侵犯个人权利的利维坦。就此，自由主义多有论述。但这种宏观理论往往忽略一个具体的现实问题：政府和人民都不是单一的实体。就美国而言，政府分联邦政府和州政府，州政府下面又有县市政府。因为州政府和县市各级行政首脑、检察长、议员、治安官，甚至州内各级法院法官是民选产生，每级政府的政治取向和社会政策倾向都有所不同。州政府跟联邦政府之间往往更是矛盾重重。一些州政府侵犯个人权利的立法和行为可能会遭到联邦政府反对，相反，一些联邦政府侵犯个人权利的立法和行为可能会受到州政府抵制。

这种政治架构中的政府不是铁板一块。历史上不是，现在也不是。同时，人民也不是铁板一块，而是包括不同肤色、不同国家来源、不同经济地位、不同教育水平、不同性别的群体。政府可以立法侵犯某个群体的权利，而扩大另一个群体的权利。比如说，种族隔离制度，显然侵犯了有色人种的权利，但相对扩大了白人的权利。再比如说，禁止妇女投票，侵犯了妇女的权利，但相对扩大了男性的权利。历史上和现实中，政府和人民之间这种盘根错节的关系，使一些自由主义者对政府功能的笼统论述流于简单化，无法反映现实的复杂性。事实上，当代美国普通人享有的所有在法律上可以操作的权利，比如平等保护、正当程序、妇女投票权、黑人投票权、有色人种公民权等，都是政府的各权力分支通过立法或司法判决赋予的，大到宪法修正案、最高法院判决，小到部门法、基层法院判决，都是这样。

美国社会弱势群体在争取平等权利的斗争中，往往需要求助于行政当局、法院和国会这些政府权力分支。在州政府侵犯公民权的时候，受害人往往要求助于联邦政府。美国《宪法》的第十三、十四、十五、十九修正案都是针对州政府侵犯公民权利。同样，最高法院判决一些州的法律违反《宪法》，保护了受害人的权利。这都是政府行为——国会和法院是政府权力的不同分支。所以，那种简单化的自由主义路径，单纯把政府当作潜在的权利侵害方，忽视了问题的另一面：政府除了潜在的压迫功能以外，还有保护的功能。而被忽视的这一面恰恰是社会弱势人群争取权利不可或缺的渠道。1947年，杜鲁门总统曾经讲，争取民权不只是维护个人权利不受政府侵害那么简单，也意味着政府要保护人民的权利，不只是一部分人民的权利，而是所有人民的权利。具体而言，在维护基本权利平等方面，政府的力量不可或缺。如果社会弱势处于不平等的地位，没有行政当局、法院或国会的帮助，他们不可能靠自己的力量有秩序地获得平等。[34]

废除法律明文规定的不平等是这样，改变政治、法律和社会潜规则也是这样。近几十年，各界一直在争论，成文法层面的歧视被废除之后，法律是不是管得着不成文的歧视，就是俗称的潜规则。大致存在两种看法。第一种看法是不存在不成文的体制性或系统性歧视，成文法律的歧视在20世纪50至60年代已经通过法院判决和民权法案等立法废除了，如果弱势群体的生活状况没有改观，属于自己不争气。第二种看法是存在不成文的歧视，但法律和政策管不着，因为那是民间的事，法律和政策不能强迫民众改变自己的看法和习惯。问题是，在一个多元群体组成的国家，各群体的人数有多寡，力量有强弱，占多数的群体或强势群体的传统习俗和社会偏见不会满足于停留在私人领域，而是会影响到法律和政治。

美国最高法院在1954年判决"赫尔南德斯诉得克萨斯州政府案"（*Hernandez v. Texas*），涉及法律程序中的潜规则问题。赫尔南德斯涉嫌杀人，被得克萨斯州杰克逊县法院陪审团判定有罪。辩护律师古斯塔沃·加西亚（Gustavo Garcia）上诉到最高法院，质疑的问题不是案情本身，而是审判庭挑选陪审团的潜规则。杰克逊县人口中有14%是墨西哥裔居民，在过去25年中，县法院从居民中挑选出6000多名陪审团成员参加各类案件审判，但是没有一位墨西哥裔居民入选。在赫尔南德斯案中，全体陪审团成员都是非墨西哥裔的白人。加西亚律师认为，杰克逊县法院的做法不是个案现象，而是系统性地把一个族裔的居民排除在法律程序之外，违反了《宪法》第十四修正案的平等保护条款。[35]

加西亚律师本身是墨西哥裔美国公民，出生在毗邻墨西哥的得克萨斯边城拉雷多（Laredo）。他于1938年从得克萨斯大学法学院毕业，虽然成绩拔尖，但因为社会对墨西哥裔的传统偏见，他找不到跟他的成绩和才华相匹配的工作，开始酗酒。美国法律对待墨西哥裔公民，不像对待黑人那样，有法律规定的明文歧视。即便在奴隶制时代，美国法律也把墨西哥裔当成白人，人口普查把他们作为白人统计。得克萨斯人口中大约有四分之一是墨西哥裔，但各地的潜规则经常把他们排除在政治、经济和司法程序之外。

二战中，加西亚跟很多墨西哥裔年轻人一样参军，战后曾驻军日本。他退伍后继续在得州做律师，跟很多经历过战火的少数族裔军人一样，心态变化很大：为了维护民主和自由，他们跟其他白人一样在太平洋战场和欧洲战场流血，回到家乡却仍然被排除在正常的政治、经济和司法程序之外。作为律师，让他感触最深的是法庭上的陪审团：哪怕在大量墨西哥人聚居的县，陪审团成员也往往全是非墨西哥裔的白人，他们决定他辩护的墨西哥裔被告的命运。

得克萨斯州并没有成文法规定墨西哥裔公民不能进陪审团。但在70多个县，潜规则事实上成功地把所有墨西哥裔公民排除在陪审团之外。这种潜规则甚至比歧视黑人的成文法更难以捕捉，它是编织在系统机体上的无所不在的网络，形成一个不成文但很有效的机制。在赫尔南德斯案中，加西亚律师一半凭才华，一半凭运气，在得克萨斯法院和联邦法官屡败屡战，一直打到美国最高法院。他不是有钱的律师，代理这个案件全靠捐款。从事后披露的账本看，很多墨西哥裔居民的捐助都是一美元、两美元，甚至更碎的零钱。1954年1月，他到首都华盛顿准备法庭辩论，钱不够用，同事带着一笔捐款去接济，也只有几百美元。[36]

最高法院开庭前一晚，他为了缓解压力，去酒吧喝一杯，但一喝而不可收。下半夜，他回到酒店的时候，同事觉得官司已经提前结束了。但第二天在法庭上，加西亚竟然表现出色。首席大法官厄尔·沃伦（Earl Warren）特别给他延长了16分钟申辩时间。出乎所有人意料，加西亚赢了赫尔南德斯案。最高法院事实上承认，存在不成文的但实际有效的潜规则歧视；第十四修正案并不要求按照族裔的人口比例分配陪审团名额，但禁止系统性地把一个族裔排除在司法程序之外。赫尔南德斯案早已成为美国法学教科书必不可少的案例。但加西亚的后半生很不幸，抑郁症加酗酒使他在精神病院度过了人生最后十年，1964年去世时还不到50岁。[37]

在成文法的骨架中，我们每天接触的是不成文的日常生活血肉。相比成文法的改变，不成文的潜规则改变起来更艰难，过程更漫长。但是，承认社会潜规则会在司法和政治领域造成不平等的后果，而最高法院在赫尔南德斯案中的判决，是改变的第一步。在这方面，法律和政策并不是对不成文的潜规则造成的后果无能为力，而是可以建立一道有效的防火墙，把传统偏见和社会潜规则严格限制在非公共领域，不允许它们突破《宪法》第十四修正案平等保护条款的屏障，穿越到司法和政治等公共领域。

注释

1　Gunnar Myrdal, *An American Dilemma : The Negro Problem and Modern Democracy*

（New York：Harper & Brothers，1944），vi.
2　同上，xviii。
3　同上，45。
4　同上，45。
5　同上，452-462。
6　同上，452-458。
7　同上，11。
8　同上，458-462。
9　同上，998。
10　同上，462-473。
11　同上，xix，xlvii，3-6。
12　同上，xix。
13　同上，6。
14　同上，lix。
15　David W. Southern,"An American Dilemma after Fifty Years：Putting the Myrdal Study and Black-White Relations in Perspective", *The History Teacher*, Vol. 28, No. 2（February 1995），227-228.
16　Samuel P. Huntington, *Who Are We？ The Challenges to America's National Identity*（New York：Simon & Schuster, 2005），37, 46, 66-67, 86, 146, 339.
17　Gunnar Myrdal, *An American Dilemma：The Negro Problem and Modern Democracy*, 1023.
18　同上。
19　同上，1024。
20　同上，1021。
21　"Gunnar Myrdal, Analyst of Race Crisis, Dies", *The New York Times*, May 18, 1987, https：//www.nytimes.com/1987/05/18/obituaries/gunnar-myrdal-analyst-of-race-crisis-dies.html.
22　同上。

23 Gunnar Myrdal, *An American Dilemma : The Negro Problem and Modern Democracy*, 4.

24 "Gunnar Myrdal, Analyst of Race Crisis, Dies", *The New York Times*, May 18, 1987, https : //www.nytimes.com/1987/05/18/obituaries/gunnar-myrdal-analyst-of-race-crisis-dies.html.

25 John Hope Franklin, *The Color Line: Legacy for the Twenty-First Century* (Columbia: University of Missouri Press, 1993), 5. James Patterson, *Brown v. Board of Education : A Civil Rights Milestone and Its Troubled Legacy*, xxix.

26 Victor S. Navasky, "In Cold Print : American Dilemmas", *The New York Times*, May 18, 1975, https : //www.nytimes.com/1975/05/18/archives/in-cold-print-american-dilemmas.html.

27 James Henry Hammond, *Selections from the Letters and Speeches of the Hon. James H. Hammond* (New York : John F. Throw & Co., 1866), 124.

28 Michael Hiltzik, "They Tried to Call FDR and the New Deal 'Socialist' Too. Here's How He Responded", *Los Angeles Times*, February 13, 2019, https : //www.latimes.com/business/hiltzik/la-fi-hiltzik-socialism-20190213-story.html.

29 Harry Truman, "Rear Platform and Other Informal Remarks in New York", October 10, 1952, Harry S. Truman Presidential Library & Museum, https : //www.trumanlibrary.gov/library/public-papers/289/rear-platform-and-other-informal-remarks-new-york.

30 Heather Cox Richardson, *How the South Won the Civil War* (Oxford : Oxford University Press, 2020), Kindle Locations 89-90.

31 同上, 2713。

32 同上, 2827。

33 Ronald Reagan, "Inaugural Address", January 20, 1981, Ronald Reagan Presidential Foundation and Institute, https : //www.reaganfoundation.org/media/128614/inaguration.pdf.

34 James Patterson, *Brown v. Board of Education : A Civil Rights Milestone and Its*

Troubled Legacy(New York：Oxford University Press，2001)，1.
35 *Hernandez v. Texas*，347 U.S. 475，480(1954).
36 A Class Apart，American Experience，Program Transcript，https：//www-tc.pbs.org/wgbh/americanexperience/media/pdf/transcript/A_class_Apart_transcript.pdf.
37 Raul A. Reyes，"Remembering Gus Garcia，Mexican-American Civil Rights Pioneer"，NBC News，July 27，2017，https：//www.nbcnews.com/news/latino/remembering-gus-garcia-mexican-american-civil-rights-pioneer-n786391.

第四章　教育平权

做你认为对的事,让法律赶上来。

——瑟古德·马歇尔大法官

在任何情况下,歧视都是一种不可或缺的社会权利,就像平等是一种政治权利一样。

——汉娜·阿伦特

1927年,美国最高法院把普莱西诉弗格森案的"隔离但平等"原则用于公立教育,在林恭诉莱斯案中,判决学校实行种族隔离符合《宪法》,不违反第十四修正案的平等保护条款。南方各州的公立教育土政策获得了《宪法》依据。26年后,在布朗诉托皮卡教育委员会案中,瑟古德·马歇尔(Thurgood Marshall)率领他的律师团队挑战普莱西案和林恭案判决。从内战后南方重建失败算起,种族隔离在南方各州已经实施近80年,加之此前历史同样悠久的奴隶制,几代人过去,法律和政治制度已经固化成传统秩序,白人与有色人种隔离已经变得天经地义。大卫·德林杰(David Dellinger)曾对此评论说:"隔离是我的宇宙中的事实。对我来说,隔离就像太阳系中星球的位置一样,无所谓对,也无所谓错。天经地义。"[1]

一 瑟古德·马歇尔

美国内战后，各州兴办公立基础教育，到20世纪初，公立中小学已经发展成遍及各地、影响最广的政府机构，不仅在普及文化课和提高教育水平方面，而且在传播现代文明价值，培养良善公民德行方面，成为最重要的公共渠道。在内战结束后的近百年中，美国的公立学校大致有黑白隔离的界限。在北方，这种界限不是法律明文规定的，但在现实中普遍存在，被称为事实上的（de facto）隔离；在南方，各州法律明文规定，学校黑白隔离，被称为法定（de jure）隔离。1896年，最高法院在普莱西案中判决，路易斯安那州客运车厢黑白隔离不违反《宪法》第十四修正案的平等保护条款，确立了"隔离但平等"的原则，在法律上维持南方的种族隔离制度长达58年。

二战前，缪达尔在美国考察时发现，南方社会的种族阶层壁垒已有明显松动迹象。欧洲人喜欢把美国称为个人主义社会，更确切地讲，它是个鼓励普通人成为强者的个人主义社会，同时又不是一个强者完全垄断的固化等级社会；它允许出身于各阶层的人成为强者，但因为传统习俗和文化偏见等因素，不同的人在不同的地方成为强者所遇到的障碍不同。在北方，这种障碍比在南方少得多，白人遇到的障碍比黑人少得多。瑟古德·马歇尔律师对此深有体会。他出生于1908年，在马里兰州的巴尔的摩市长大，母亲是老师，父亲在铁路客车上做服务员。小时候，他从母亲那里得到良好的教育，父亲有时带他去旁听法院审判。马歇尔高中时成绩并不突出,而且经常因违反纪律被惩罚,当时学校对违纪学生的惩罚之一是背诵《宪法》。那是马歇尔的特长。

跟很多年轻人一样,马歇尔有理想,想念大学,但在他的理想和现实之间有那个时代难以逾越的障碍——他是黑人,可以选择的大学不多。他被宾夕法尼亚州的林肯大学录取,那是一所传统黑人学校。大学毕业时,他希望能回家乡上马里兰大学法学院。马里兰大学是州立大学,当时马里兰州的公立学校实行种族隔离政策,马里兰大学不录取黑人。马歇尔被首都华盛顿的霍华德大学(Howard University)法学院录取。他母亲把结婚戒指和订婚戒指典当了,帮助儿子凑学费。1933年,马歇尔在霍华德大学法学院以全班第一名的成绩毕业,考取律师执照。

霍华德大学法学院的院长是著名黑人民权律师查尔斯·休斯敦(Charles Houston)。他是改变了马歇尔人生的法律启蒙老师。内战前,休斯敦的爷爷和马歇尔的老爷爷都曾经是奴隶,但跟出身贫寒的马歇尔不同,休斯敦家境富裕,从年轻时代起即在马萨诸塞州念黑白同校的私立大学。第一次世界大战中,休斯敦参加陆军,被派到欧洲战场。退役后,他考入哈佛大学法学院,成为《哈佛法律评论》(*Harvard Law Review*)的第一位黑人学生编辑。当时,美国的黑人律师屈指可数,律师行业基本是一个白人男性从事的行业,全美律师协会拒绝黑人律师加入,休斯敦跟几名黑人律师挑头成立了全国律师协会。在做霍华德大学法学院院长期间,他教宪法学,班上30多名学生都是黑人。休斯敦激励他们用功:"你只是跟白人律师一样优秀没有用,你必须比他们强,否则你根本没有在同一个平台上竞争的机会。"[2] 毕业时,30多名学生只剩下6名,其余已经辍学。休斯敦偏爱马歇尔这位身材高大、成绩优异的学生，开车带他去南方旅行，亲历南方底层黑人的生活。

从法学院毕业后，马歇尔在巴尔的摩做私人律师，他热心于公益，开始参与全国有色人种协进会（简称NAACP，是美国最大的为有色人种维权的法律组织）的维权诉讼。1936年，马歇尔28岁，跟查尔斯·休斯敦搭档，代理一位名叫唐纳德·默里（Donald Murray）的黑人学生，起诉马里兰大学。法律是公器，有既定的条文、判例、程序和技术性游戏规则，但律师有自己的价值观和爱憎，在诉讼过程中不完全遵循冷冰冰的法律逻辑。马歇尔大学毕业时，因为马里兰大学不录取黑人学生，他被迫放弃自己理想中的法学院，到首都求学。如今他成了律师，要改变这种不公平状况。

二　"我们国家的信条"

默里是位22岁的黑人青年，申请马里兰大学法学院被拒，不是因为他的成绩达不到录取资格，而是因为他是黑人。校方的拒信称："马里兰大学不录取黑人学生，阁下的申请因而被拒。"[3] 自从1896年最高法院判决普莱西诉弗格森案，确立了"隔离但平等"的法律原则，种族隔离被合法化，南方各州在公立大学、中学和小学实施白人和有色人种分校，成为社会常态。当时，马里兰大学法学院是马里兰州唯一一所法学院。在拒绝录取默里的信中，校方依据普莱西诉弗格森案，建议他去外州申请录取黑人学生的法学院。如果默里放弃马里兰大学，只能走马歇尔当年走过的道路，去异乡念黑人法学院。但他不愿放弃。

在默里和马里兰大学法学院之间横亘着一道法律的高墙，就是最高法院"隔离但平等"的原则。在普莱西案中，最高法院认为隔离状态下仍然可以平等，所以隔离本身并不必然违反《宪法》第十四修正案的平等保护条款。在林恭案中，最高法院重申了"隔离但平等"的原则，确认州政府有在本州公立学校实施种族隔离的自主权，法院不得干涉。马歇尔代理默里起诉马里兰大学时，离林恭案判决不到八年，"隔离但平等"的法律原则稳如磐石，普莱西案和林恭案都是不可能被成功挑战的判例。第十四修正案保证法律给所有人提供平等保护，如果要挑战学校的种族隔离政策，只能从"隔离但平等"原则中的"平等"部分入手。这是马歇尔律师采取的策略。在法庭上，他申辩，按照第十四修正案的平等保护条款，马里兰州必须向州内黑人学生提供平等的法学教育机会，州政府只设立一所法学院，又不录取黑人，等于没有提供平等机会，不符合"隔离但平等"的原则，因而违反了《宪法》第十四修正案的平等保护条款。[4]

校方和州政府认为，虽然马里兰州没有黑人法学院，但黑人学生可以申请外州的法学院，州政府可以提供奖学金，给予一定资助。而且，即便马里兰大学法学院不录取黑人学生，州政府可以专门为黑人开一所法学院，默里没有权利要求白人法学院录取黑人学生。州政府特别指出，申请法学院的黑人本来就不多，因为马里兰大学法学院不录取黑人而失去法学教育机会的黑人学生寥寥无几。州法院审判庭的法官没有接受校方和州政府的辩护，责令马里兰大学法学院立即废除拒收黑人学生的政策。

校方上诉。马里兰州上诉法院维持原判。在意见书中，上诉法院认为，马里兰州只开设一所法学院而且只录取白人学生，黑人学生被迫去申请外州的法学院，被录取的机会跟被马里兰大学录取的白人学生的机会不同等；即便黑人学生有机会去外州念法学院，也无法学习马里兰的法律，教育水准也无法保障，而且到外州念法学院，学生会有额外的交通、住宿等开销，违反了平等原则。至于州政府提议为黑人学生专门开设一所法学院，上诉法院认为，开设法学院不是一朝一夕的事，现实中不可行，而且马里兰州的法律也没有授权法院责令州政府为黑人专门开设法学院："遵守《宪法》不能按照州政府的意志拖延下去。它现在实行什么样的法学教育体制，就必须现在符合平等对待的要求。"[5]

马里兰州上诉法院在判决书中也反驳了州政府有关受影响的黑人学生寥寥无几的说法，并且引述美国最高法院的判决，指出一项法律和政策是否违反《宪法》，跟受影响的人数多少没有关系。州政府的那种说法等于是"让宪法权利因受歧视的人数多少而异，但宪法权利的本质是每个人都拥有"[6]。基于以上事实和最高法院确立的"隔离但平等"原则，马里兰州上诉法院认为，州政府承担着法学教育的功能，却把一个种族的学生排除在外，在全州只有一所法学院的情况下，要让黑人学生跟白人学生有平等的法学教育机会，必须责令马里兰大学法学院录取符合条件的黑人学生，不能以种族原因把他们排除在外。[7]

自此，符合入学条件的黑人学生不再以种族原因被马里兰大学法学院排除在外，不再重复马歇尔早年的命运和遗憾。马歇尔打赢了废除马里兰大学法学院种族隔离政策的官司，在巴尔的摩引起轰动。一位黑人回忆："瑟古德赢了，巴尔的摩的有色人群沸腾起来。我们不懂《宪法》。他为我们带来《宪法》，就像摩西把十诫带给他的人民一样。"不过，并不是所有黑人和有色人种都赞同马歇尔依据《宪法》挑战种族歧视的司法进路。激进黑人领袖马尔科姆·X跟马歇尔见面时，曾相互骂娘。美国的一些穆斯林维权人士更骂他是"半黑半白的杂种"。从二战结束到20世纪60年代，美国种族冲突表面化，从日常生活的潜流变成街头暴力。马歇尔参与了大部分种族暴力冲突的调查。他的结论是："每次种族暴乱中，有罪的人都毫发无损，无辜的人受到伤害。"[8]

马歇尔在28岁时赢得他律师生涯的第一场标志性胜利，但他的志向远不止于在马里兰州法学教育中推翻"隔离但不平等"的政策。他期望挑战最高法院在1896年确立的"隔离但平等"原则，最终使最高法院推翻普莱西案例，判决隔离本身就是不平等。在他看来，种族隔离不仅不公平，而且不道德，违背美国的建国信条和道德诉求。在默里案的法庭辩论中，马歇尔说："这里的关键问题不只关乎我客户的权利，而是我们国家的信条所做出的道德承诺。"[9]

默里案判决两年后，瑞典社会学家冈纳·缪达尔来美国主持卡耐基公司的研究项目，把马歇尔律师在法庭上讲的"我们国家的信条"归纳为"美国信条"。人人生而平等，有生命、自由和追求幸福的权利——这既是价值信条，也是国家对公民做出的政治承诺。法律和制度的功能就是让国家有秩序地实现这些价值信条，逐步兑现建国时的政治承诺，让不平等的民众变得更加平等，让不自由的民众获得更多自由，让传统上的弱势人群获得跟强势人群平等的追求幸福的机会。

第四章　教育平权

三　巨变的前夜

32岁时，马歇尔打赢了他律师生涯中第一起美国最高法院官司。此后20年，他在最高法院代理了31起案件，赢了其中的28起，其中包括著名的布朗诉托皮卡教育委员会案和米兰达诉亚利桑那州案（*Miranda v. Arizona*）。

虽然马歇尔接手不同种类的案件，包括民事案和刑事案，但学校种族隔离案一直在他经手的案件中占有相当大分量。1951年，马歇尔手上有20起中小学隔离案、10余起大学隔离案。那时候，"隔离但平等"仍然是法院在判决学校种族隔离案时依据的法律原则。自普莱西案之后，隔离不违反《宪法》第十四修正案的平等保护条款，成了最高法院对平等保护条款的权威解释。在林恭案中，布鲁尔和弗劳尔斯律师试图挑战该原则，以惨败告终，他们的申辩被九名大法官一致否决。自普莱西案之后的半个世纪，律师挑战"隔离但平等"原则时，只能在平等上做文章。那也是马歇尔在律师生涯前20年里，包括在默里案中，挑战学校种族隔离政策的唯一法律空间。

二战期间，大量黑人士兵在英国驻军，在欧洲战场作战。英国和欧洲都没有种族隔离政策，在军队的各种服务设施——酒吧、餐馆和医院，当地人把美军的黑人官兵跟白人官兵一样对待。一些黑人连队被派往前线，跟白人连队一同作战。二战结束后，大量黑人官兵复员，在各行各业工作，战争经历和战争期间为民主而战的信念使他们不再忍受各种隔离和歧视政策。一位黑人陆军下士说:"我在陆军服役四年,解放了不少荷兰人和法国人,回到家再遇到亚拉巴马版的德国人不拿我当人,不会再忍气吞声。连门儿都没有!我参军的时候是个黑鬼,回来是个男人。"[10] 1948年7月,杜鲁门总统发布9981号总统令,在军队中废止种族隔离政策,实施六年后,于1954年在各军事基地、军校、医院等全面完成黑白融合。

二战的惨痛教训使人们意识到,纳粹的兴起跟19世纪末和20世纪初的种族—优生学理念关系密切。纳粹的种族灭绝政策是种族主义的极端形态,给人类造成史无前例的灾难。战后成立的联合国教科文组织以反种族主义为己任:"刚刚结束的惨烈的世界大战之所以爆发,就是因为否认尊严、平等、人与人相互尊重的民主原则,通过无知和偏见传播人与人、种族与种族的不平等信条。"各国学者痛定思痛,反思种族主义和支撑种族主义的伪科学的危害。1950年7月,联合国教科文组织发布"种族问题"声明:"为了人的尊严,所有公民在法律面前必须平等,并平等地享有法律保证的权益,不能因为他们身体和智力的差异而不同。"[11]

在美国,合法争取权利和平等不外乎几种方式:通过向行政当局求助,通过游说国会,通过法院判决,通过街头抗争。在内战后的南方重建时期,国会通过第十三修正案,废除了奴隶制;通过第十四修正案,保证了有色人种的公民权、法律的平等保护和正当程序;通过第十五修正案,确保了有色人种的选举权。南方重建失败后的半个多世纪,国会在种族平等问题上无所作为,行政当局得过且过,种族隔离在南方白人中形成稳固的社会基础，成为南方传统的一部分。虽然最高法院在普莱西案判决中把隔离合法化，主张隔离也可以平等，但毕竟把平等作为一个明确的要求——只有平等的隔离才符合《宪法》。这给为隔离中受到侵害的有色人种争取权利提供了一定空间，尽管空间相当有限。

二战后的社会变迁、民众平等意识的觉醒、联邦政府自上而下的政策转变，以及国际社会对人的尊严和种族平等问题的关注，使全面挑战"隔离但平等"原则的时机趋于成熟。马歇尔律师和维护有色人种权益的法律组织决定抓住这个时机。

奥利弗·布朗（Oliver Brown）是家住堪萨斯州托皮卡市的一名黑人，参加过二战，退役后在铁路公司做电焊工，同时也是当地卫理会的助理牧师。他8岁的女儿琳达·布朗上小学三年级，每天走六个街区，再乘坐校车去一英里外的黑人学校上课。他家附近有一所小学，但只收白人学童。当时，全国有色人种协进会正在几个州筹划针对公立学校种族隔离政策发起诉讼，奥利弗·布朗和另外12名家长愿意作为原告起诉托皮卡教育委员会。联邦地区法院依照普莱西案的"隔离但平等"原则，判决布朗等家长败诉。但判决书中附有9项"事实裁决"，其中第八项认定，学校种族隔离对有色人种学童的心理造成伤害：

> 公立学校隔离白人和有色人种学童对有色人种学童心理有不利影响。法律规定的隔离，对学童心理的影响尤其大，原因在于隔离不同种族的政策通常被认为意味着黑人群体劣等。低人一等的感觉影响儿童的学习动力。所以，法律规定的隔离倾向于妨碍黑人儿童的教育和心理成长，剥夺了他们

在种族混合学校能获得的一些益处。[12]

显然，联邦地区法院的法官同情原告和他们的孩子，但普莱西案是下级法院法官必须遵守的最高法院判例。法官的同情心不能代替法律，但可以通过这种"事实裁决"的方式向上级法院表明自己的意见和态度。原告的律师决定上诉。当时，南卡罗来纳、弗吉尼亚、特拉华和首都华盛顿的四起学校种族隔离案也上诉到美国最高法院。最高法院决定将这五起上诉案合并，安排在1952年12月开庭辩论。杜鲁门总统任命的司法部部长詹姆斯·麦格雷纳里（James McGranery）向最高法院提交了"法庭之友意见书"（Amicus Curiae），支持布朗等原告的诉求。意见书特别指出："美国存在的歧视少数族群现象对我们的国际关系有负面影响。种族歧视为共产党的宣传磨坊提供原料，甚至让友好国家也怀疑我们对民主信念的坚守程度。"[13]

四 转折点

最高法院开庭第一天，400名各界人士在走廊排起长队，希望能进入旁听，而庭内已经座无虚席。五方被告的首席律师是大名鼎鼎的约翰·戴夫斯（John W. Davis）。他曾经担任过国会众议员、司法部副总检察长、驻英国大使，在1924年大选中，曾被提名为民主党总统候选人。作为律师，他经手过250起最高法院上诉案，超过20世纪美国任何一位律师。1952年12月，最高法院开庭审理布朗案的时候，戴夫斯律师已经79岁高龄。他是受南卡罗来纳州长的邀请义务出庭，不收取费用。戴夫斯和马歇尔、双方律师团、听审的大法官、在座的旁听者都知道，胜诉或败诉对美国的未来意味着什么。庭辩持续了三天。

当时的最高法院首席大法官弗雷德·文森（Fred Vinson）被认为缺少领导能力，九位大法官四分五裂，各自为政。[14]作为全国有色人种协进会的首席律师，马歇尔对胜诉并没有把握。他估计，哈罗德·伯顿（Harold H. Burton）、舍曼·明顿（Sherman Minton）、雨果·布莱克（Hugo Black）和威廉·道格拉斯（William O. Douglas）四名大法官会支持废除公立学校的隔离政策，但要胜诉，还需要获得第五位大法官支持。首席大法官文森和大法官斯坦利·里德（Stanley F. Reed）不太可能支持推翻普莱西案，费利克斯·法兰克福特（Felix Frankfurter）、罗伯特·杰克逊（Robert H. Jackson）和汤姆·克拉克（Tom Clark）三名大法官态度不明朗。即便能得到五位大法官的支持，以五比四胜诉，明显分裂的最高法院判决只会激发南方实行隔离政策的各州更猛烈的反抗。

雨果·布莱克大法官是南方人，出生于亚拉巴马州，年轻时曾短暂加入三K党，十分了解南方的民情。他反对南方的种族隔离政策，认为那是奴隶制的残余、南方社会抱残守缺的产物，明显违反《宪法》第十四修正案的平等保护条款。同时，他也很清楚，最高法院做出废除学校隔离政策的判决无异于捅马蜂窝，南方的白人会群起反抗，"将会发生暴乱，可能需要调动陆军"。即便如此，布莱克大法官认为，普莱西案必须予以推翻，南方的种族隔离政策必须废除。另一位出生于南方的大法官是汤姆·克拉克，是得克萨斯人。跟布莱克大法官一样，他预见到最高法院废除种族隔离政策，将会导致南方白人的暴力反抗和社会动荡。不

94　追求幸福

过，跟布莱克大法官不同，他认为最高法院应当尽量避免让社会付出那种巨大代价。杰克逊和法兰克福特大法官也对最高法院判决后如何在南方各州执行判决充满疑虑。[15]事实上，法庭辩论后，影响最高法院以绝对多数推翻普莱西案的不是大法官对《宪法》理解的分歧，而是对现实后果的考量。

在九名大法官中，法兰克福特大法官对布朗案的态度最为矛盾。他出生于奥匈帝国时代的维也纳，12岁时随父母移民到美国，在纽约定居。20世纪初，美国反移民和反犹思潮兴盛，作为犹太移民，法兰克福特从少年时代起经历了双重的文化偏见和社会歧视。这种针对不同种族的偏见和歧视在南方尤其严重。1913年，佐治亚州亚特兰大市一位名叫列奥·弗兰克（Leo Frank）的犹太人被控谋杀，在证据不足的情况下，陪审团将他定罪，法庭判他死刑。他的律师上诉两年，以败诉告终。因为审判和定罪过于荒谬，佐治亚州长动用赦免权，免其一死，改罚终身监禁。1915年，一群三K党分子武装劫狱，掠走弗兰克，将其私刑处死。事后，歹徒无一被起诉。

1916年，伍德罗·威尔逊（Woodrow Wilson）总统提名犹太人律师路易斯·布兰代斯（Louis Brandeis）为最高法院大法官，遭到美国律师协会、前总统威廉·塔夫脱（William Taft）、一些联邦法院法官、众多参议员反对。反对的主要理由之一就是他的犹太人身份。前总统塔夫脱甚至给威尔逊总统写信，说布兰代斯不适合当法官。布兰代斯大法官上任后，另一位大法官詹姆斯·麦克雷诺兹（James McReynolds）拒绝跟他讲话或出席公开活动，说不想身边有个犹太佬。几年后，塔夫脱被沃伦·哈丁（Warren Harding）总统任命为最高法院首席大法官，成了布兰代斯大法官的上司。法律并没有规定犹太人不能当联邦法院法官，所以不存在专门针对犹太人的政府授权的或法律明文规定的制度性歧视，但当时系统性、职业性社会偏见或潜规则显然无处不在。在那种社会氛围和职业环境中，路易斯·布兰代斯做了33年大法官，被后世公认为美国最高法院历史上最优秀的法官之一。

作为移民和少数族裔，正如查尔斯·休斯敦教授后来在课堂上讲的那样，只是做到跟土生土长的主流族裔一样优秀还不够，必须出类拔萃，才有机会跟他们在同一个平台上竞争。布兰代斯年轻时是这样，法兰克福特年轻时也是这样。他在哈佛法学院被选拔为《哈佛法律评论》编辑，不但以全班第一名的成绩毕业，而且创造了哈佛法学院历史上最高成绩之一。当时，哈佛法学院的最高成绩是几十年前由布兰代斯创造的。从法学院毕业后，法兰克福特在私人事务所和联邦政府做律师，后转向学术研究，回到哈佛法学院教授法律。同时，他热心于公益事业，尤其是为少数族裔和弱势群体维护法律权益。他曾担任全国有色人种协进会法律顾问，并协助创立了美国公民自由联盟（ACLU）。法兰克福特跟二战前来美国研究种族问题的冈纳·缪达尔也有交往，熟悉他在《美国难题》中的研究成果。

1939年，法兰克福特被小罗斯福总统任命为最高法院大法官。在最高法院行使司法审核权时，他主张法官要有自我约束，尊重立法者的意图，不干涉国会和州议会的权限。当时，美国有21个州在学校实行种族隔离，都是各州议会按既定程序制定的法律，如果最高法院贸然废除那些法律，显然有干涉各州权力和议会权限之嫌。虽然他不赞同普莱西案对第十四修正案的解释，但他也不认为国会在通过第十四修正案时有将平等保护条款适用于公立教育的意图。单纯站在法律角度，他无法说服自己依据第十四修正案废除学校的种族隔离政策；从个人经历和社会公正角度讲，他无法让自己跟文森、里德大法官，或许还有杰克逊、克拉克大法官站在一起，继续维护南方的种族隔离政策。矛盾和审慎往往意味着拖延。[16]

面对四分五裂、犹疑不定的同事和一系列悬而未决的问题，文森首席大法官决定再开庭辩论一次。但在开庭前三个月，他因心脏病发作去世。艾森豪威尔总统提名加利福尼亚州州长厄尔·沃伦继任最高法院首席大法官。1953年10月5日，沃伦宣誓就任临时首席大法官，等待参议院正式核准。沃伦出身贫寒，父母都是北欧移民，父亲是挪威人，在铁路公司当修理工。第一次世界大战爆发时，沃伦从加利福尼亚伯克利大学法学院毕业，开始做律师。美国参战后，他参加陆军。退役后，他从县助理检察官做起，到第二次世界大战爆发前，成功竞选加州总检察长。1942年，他竞选州长成功，后来又两次成功竞选连任，直到1953年被提名为最高法院首席大法官。1948年，沃伦作为托马斯·杜威（Thomas E. Dewey）的竞选搭档，参加总统大选，输给在任总统杜鲁门。1952年，他参加共和党总统候选人初选，败给艾森豪威尔。

法兰克福特大法官对艾森豪威尔总统提名沃伦做首席大法官并不满意，他认为沃伦是位政客，不是法学家，没有司法经验。不过，当时的最高法院最需要的可能不是法学家或另一位资深法官，而是一位有领导能力的首席大法官。沃伦就任临时首席大法官后，首要工作是弥合四分五裂的最高法院，消除大法官们对他的疑虑。他平易近人，不自我中心，在法律问题上也不固执己见，很快获得同事的信任。1953年12月,当最高法院第二次开庭审理布朗诉托皮卡教育委员会案时,九位大法官已经比一年前第一次辩论时更有信心形成压倒性多数意见。

多年后,沃伦首席大法官回忆,双方律师那天法庭辩论的风格跟他预期的相反:"可能跟很多人一样,我预期代理黑人学童的律师会诉诸感情,基于多年受压迫的处境,以情打动法院,而代理各州的律师会严格诉诸法律。但那天的实际情况却几乎完全相反。瑟古德·马歇尔不动感情,依照法律做理性申诉,像钢铁一样冷峻。而代理各州的律师戴夫斯却抑制不住感情,他是位了不起的辩护师和演说家,曾被提名为民主党的总统候选人,那天他几度哽咽,努力控制自己。"[17]如果输掉这场官司,南方人引以骄傲的生活方式就在法律上坍塌了,内战后几代南方人营造这种独特的文化自豪感,以补偿内战投降的屈辱。对这场官司的结果,戴夫斯律师可能已经有预感,辩论结束时,马歇尔律师看到他满脸泪水。辩论那天,他已经80岁,这是他在最高法院的最后一场辩论。次年,戴夫斯律师去世。

三天后,九名大法官审议案情。沃伦首席大法官的态度相当明确:学校的种族隔离政策违反《宪法》,下级法院裁定的事实和社会学家的研究结果,包括冈纲·缪达尔的《美国难题》,都表明种族隔离是建立在有色人种劣等的观念之上,所以,隔离不可能平等,确立了"隔离但平等"原则的普莱西案必须被推翻。虽然最高法院就废除学校种族隔离达成多数已经没有问题,但沃伦首席大法官的目标不止于此——就像第一次辩论后支持推翻普莱西案的几位大法官所担忧的那样,一个分裂的最高法院判决会助长南方的反叛。沃伦大法官的目标是达成绝对多数，甚至所有九名法官达成一致。

经过三个月的努力，沃伦获得七名大法官的支持，只有里德大法官仍然不确定。为了说服里德大法官，他承诺分两步走。第一步只在法律上推翻普莱西案的"隔离但平等"原则，宣判学校种族隔离违反《宪法》第十四修正案，但是不要求南方实行种族隔离的州立即改变种族隔离政策。新学年开始后再进入第二步，开庭辩论具体的实施问题。沃伦大法官主动承担了起草判决书的任务，给自己定下的标准是简明扼要，让普通人看懂，不使用激烈言辞，不指责任何一方。

判决书只有十一页，在最高法院动辄几十页甚至上百页的判决书中，可谓相当简短。撰写完后，他交给八位大法官征求意见，并根据反馈做了修改。斯坦利·里德大法官准备投反对票，并撰写了反对意见。沃伦做出最后努力，去里德大法官的办公室说："斯坦利，现在只有你一个人在反对。你得决定那样做对国家来讲是不是最好的选择。"里德大法官知道，他的反对意见会激发南方抗拒最高法院的判决。最终，他放弃了提交反对意见，感叹说："一切都已经无法避免。"[18]

五　一致判决

1954年5月17日，九名大法官全体出席，宣判布朗诉托皮卡教育委员会案。12点52分，沃伦首席大法官开始宣读判决书。判决书首先辨析了第十四修正案的平等保护条款，指出对于立法者的意图历来有不同解释，没有定论；而且，第十四修正案立法时，公立教育在南方还处于萌芽状态，远未普及，立法者不可能超越时代预见到公立学校在当代社会生活中的重要地位。在回顾了普莱西案、林恭案等几个最高法院在历史上做出的判决后，判决书指出，在探讨公立学校的种族隔离政策是否违反第十四修正案时，"我们无法把时钟拨回到1868年增加修正案的时代，甚至无法拨回到1896年判决普莱西诉弗格森案的时代。我们必须根据公立教育发展的现状和在当代全美国人生活中的地位来看这一问题。只有这样，我们才能决定公立学校的隔离政策是否剥夺了原告的法律平等保护权利"[19]。

判决书完整地引用了堪萨斯联邦地区法院的第八项"事实裁决"，即学校种族隔离对有色人种学童的心灵造成难以弥补的伤害，并在脚注11中引用缪达尔的《美国难题》等研究著作支持这一结论。最后，沃伦大法官宣布推翻普莱西诉弗格森案的判决："我们一致认为，在公立教育中，没有'隔离但平等'的位置。隔离的教育设施本身就是不平等的。因此，我们判决，隔离剥夺了原告及所有跟本案原告有类似处境的当事人由第十四修正案保证的法律平等保护。"[20]在宣读这段判决时，沃伦大法官专门在判决书正式文本的"我们认为"中加上"一致"。判决书宣读完毕，有人看到斯坦利·里德大法官在流泪。58年前，当最高法院判决普莱西案时，约翰·哈伦大法官是唯一的反对者。他的反对意见如今成了最高法院九名大法官的一致意见，虽然里德大法官心有不甘。

判决书的脚注11引发了激烈争论。在征求八名大法官的意见时，来自南方的布莱克和克拉克大法官都曾对引用缪达尔的《美国难题》提出异议，认为南方人把缪达尔作为左派激进分子，脚注11会刺激南方人对判决的抵制。[21]三年后，佛罗里达最高法院首席大法官甚至在判决书中称："最高法院抛弃了《宪法》、判例和常识，仅仅用斯堪的纳维亚社会学家冈纳·缪达尔的作品支持其判决。他所知道的宪法，我们既没有教过，也没有学过。"[22]

曾担任联邦上诉法院法官的法学家哈维·威尔金森（Harvey Wilkinson）认为："布朗案可能是20世纪美国历史上最重要的政治、社会和法律事件。"[23]也许更确切地说，布朗案是20世纪美国一系列重要政治、社会和法律事件发展的转折点。58年前，最高法院在普莱西案中建了一道法律壁垒，有效地把人群按肤色分隔成两个社会等级。58年后，最高法院在布朗案中开始拆除这道壁垒，但这不是个一蹴而就的工程。布朗案拆除了那道壁垒的法律根基，但社会现实的根基足够深厚，在布朗案宣判后，南方仍支撑了学校种族隔离近20年。这期间，最高法院和各级法院的每个判决，就像从那道壁垒上拆掉一根梁柱。

布朗案把少数族裔从令人绝望的冷漠中唤醒，看到了争取权利的希望。哀莫大于心死，几代人生活在明文法律规定的和事实上潜规则的隔离中，对制度和法律会丧失信心。布朗案重新燃起这个群体的公民对制度和法律的信心。瑟古德·马歇尔在美国和欧洲被称为"民权先生"，在民权运动中，他跟马丁·路德·金（Martin Luther King）齐名。1967年，约翰逊总统任命马歇尔为最高法院大法官，他成为最高法院历史上第一位黑人大法官。《新闻周刊》曾经对马歇尔做出如下评价："30年间，他在改变黑人命运中所做的贡献,可能超过任何今天仍然健在的黑人,包括诺贝尔奖获得者马丁·路德·金。"[24]

最高法院有不同风格的法官,不仅政治取向和价值取向不同,而且法律取向也不同。有的法官把法律当成理论和学术,倾向于像经典学者那样解释法律;有的法官试图寻找《宪法》缔造者的最初意图。马歇尔法官的哲学是遵循公平原则:"做你认为对的事,让法律赶上来。"[25]也就是说,在他看来,法官要做法律的引领者,让法律赶上时代,不能让时代把法律抛在后面。这种积极有为的法律观念,使他跟几位最高法院的保守派法官经常发生冲突。

1987年,马歇尔大法官在纪念美国《宪法》颁布200周年的演讲中称,他"不相信《宪法》的含义永远'固定'在费城制宪会议上",国父立宪时并没有设计出一个完美的政府,而是"从一开始就有缺陷,经过多次修正、一场内战和重大社会变革才建立起宪政体制,以及对我们今天认为基本的个人自由和人权的尊重"。他认为,当代美国人援引《宪法》时所讲的概念,跟两个世纪前制宪者最初构建的概念已经大不一样,法官试图寻找立宪者的"原意"来解决业已发生过重大变化的当代问题,无异于刻舟求剑:

> 1787年,那些在费城集会的人不可能预见到这些变化。他们无法想象,也无法接受,他们起草的这份文件将来某一天将由包括一名女大法官和一名黑奴后裔大法官组成的最高法院来解释。"我们人民"不再蓄奴,但这并不是制宪者的功

劳，而是归功于那些拒绝默认过时的"自由""正义"和"平等"观念的人，还有那些努力完善这些观念的人。所以，我们必须慎重，在重视两个世纪前在费城发生的事件时，不忽略后续的重大事件，从而不丧失对恰当视角的感觉。否则，对很多美国人来说，200周年纪念将可能变成一场对存储在国家档案馆柜子中一份原始文件神龛的盲目朝圣而已。相反，如果我们寻求敏锐地认知《宪法》的固有缺陷，以及它在200年历史中充满希望的演进，庆祝"费城奇迹"在我看来，将会成为更有意义、更谦卑的经验。我们将会看到，真正的奇迹不是《宪法》的诞生，而是《宪法》的生命……[26]

在马歇尔大法官看来，正是200年间普通人为争取个人自由和权利平等的抗争和法官不断完善的司法解释为《宪法》注入了生命，使《宪法》成为活的法律，而不是一件文物。立宪200周年之际，在从总统到最高法院首席法官、各界名流众口一词的赞美声中，马歇尔大法官的演讲独具一格，引起一些保守派人士的批评。不过，马歇尔大法官对《宪法》的评论体现了一个悠久的普通法传统：尊重法律原典，但要有所发展。英国法学家爱德华·柯克（Edward Coke）曾引用乔叟的诗句"在旧田上种出新谷子"，来说明法官的职责。在这个过程中，法官、律师要在旧田上种出新谷子，而不是像有些原典崇拜的法学家和法官那样，一味寻找制宪者的原始意图。

在布朗案中，最高法院废除了公立学校的种族隔离，但法院判决能否得到执行，却要依靠各地行政当局和联邦政府的行政部门。判决后，南方各州政府反应不一，有些州长激烈对抗，有些州长表示服从最高法院判决。艾森豪威尔总统并不赞同最高法院在布朗案中的判决。在最高法院审议布朗案时，他在日记中写道："有些事情，自下而上变化才健康、可行，种族关系的改善就属于这一种。"[27]最高法院宣判前，艾森豪威尔总统邀请沃伦大法官去白宫参加晚宴。赴宴后，他发现约翰·戴夫斯律师也在。艾森豪威尔总统跟两人坐在一起，向沃伦大法官介绍戴夫斯律师，不断称赞他的成就和为人。餐后咖啡时间，艾森豪威尔总统拉着沃伦大法官的胳臂，说起南方种族隔离的案子："他们不是坏人。他们关心的无非是不让可爱的女儿在学校跟一些超大个头的黑人坐在一起。"[28]沃伦大法官不知道如何回应。

最高法院宣判布朗案后，总统和首席大法官的关系变得客气而冷淡。沃伦仍然被礼节性地邀请出席白宫晚宴，见到艾森豪威尔总统，礼貌地打招呼："晚上好，总统。"艾森豪威尔总统礼貌地回应："晚上好，首席大法官。"[29]当记者追问艾森豪威尔总统对布朗案的看法时，他说："最高法院已经发声，我曾经宣誓，要维护他们——这个国家的宪政程序，我在尽力。我会遵守。"[30]作为总统，维护《宪法》，执行最高法院的判决是他的职责。但艾森豪威尔总统对判决的冷淡令沃伦首席大法官失望。在其回忆录中，沃伦认为，艾森豪威尔总统在南方选民中享有很高声望，如果他明确表示支持废除种族隔离，布朗案的判决在南方遇到的阻力可能会小得多。但艾森豪威尔总统显然不赞同布朗案的判决。他对自己的发言撰稿人说："这种事牵动感情，尤其是涉及孩子们……在道德问题上，我们不能要求完美。我们能做的无非是向着目标努力，持之以恒。有人告诉我，可以强迫硬来，真是疯了。"[31]

1956年总统大选，布朗案判决已经过了两年，南方一些州仍然拒不执行在公立学校取消种族隔离政策。艾森豪威尔总统在竞选中表示，难以想象他会派联邦军队去执行判决。他连任后不到九个月，不得不做出他难以想象的事。

布朗案判决后，阿肯色州跟其他南方州一样逐步在公立学校废除种族隔离，但进度缓慢。州长奥瓦尔·福伯斯在种族问题上本来比较慎重，但政敌利用选民对布朗案判决的不满蚕食他的票仓，攻击他抵抗不力。1957年，他在选民中的支持率不断下滑，第二年将面临严峻的竞选连任态势。政客在面临政治生涯危机时，会做出不同的选择。对于在任行政首脑而言，选项之一是利用权力制造事端，在加剧对抗中团结支持者，激发选民的热情。福伯斯选择走这条路。1957年秋季开学，阿肯色州首府小石城的中心学区开始实施黑白同校政策，九名黑人高中生入学白人高中。福伯斯宣称，政府无法保证黑人学生的安全，并动用州长的指挥权，在开学那天调派阿肯色国民卫队包围了学校。大批反对黑白同校的白人家长涌向学校，国民卫队阻止黑人学生进入学校。一名黑人女生被愤怒的白人家长包围，有人威胁要吊死她。两名白人把她救出来，逃离现场。

两个星期后，联邦地区法院责令福伯斯停止阻挡黑人学生入校。福伯斯命令国民卫队撤离学校。但愤怒的白人家长并没有撤离。9月23日，当九名黑人学生进入校区时，暴民开始攻击在场的黑人和媒体记者，警察急于执法，现场失控。小石城市长发电报向艾森豪威尔总统求救，指出煽动暴民的是副州长，后台就是州长福伯斯。小石城暴民攻击黑人和记者的画面经媒体报道后，引发北方和东西两岸美国人的愤怒。社会各界批评艾森豪威尔总统犹疑不决，无所作为，导致事态进一步恶化。10月，艾森豪威尔总统下令，调派陆军101空降师的1100名士兵进驻小石城，执行法院判决，保护九名黑人学生入校。南方政客纷纷谴责艾森豪威尔总统。佐治亚州的国会参议员理查德·拉塞尔（Richard Russell）甚至把进驻小石城的联邦军队跟"希特勒的冲锋队"相提并论。[32]

六　汉娜·阿伦特的异见

反对最高法院判决和艾森豪威尔总统派兵的不只是保守的南方白人，而且还有流亡美国的公共知识分子汉娜·阿伦特（Hannah Arendt）。小石城事件平息后，阿伦特著文《反思小石城》（*Reflections on Little Rock*），一年后发表在《异议》（*Dissent*）杂志上。[33]阿伦特在文中指出，美国很多社会问题在其他发达国家也普遍存在，但"对黑人国民的态度植根于独特的美国传统……美国国内没有解决的肤色问题可能会让她失去本应享有的世界大国优势，这是场悲剧"[34]。

显然，在阿伦特看来，美国的种族问题需要解决，但她认为，以废止公立学校种族隔离的方式解决种族歧视问题是错误的，联邦政府强制执行法院判决更是不可取。阿伦特按照她的政治哲学概念，把人的活动分为私人的、社会的、政治的三个领域，认为只有在政治领域才能讲平等，教育属于社会领域，歧视是社会生活不可或缺的内容——选择跟谁交往是个人自由，如果白人学生家长只愿把孩子送到白人学校，政府强制废除学校种族隔离，等于侵犯了社会领域的个人自由。"歧视之于社会，就像平等之于政治，都是各自领域最内在的原则。社会是政治和私人领域的奇特混合体……每次我们走出家中四壁，离开受保护的私人空间，穿越到公共世界，首先进入的不是平等的政治领域，而是社会领域。"而社会领域遵从物以类聚、鸟以群分的原则。"在美国社会，人们根据职业、收入、族裔等形成群体，相互歧视……从纯粹的人的角度看，诸如此类的歧视行为没有意义。但社会领域是否真有这种纯粹的人，值得怀疑。不管怎样，如果没有某些歧视，社会就会消亡，也不可能再有自由交往和结群。"[35]

换言之，没有了社会领域的歧视，同质代替差异，全社会就面临着所有人都被拉平的危险，千人一面，不同的人就难以保持各自的特点。所以，"在任何情况下，歧视都是一种不可或缺的社会权利，就像平等是一种政治权利一样"。这意味着，社会领域的歧视不仅是正当的，而且是必要的。基于这一认知，阿伦特认为，真正的问题是如何把歧视限制在社会领域，"防止它跑到政治领域和私人领域"。[36]具体到种族隔离问题，"隔离是法律强制的歧视，废除隔离无非是废除强制歧视的法律而已，而不能废除社会领域的歧视，把平等强加给社会；但是法律可以，而且必须，在政治领域实行平等……只有在政治领域，我们才人人平等"[37]。

阿伦特把她的社会歧视和政治平等理论用于小石城事件，反对艾森豪威尔总统派兵执行最高法院废除公立学校种族隔离的判决，认为这种做法违反了社会领域的自由原则："一旦用法律手段废除社会歧视，就侵犯了社会的自由，联邦政府对民权问题的草率处理有导致这种后果的危险。政府不可能合法地采取任何反对社会歧视的措施，因为政府只以平等的名义施政——在社会领域没有平等原则的位置。"[38] 显然，在阿伦特看来，联邦政府强制执行在公立学校废除种族隔离政策，属于滥用职权、侵犯自由。为了支持这种结论，她引述了南方各州为种族隔离辩护的"州权"理论，认为管理教育属于各州政府权限，联邦政府无权插手。

阿伦特的评论给人似曾相识的感觉。她事实上是把最高法院在1896年的普莱西案和1927年的林恭案中的说法用更抽象的哲学语言重述了一遍。在普莱西案中，最高法院把种族隔离当成南方社会习俗，即阿伦特讲的合法的社会歧视，认为法律解决不了社会习俗形成的偏见，比如白人不愿跟黑人坐一个车厢，法律管不着这种社会成见；法律只能管白人车厢和黑人车厢的设施是不是平等。所以，在法律上和政治上，隔离也可以平等。在林恭案中，最高法院判决，各州在公立学校实行种族隔离，禁止华人学童上白人学校，不违反《宪法》第十四修正案的平等保护条款。在布朗案中，最高法院发现普莱西案和林恭案的判决是错误的，认为政府立法强制种族隔离不是社会问题，而是政治和法律问题；尽管各州有管理教育的主权，但那个主权不是绝对的，而是有一个界限，具体讲就是《宪法》第十四修正案的"平等保护"，州政府的法律和法规如果僭越了这个界限，法院就可以判决违宪。

美国社会废除不公道、不正义的法律主要靠两个渠道：国会和法院。理论上讲，国会管立法，法院管司法，权力分立制衡，但现实中，法院的司法审核权没有一条清晰明确的边界。国会出于现实考虑，经常不作为，人们不得不求助于法院。不只种族隔离问题是这样，妇女争取投票权的问题也是这样。从内战前开始，大部分议员对妇女争取投票权不感兴趣，因为当时大部分州的选民都是男性，而大部分男性选民反对让妇女投票，如果哪位议员开风气之先，他可能还没有为妇女争取到投票权，已经被男性选民选下去了。这关乎议员的职业、事业，甚至生计。所以，在正常情况下，议员不会在国会贸然支持给妇女投票权。妇女求助于法院，法院认为那是国会的事，法院管不着。很多妇女走上街头，故意违法，甚至女扮男装投票，都是为了让法院来管这件事，但法院反复说管不着，蹉跎了半个多世纪，国会才立法。

最高法院在20世纪50年代废除学校种族隔离，在20世纪60年代废除禁止跨种族婚恋的法律，都遭到很多人批评，认为改法律是国会的事，法院不该管。但法院有司法审核权，审理具体案件中涉及的法律和政府行为是否违反《宪法》。这是美国建国后不久即确立的制度传统。如果一些明显违反《宪法》的法律等待国会和各州议会立法废除，往往需要几十年甚至上百年时间。1954年，最高法院判决布朗案，废除学校种族隔离的时候，大部分南方人支持种族隔离。管理教育属于各州政府的权限，南方各州不可能立法废除本州学校的种族隔离政策。1967年，最高法院在废除各州禁止跨种族婚恋的法律时，90%以上的美国人反对跨种族婚恋，议员要看选民的眼色，不可能在国会或各州议会立法废除这种法律。

阿伦特发表《反思小石城》时，在文前加了几段按语，在按语的最后，她提醒读者："我是作为局外人来写这个话题。我从没有在南方生活过，甚至避免偶尔去南方各州旅行，因为亲历那里的情况可能让我个人觉得无法忍受。就像大部分来自欧洲的人一样，我难以理解南方美国人的普遍偏见，更别说赞同了。因为我的观点可能会让好人吃惊，被坏人滥用，我在此挑明，作为一名犹太人，我毫无疑问同情黑人的事业，跟同情所有被压迫和被欺凌的群体的斗争一样。如果读者也有这种态度，我将感激不尽。"[39]但种族隔离是一个生活世界的现实问题，不只是个哲学问题，如果没有关于南方的知识，尤其是对南方社会的亲知，只是用哲学思辨，把人类生活分为个人的、社会的和政治的三个领域，再凭直觉和概念把公立教育放进社会领域和个人领域，跟政治领域截然分开，很容易得出跟现实脱节的结论。

哲学思辨跟生活世界往往是两个平行的世界，各自遵从不同的运行规则。在这一点上，冈纳·缪达尔显然比阿伦特高明。他知道，单纯哲学思辨解决不了对现实的认知问题，所以，他来美国研究种族问题时，首先深入南方考察，写出基于第一手观察和现实亲知的巨著《美国难题》。阿伦特在纽约的公寓中借助自己熟悉的哲学概念玄想美国南方种族问题，而且加进了她早年在纳粹德国的个人经验。这是她构建《反思小石城》一文的基础——这种哲学思辨主要是基于构建概念的方便，而不是基于对历史的深入了解和对正在展开的现实的细致观察。

这种缺憾也反映在阿伦特对跨种族婚恋问题的见解上。她主张，要废除种族隔离，法院应当从废除禁止跨种族婚恋的法律开始，因为把跨种族婚恋当刑事犯罪起诉，不但令人愤怒，而且干涉私人领域的个人自由："婚姻自由权是基本人权，与之相比，去没有种族隔离的学校上学的权利，在公共汽车上坐自己喜欢的座位的权利，住喜欢住的酒店、去喜欢去的休闲娱乐场所的权利，都是次要的。即使像投票权和《宪法》中罗列的几乎所有政治权利，跟《独立宣言》中宣示的生命、自由和追求幸福的人权相比，也是第二位的。结婚成家的权利无疑属于后一个范畴。如果起诉到最高法院的是侵犯婚姻权利问题，会更有意义；如果最高法院判决禁止跨种族婚恋的法律违宪，人们不会觉得是鼓励跨种族婚恋，更别说是强迫了。"[40]

阿伦特的这一认知跟南方社会的现实正好相反：比起废除学校种族隔离，允许跨种族婚恋是一个更敏感的话题。当时，全国有色人种协进会和美国公民自由联盟等法律援助组织有意暂时搁置跨种族婚恋方面的诉讼，集中力量促进废除公立学校的种族隔离政策，在很大程度上是为了避免触碰更敏感的问题、引发南方更激烈的抵抗。跟阿伦特的理解不同，布朗案判决后，南方猛烈反对取消学校种族隔离，除了担心黑白同校会拉低白人学校的教学水准外，更深层的原因是害怕导致跨种族婚恋。白人和黑人学生同校同班，青春萌动，免不了日久生情，年轻人禁忌不深，自然出现更多的跨种族婚恋和更多混血儿："南方拒绝实行黑白同校，根本原因在于他们相信黑白同校最终会导致种族混血，一个事实上的禁忌……现在，南方是防止跨种族婚配的坚固堡垒。全面实行黑白同校，只需几年，就会培养出大量被灌输了没有'偏见'的年轻一代南方人，认同跨种族交配。"[41]

事实上，美国最高法院废除南方各州禁止跨种族婚恋的法律，比在公立学校废除种族隔离晚了13年。

注释

1. James Patterson, *Brown v. Board of Education：A Civil Rights Milestone and Its Troubled Legacy*（New York：Oxford University Press，2001），xvi.
2. Juan Williams，"One Man vs. Racial Injustice：U. S. Supreme Court Justice Thurgood Marshall Has Spent a Lifetime Fighting the White Establishment to Secure Equal Rights for Black People"，*Los Angeles Times*，January 14，1990，https：//www.latimes.com/archives/la-xpm-1990-01-14-vw-402-story.html.
3. Molly Rath，"Desegregation Begins"，*Baltimore Magazine*，Vol. 100，No. 7（July 2007），86.
4. *Pearson, et al v. Murray*，169 Md. 478（1936），http://law.howard.edu/brownat50/brownCases/PreBrownCases/PearsonvMurrayMd1936.htm.
5. 同上。
6. *McCabe v. Atchison, Topeka & Santa Fe Railway Company*，235 U.S. 151，161（1914）.
7. *Pearson, et al v. Murray*，169 Md. 478（1936）.
8. Juan Williams，"One Man vs. Racial Injustice：U. S. Supreme Court Justice Thurgood Marshall Has Spent a Lifetime Fighting the White Establishment to Secure Equal Rights for Black People"，*Los Angeles Times*，January 14，1990，https：//www.latimes.com/archives/la-xpm-1990-01-14-vw-402-story.html.
9. 同上。
10. James Patterson, *Brown v. Board of Education：A Civil Rights Milestone and Its Troubled Legacy*，1.
11. "The Race Question"，The United Nations Educational, Scientific and Cultural Organization（UNESCO），https：//unesdoc.unesco.org/ark：/48223/pf0000128291.

12 *Brown v. Board of Education of Topeka*, 347 U.S. 483, 494（1954）.

13 Ruth Bader Ginsburg, "Brown v. Board of Education in International Context", Speech at Columbia University of Law, October 21, 2004, https：//www.supremecourt.gov/publicinfo/speeches/viewspeech/sp_10-25-04.

14 Albert P. Blaustein and Roy M. Mersky, *The First One Hundred Justices：Statistical Studies on the Supreme Court of the United States*（Hamden：Archon Books）, 1978.

15 James Patterson, *Brown v. Board of Education：A Civil Rights Milestone and Its Troubled Legacy*, 54–55.

16 同上, 55–56。

17 Earl Warren, *The Memoirs of Earl Warren*（New York：Doubleday & Company, 1977）, 287.

18 Ed Cray, *Chief Justice：A Biography of Earl Warren*（New York：Simon & Schuster, 1997）, 283–284. James Patterson, *Brown v. Board of Education：A Civil Rights Milestone and Its Troubled Legacy*, 65.

19 *Brown v. Board of Education*, 347 U.S. 483, 292–293（1954）.

20 同上, 495。

21 James Patterson, *Brown v. Board of Education：A Civil Rights Milestone and Its Troubled Legacy*, 69.

22 *The State of Florida ex rel. Hawkins v. Board of Control*, 93 So. 2d 354, 361（Fla. 1957）.

23 Harvie Wilkinson, *From Brown to Bakke：The Supreme Court and School Integration：1954-1978*（New York, 1979）, 6.

24 Juan Williams, "One Man vs. Racial Injustice：U. S. Supreme Court Justice Thurgood Marshall Has Spent a Lifetime Fighting the White Establishment to Secure Equal Rights for Black People", *Los Angeles Times*, January 14, 1990, https：//www.latimes.com/archives/la-xpm-1990-01-14-vw-402-story.html.

25 Charlie Savage, "Kagan's Link to Marshall Cuts 2 Ways", *The New York Times*,

May 12, 2010, https : //www.nytimes.com/2010/05/13/us/politics/13marshall.html.
26 Thurgood Marshall, "The Bicentennial Speech", May 6, 1987, http : // thurgoodmarshall.com/the-bicentennial-speech/.
27 James Patterson, *Brown v. Board of Education : A Civil Rights Milestone and Its Troubled Legacy*, 81.
28 Earl Warren, *The Memoirs of Earl Warren*, 291.
29 同上, 292。
30 James Patterson, *Brown v. Board of Education : A Civil Rights Milestone and Its Troubled Legacy*, 81.
31 同上, 82。
32 同上, 111。
33 Hannah Arendt, "Reflections on Little Rock", *Dissent*（Winter 1959）, 45–56.
34 同上, 46–47。
35 同上, 51。
36 同上, 51。
37 同上, 50。
38 同上, 53。
39 同上, 46。
40 同上, 49–50。
41 Herbert Sass, "Mixed School and Mixed Blood", *Atlantic Monthly*（November 1956）, 49.

第五章　爱的权利

全能的上帝创造了种族：白人、黑人、黄人、马来人、红人，把他们放在不同的大陆上，如果不是人为干扰上帝的安排，根本不会有跨种族婚姻。上帝把种族分开，这个事实说明他不想让不同种族相互混杂。

——弗吉尼亚州巡回法院利昂·巴齐勒法官

婚姻自由长久以来被认为是自由人有秩序地追求幸福必不可少的个人权利……是基本人权，是我们存在和生存的根基……根据《宪法》，跟不同种族的人结婚或不结婚的自由属于个人，政府无权干涉。

——美国最高法院"洛文诉弗吉尼亚案"判决书

一直到1967年，美国南方有16个州禁止白人跟有色人种通婚。在一些传统白人的意识中，只要白人妇女跟有色人种发生性关系，必定是被强奸。内战后，南方400万黑奴成为自由公民，男性黑人获得选举权。当时，美国大部分州的妇女，不论肤色，都没有选举权，在经济上也不能自立，处于依附状态。南方白人社会对获得自由的"半文明化"前黑奴男性充满恐惧，尤其是对"黑人男性非礼白人妇女"的想象逐渐形成一种独特的白人文化心理。[1]国会第一位女参议员丽贝卡·费尔顿（Rebecca Felton）是南方争取妇女选举权的关键人物之一，但她反对保护黑人选举权，称让黑人男性选举将导致他们"强奸白人妇女"。[2]费尔顿支持私刑处死涉嫌非礼白人妇女的黑人："如果动用私刑才能保护妇女最宝贵的贞洁不受凶残的人类野兽侵害，我支持私刑，如果有必要，就每周执行一千次。"[3]

历史上，南方各州均立法禁止跨种族通婚或同居，涉案男女可以被判1至7年徒刑。1881年，亚拉巴马黑人托尼·佩斯（Tony Pace）跟白人女子玛丽·考克斯（Mary Cox）同居，被州法院双双判处2年徒刑。按照亚拉巴马法律，黑人与白人发生性关系最高可判7年徒刑，佩斯和考克斯各获刑2年，属于从轻判罚。两人不服，一级一级上诉。亚拉巴马最高法院维持原判，认为放任跨种族性关系会导致"杂种人口和文明退化"。[4]两年后，美国最高法院宣判，支持亚拉巴马州法院的判决和禁止跨种族婚恋的法律，认为涉案的白人、黑人男女都是判2年，同等惩罚，所以不违反第十四修正案平等保护条款。[5]今天看来，这种判决不是法律的平等保护，而是法律的平等不保护。

一　弗吉尼亚

一位18岁的女孩子爱上家乡一起长大的24岁小伙子，两人去首都结婚，婚后回到家乡，双双被拘捕，唯一的罪名是相爱结婚。法庭给他们定罪，分别判1年徒刑，为了避免坐牢，两人选择了流放,到异乡讨生活。这听起来像发生在古代的故事,但这起案子发生在20世纪50年代末的弗吉尼亚州加罗林县(Caroline County),那里离首都华盛顿大约120公里。

1958年,美国大约有一半的州仍然禁止白人跟有色人种婚恋,弗吉尼亚是其中之一。弗吉尼亚州禁止跨种族婚恋的法律可以追溯到1691年的殖民地时期。按照普通法认定婚姻合法性的原则,在结婚地合法的婚姻,在其他地方也合法。1878年,为了防止州内跨种族情侣去跨种族婚姻合法的州结婚,弗吉尼亚州议会立法避开普通法的这一悠久传统,并加重处罚力度:在允许跨种族结婚的州缔结的跨种族婚姻,弗吉尼亚不予承认,违者可以判最高5年徒刑。1924年,弗吉尼亚再度立法,通过《种族纯正法案》(*Racial Integrity Act*),填补漏洞,重新确认禁止跨种族婚恋和相关处罚,并增加实施细则。[6]

米尔德丽德·杰特(Mildred Jeter)11岁时第一次遇到理查德·洛文(Richard Loving)。那年理查德17岁,到米尔德丽德家听她哥演奏阿巴拉契亚民间小调。理查德一半英国人,一半爱尔兰人,生性憨厚,是位泥瓦匠,唯一的业余爱好是赛车,经常跟米尔德丽德的哥哥一起参加比赛,有时候能赢钱。米尔德丽德一半黑人血统,一半切罗基印第安人血统。弗吉尼亚法律禁止跨种族婚恋,不过,少男少女未必知晓那种陈旧的法律,情窦初开,只遵守相爱的自然法则。米尔德丽德没念完高中,但天生聪明,性情温柔,细腻耐心。她身材苗条,家人和朋友都叫她"芸豆"。理查德叫她"豆子"。[7]

1958年6月2日,理查德和米尔德丽德开车去首都华盛顿结婚。在市政府登记后，他们从电话簿中找到一位牧师，请他主持了简单的仪式。米尔德丽德的父亲和哥哥作为证婚人。婚后，他们回到家乡，借住在米尔德丽德父母家楼下一间卧室，把结婚证镶在镜框中，挂在床头的墙上。理查德用积蓄买了一亩地，准备盖房子，跟米尔德丽德独立生活。理查德知道他们在弗吉尼亚领不到结婚证，但他不愿让新娘忧虑；米尔德丽德以为去首都结婚是因为那里手续简便。理查德和米尔德丽德两人都不知道的是，弗吉尼亚不仅禁止他们结婚，而且可以给他们定罪、判刑。

洛文夫妇结婚回乡不久，县检察长伯纳德·马洪（Bernard Mahon）接到群众举报理查德和米尔德丽德非法结婚。马洪正式请求县法院批捕两人，指他们的行为"破坏了弗吉尼亚州的和平与尊严"。[8]南方各州在跨种族婚恋方面的限制标准并不统一。有的州宽松一些，规定少于八分之一有色人种血统就可以跟白人结婚，有些州则要求少于十六分之一有色人种血统。在当时政府文件和个人记录不完善的情况下，事实上很难确认混血新郎或新娘到底有多少的有色人种血统。案件到了法庭，法官和陪审团除了看被告的长相，往往要依据证人的证词来判断，可靠性难以保证。[9]

在限制跨种族婚恋方面最严格的是弗吉尼亚等州，禁止任何曾有过非白人血统的人跟白人结婚。《种族纯正法案》把人种一分为二：除了白人就是有色人，在判别是否白人时，遵循绝对纯正的"一滴血"原则。法案只提供了一个例外：白人跟印第安人的后代中，如果印第安人血统少于或等于十六分之一，可以算作白人。[10]1938年，曾经有一位名叫塞缪尔·布拉纳汉（Samuel Branahan）的弗吉尼亚人，娶了格雷丝·莫勒（Grace Mohler）为妻，被群众告发到州政府，说莫勒是白人，但布拉纳汉看着有黑人血统。县检察官起诉两人结婚时隐瞒新郎血统，新娘莫勒说自己不知道新郎祖上是黑人，以为他是白人，虽然长得有点黑，但是比一些公认的白人还白一点。法庭采纳了莫勒的证词，把她作为骗婚受害者，没有给她定罪。新郎布拉纳汉说，自己是纯正白人，没有黑人血统，但检察官传证人做证，说他们知道布拉纳汉祖上是黑人。最终，布拉纳汉被定罪，婚姻被法院解除，法庭判处他1年徒刑，但缓刑30年，条件是他承诺永不跟莫勒或任何其他白人女性同居。[11]

二战后，联邦政府开始在军队中废除种族隔离政策，一些州对跨种族婚恋的限制也开始松动，但弗吉尼亚没有改变。1948年5月，一位名叫克拉克·汉密尔顿（Clark Hamilton）的海军退役青年跟白人妇女弗洛伦丝·哈蒙德（Florence Hammond）结婚，婚后不久，两人搬家到马里兰州生活。新娘的父母本来准许了女儿的婚事，但婚后，新娘母亲说自己做了个梦，梦见女婿是黑人。她专程去亚拉巴马州，找到女婿的父母，验证了梦境。回到弗吉尼亚后，她报案说女婿骗婚，隐瞒种族身份，要求法庭解除婚姻。新娘的父亲提供证词，说两人谈恋爱的时候，看着汉密尔顿挺白，但婚后女婿眼看着一天比一天黑。汉密尔顿从马里兰被引渡到弗吉尼亚受审。当时，拘留所和监狱都实行种族隔离政策，嫌犯和犯人都按黑白分别关押。因为汉密尔顿长相像白人，拘留所把他跟白人嫌犯关押在一起。[12]

检察官认定，新娘是被骗婚，对新郎的种族身份不知情，所以决定不予起诉，但以重罪起诉新郎。法庭给汉密尔顿定罪，判处他3年徒刑。跟10年前的布拉纳汉案一样，弗吉尼亚法庭决定给汉密尔顿缓刑，条件是他必须离开弗吉尼亚。这对他来讲不是问题，因为他和新娘本来就已经生活在马里兰州。经此波折，他大概也不在乎将来能否回到弗吉尼亚看望岳父母了。[13]

二　判罪与放逐

理查德和米尔德丽德去首都华盛顿结婚的时候，弗吉尼亚仍然执行布拉纳汉和汉密尔顿被判刑时的法律。他们婚后一个月，凌晨两点左右，两人在睡梦中被强光手电筒照醒，床边是加罗林县的三名警察。警长问理查德："你咋跟那女人睡一张床？"米尔德丽德说："我们是夫妻。"理查德没搭话，指了指墙上的结婚证。警长说："那玩意儿在这里没用。"警长命令他们起床，穿上衣服，把他们带到拘留所，送到男号和女号，分别关押。[14]

第二天，理查德由亲戚保释回家。他想把妻子保释出来，狱方警告他，胆敢那么做，就再把他抓起来。米尔德丽德被关押了5天，直到法庭正式安排听审。那座拘留所建于1900年，只有一间女号。加罗林县犯罪率很低，主要罪案是贩卖高度私酒。被拘捕的嫌犯一般会被保释，即便关押期间，看管也不严格，有时候甚至会派嫌犯去邮局取信件。县里的妇女犯罪更稀少，那几天，女监房只住着米尔德丽德和几只老鼠。[15]

1958年7月17日，法庭安排预审，检察官宣读起诉书："嫌犯理查德·佩里·洛文系白人，伙同有色人米尔德丽德·朵罗丝·杰特，以结婚为目的，非法恶意离开弗吉尼亚州，并图谋返回，于1958年6月2日在州外，即哥伦比亚特区，缔结婚姻，然后回到弗吉尼亚州加罗林县，以夫妻名义同居，破坏了我州的和平与尊严。"[16]年轻的助理法官爱德华·施特尔（Edward Stehl）安排大陪审团决定是否以重罪起诉。20多年后，施特尔法官的大女儿大学毕业，跟一名黑人青年相爱结婚。施特尔不认女婿，拒绝出席婚礼，并禁止女儿跟她丈夫进家门。施特尔法官去世后，他的遗孀说，大女儿的婚事"伤透了她父亲的心"，"把他彻底毁了"。生前，施特尔法官在遗嘱中彻底剥夺了大女儿的继承权。[17]

理查德和米尔德丽德的律师是加罗林县大名鼎鼎的弗兰克·比兹利（Frank Beazely）。他不仅是县里最有名的律师，而且是州巡回法院法官利昂·巴齐勒（Leon Bazile）的朋友。巴齐勒法官负责审理洛文案。在成为法官前，巴齐勒是州议会议员。在美国大部分州，各级州法院的法官由民选产生，但弗吉尼亚不同，各级法院法官由州议会投票指定，最高法院法官任期12年，上诉法院和巡回法院法官任期8年。任期届满，州议会重新投票决定是否续任。

巴齐勒的法官生涯并非一帆风顺。他以性格乖张和严苛的种族隔离观著称。1948年，弗吉尼亚的公立基础教育黑白分校，按照联邦法院的判决，黑人学校和白人学校可以严格分开，但在教学条件等方面要大致平等。当地的黑人学校师资短缺，开不了科学和数学课。为了避免联邦法院判决黑白学校不平等，他建议白人学校暂时取消科学和数学课程。当地学校接受了他的建议。因为巴齐勒法官的一些判决和观点比较极端，在他的巡回法院法官第一任期届满时，州议会很多议员不愿延续他的法官任期。在议会辩论时，不少议员明确表示反对，但他得到一位议员的全力支持，那位议员就是弗兰克·比兹利。最终，巴齐勒法官在比兹利议员的全力帮助下得以续任。比兹利拯救了他的法官生涯，巴齐勒自然对比兹利敬畏三分。[18]

按照弗吉尼亚法律，洛文夫妇有要求陪审团审判的权利，但他们放弃了行使那项权利。一般而言，在有事实争议的情况下，陪审团可以确定事实；而在本案中，检方的证据确凿：两名被告一是白人，一是有色人种，专程去首都华盛顿结婚，婚后回到弗吉尼亚，违反了《种族纯正法案》。而且，当地的陪审团也不会同情他们。在没有陪审团的情况下，审理和判决的职责都落到巴齐勒法官身上。比兹利律师建议两人认罪，以换取从轻处罚；如果被判有罪，他们将面临最高5年徒刑。[19]

1959年1月6日，理查德和米尔德丽德当庭认罪。巴齐勒法官宣判："本庭接受被告认罪，判处被告各监禁1年。本庭决定将这项判决缓期25年执行，条件是两名被告立即离开加罗林县和弗吉尼亚州，25年内不得一起或同时回到上述州县。"这等于以流放25年为代价，换取免于坐牢。巴齐勒法官问理查德和米尔德丽德，是否有话要说，两人先后说没有。考虑到巴齐勒法官严苛的判决风格和种族观，他在洛文案中可谓从轻判决。显然，比兹利律师功不可没。理查德和米尔德丽德支付了36.29美元的法庭费用，离开家乡弗吉尼亚加罗林县，去首都华盛顿投奔亲戚。[20]

华盛顿与弗吉尼亚只有一河之隔，理查德每天开车穿过波托马克河（Potomac River）上的大桥，到河西的弗吉尼亚打工。三年间，他们生了三个孩子。理查德的母亲是接生婆。当时，加罗林县的很多产妇靠乡村接生婆接生，医生费用太贵，而且经常比婴儿来得慢。理查德的母亲随叫随到。每次临产前，米尔德丽德回到加罗林县，住在婆婆家里，两个女儿和一个儿子都是由婆婆接生。

按照巴齐勒法官的判决，理查德不得跟妻子同时回到弗吉尼亚。但长久不能跟亲人在一起，尤其是有了孩子之后，对洛文夫妇是一场煎熬。1959年复活节，他们终于熬不住了，铤而走险，回到家乡跟父母过节。警察闻讯赶到，拘捕了他们。比兹利律师赶到法庭，向巴齐勒法官求情，说都是他的错，他理解错了法院的判决，给了两人错误的建议，致使他们违反禁令，一切都是他的错。巴齐勒法官当庭释放了洛文夫妇，把他们赶出弗吉尼亚。[21]

三　申诉

1963年，米尔德丽德在电视上看到民权运动和国会辩论《民权法案》的新闻。她给司法部部长罗伯特·肯尼迪（Robert Kennedy）写信，问这个法案是不是能让她和丈夫合法回老家。不久，她收到司法部的回信，说正在讨论的法案本身不会直接解决她婚姻的合法问题，但工作人员已经将她的信转给法律援助组织全美公民自由联盟（ACLU），并向她提供了联系地址。米尔德丽德按地址给全美公民自由联盟写了一封求助信：

亲爱的先生：

我给您写信是讲我们面临的难处。五年前，我先生跟我在首都结婚。然后，我们回到弗吉尼亚生活。我先生是白人，我是一半黑人、一半印第安人。当时，我们不知道弗吉尼亚有法律禁止不同种族的人结婚。所以，我们被抓起来，在一个名叫鲍灵格林（Bowling Green）的小镇受审。我们不得不背井离乡讨生活。

问题是，我们不被允许回去探亲。法官说，如果我们后面30年回家乡，就要坐一年牢。我们知道，我们不能在那里生活，但我们只想偶尔能回去探亲访友。我们有三个孩子，请不起律师。

我们给司法部部长写过信，他建议我们联系您。如果可能，请帮帮我们。希望尽快收到您的回信。

此致
理查德·洛文先生和夫人[22]

全美公民自由联盟安排弗吉尼亚律师伯纳德·科恩（Bernard Cohen）处理洛文夫妇的案子。那年，科恩从法学院毕业不久，不到30岁，在波托马克河西岸的亚历山德里亚镇（Alexandria）做律师，没有民权诉讼经验。最初的犹疑过后，他决定帮助洛文夫妇，打电话约两人面谈。因为洛文夫妇被禁止同时进入弗吉尼亚，不能一起到科恩在亚历山德里亚的办公室，科恩跟他们约在首都华盛顿见面。

理查德和米尔德丽德两人都比较内向。有陌生人在场，理查德很少说话，几乎都是由米尔德丽德讲，但她的话也不多。科恩给他们解释案子的前景：一开始在弗吉尼亚州法院，不可能赢，必须让案件进入联邦法院系统，一直上诉到美国最高法院，才有希望打赢。整个过程可能会拖好几年时间。而且，还有一个技术性障碍要克服——因为他们的判决是在1959年1月做出，已经过了上诉期，不能直接上诉。克服这个障碍最简单的办法是，他们回到弗吉尼亚，再次被捕，重新启动审判和上诉程序。[23]

洛文夫妇不愿走那条路，他们有三个孩子，如果他们被捕，不但会断了生活来源，三个孩子也不知道跟谁生活。法院申诉的复杂性远超出理查德的预期，他本以为律师会帮他们很快搞定。延续了200多年的法律和风俗难以在一朝一夕改变。理查德和米尔德丽德已经为相爱和结婚付出背井离乡的代价，不想再把几年前被拘捕、被审判的经历重走一遍。科恩理解两人的决定，答应他们会想其他办法。他决定在缓刑问题上找突破口。因为巴齐勒法官给洛文夫妇判了1年徒刑，以离开弗吉尼亚25年为条件缓期执行，相当于缓刑25年。两人仍然在缓刑期间，所以从法律上讲，仍然没有结案。[24]

1963年11月6日，在巴齐勒法官对洛文夫妇做出判决将近五年后，科恩向法庭提交动议，请求取消当初的判决。他提出的两大理由是：第一，把弗吉尼亚公民放逐25年，这种惩罚过于残酷，给当事人带来难以言喻的艰辛；第二，因为结婚而遭到惩罚，违反了美国《宪法》第十四修正案和弗吉尼亚宪法的正当程序条款。法庭上，巴齐勒法官用怪异的眼光审视着科恩，没有当庭做出裁决，说要研究一下。当时，巴齐勒法官已经老态龙钟，精力不济，经常在审判时打瞌睡，法院的同事和下属有时候看到他的领带垂在午饭盘子里。他的老伙计，弗兰克·比兹利律师仍然生龙活虎，在审判时遇到巴齐勒法官入睡，他会走到法官席前，用拳头敲着桌子把他叫醒。当科恩律师递交动议的时候，离巴齐勒法官退休还有一年多。巴齐勒一研究就是几个月，科恩打电话询问了几次，没有下落。[25]

　　第二年6月，米尔德丽德写信给科恩律师："希望您还记得我们。您接了我们的案子。过了这么久，没有一点消息，我们已经不再抱希望。"科恩同样失望和沮丧。巴齐勒法官对他的动议置之不理，一直拖下去，让他束手无策。困扰中，他去母校乔治敦大学（Georgetown University）法学院向一位宪法学教授请教。在教授办公室，科恩遇到另一位毕业不久的年轻律师菲利普·赫奇考普（Philip Hirschkop）。赫奇考普那年28岁，在纽约市做律师，他听完科恩的介绍，说这种情况下可以向联邦法院提交动议，请求三名联邦法官对程序进行审议。知识就是力量。赫奇考普有着科恩没有的联邦法院诉讼知识，他主动提出来帮助科恩。在回纽约的班机上，赫奇考普提笔在一个信封的背面起草联邦法院动议，开始了两位律师的合作。他们有很多共同点：都是在纽约出生长大，都是犹太人，都从乔治敦大学法学院毕业，都热心民权诉讼，而且都是初出茅庐，没有经验。[26]

　　1964年11月，科恩在赫奇考普的帮助下向联邦法院递交了动议。联邦法院召集了两名巡回法院法官和一名地区法院法官审议。案子被巴齐勒法官拖了一年之后，终于柳暗花明。弗吉尼亚州不得不正视这两位名不见经传的律师了。州总检察长出面，跟法官和两位律师召开电话会议。三方达成口头协议，允许洛文夫妇回到弗吉尼亚,但不能回家乡加罗林县,可以在邻县居住。州总检察长答应,不会主动执法拘捕洛文夫妇;如果当地有群众举报,舆论沸沸扬扬,他不得不执法时,会提前一周通知他们,让他们有时间收拾家当离开弗吉尼亚。洛文夫妇从首都华盛顿搬到距离加罗林县不远的邻县小镇居住。当地群众没有举报他们。[27]

联邦法院审议后做出裁决,给弗吉尼亚州法院90天时间审理科恩提交给巴齐勒法官的动议,如果90天内不作为,联邦法院将接手这起案件。美国有两套法院系统,一是联邦法院,对联邦法事务有管辖权;二是州法院,对联邦法院没有管辖权的所有事务有管辖权。因为两套法院系统相互独立,各有自己的管辖权,一般而言,联邦法院不愿插手州法院的事务,除非案情涉及美国《宪法》问题。在洛文案中,联邦法院试图做出某种平衡:案件已经被巴齐勒法官拖了一年,给州法院90天时间审理,如果过90天还不审理,说明州法院无意审理本案,放弃了对本案的管辖权。这样,联邦法院可以顺理成章地接手案件。[28]

在联邦法院做出裁决后的第89天,即90天期限的倒数第二天,巴齐勒法官终于做出裁决。他坚持六年前的判决结果,重申洛文夫妇非法结婚,犯下重罪,被驱逐出弗吉尼亚是罪有应得。在裁决书中,巴齐勒法官除了引述法律和判例,还对他的种族观做出宏观的理论阐述:"全能的上帝创造了种族:白人、黑人、黄人、马来人、红人,把他们放在不同的大陆上,如果不是人为干扰上帝的安排,根本不会有跨种族婚姻。上帝把种族分开,这个事实说明他不想让不同种族相互混杂。"[29]

第五章 爱的权利 127

这个判决结果一点也不意外。科恩和赫奇考普、巴齐勒上诉到弗吉尼亚最高法院，这是必经的程序，他们并不期望能赢。他们的目标是到联邦法院系统，上诉到美国最高法院。1966年3月，弗吉尼亚最高法院宣判，维持巴齐勒法官的有罪判决，但认为量刑过重，应允许理查德和米尔德丽德在弗吉尼亚生活，条件是两人不能同居。

据当时弗吉尼亚最高法院法官的一名助理回忆，资深法官们不愿碰这个敏感话题，一个方便的做法是把球踢给州议会，而他们知道州议会不会改变禁止跨种族婚恋的法律，因为支持跨种族婚恋合法化的议员在州议会中形不成多数。不过，弗吉尼亚州最高法院不得不对本案做出判决。在那之前，加利福尼亚州最高法院已经废除了禁止跨种族婚恋的法律，但弗吉尼亚跟加利福尼亚有不同的政治和司法生态。[30]

四 "这太不公平了"

科恩和赫奇考普旋即上诉到美国最高法院。1966年12月12日，最高法院决定受理上诉。

在美国最高法院上诉案中，经常会有一些专业组织和专家向法院提供法律意见，有的支持原告，有的支持被告，这种法律意见被称为法庭之友意见书。在洛文案上诉到最高法院后，先后递交法庭之友意见书、支持洛文夫妇的包括美国有色人种协进会及附属的法律辩护基金会，还有日本裔美国公民联盟（Japanese American Citizens League）、天主教全国跨种族正义协会（National Catholic Conference for Interracial Justice）、天主教全国社会行动协会（National

Catholic Social Action Conference）等。这些组织在意见书中认为，弗吉尼亚禁止跨种族婚恋的法律违反《宪法》，敦促最高法院推翻弗吉尼亚法院的判决，废除妨碍婚恋自由的法律。虽然美国当时仍然有16个州禁止跨种族婚恋，但只有北卡罗来纳州的总检察长递交了一份6页的法庭之友意见书，支持弗吉尼亚州政府。[31]

1967年4月10日，最高法院开庭辩论。作为原告，洛文夫妇可以出席最高法院的律师辩论。但他们不愿抛头露面。理查德和米尔德丽德都很内向，出身于普通农户，不善言辞，文化水平不高，不懂法律，对政治也不感兴趣，只想在家乡作为合法夫妻安静地生活，养儿育女，不被政府像罪犯一样抓捕、审判、判刑。弗吉尼亚法律把他们的孩子视为玷污了白人纯正血统的"杂种"，代表州政府的律师为禁止跨种族婚恋的法律辩护，主要理由就是为了防止生出心理不健康的"混血杂种"。科恩律师理解洛文夫妇的决定。他问理查德，有什么话想对大法官说，他可以在法庭上替他讲。理查德说："科恩先生，告诉法庭我爱我妻子，只是我不能跟她在弗吉尼亚生活，这太不公平了。"[32]

法庭上，赫奇考普首先做陈述。他主张弗吉尼亚禁止跨种族婚恋的法律把人按种族划分，是"种族隔离和奴隶制的最丑陋遗产"，违反了第十四修正案平等保护条款。有大法官问："有多少州实行禁止跨种族婚恋的法律？"赫奇考普回答16个州，马里兰刚刚废除这类法律，但俄克拉何马州和密苏里州废除这类法律的提案在州议会没有通过。赫奇考普强调，禁止跨种族婚恋的初衷并不是像弗吉尼亚州所申辩的那样，是为了保护儿童的身心健康，而是为保护白人种族的纯正，尤其是白人妇女的种族纯洁。

赫奇考普律师把弗吉尼亚最早的跨种族婚恋禁令追溯到17世纪的殖民地时期，最初这种法律并不禁止白人男性跟黑人女性生育后代，而只禁止白人女性跟黑人男性婚恋。1924年，弗吉尼亚议会修法，把禁止跨种族婚恋的提案称为"维护白人种族纯正提案"，最后形成法律时被称为《种族纯正法案》，只禁止白人跟有色人种结婚，并不禁止有色人种之间跨种族结婚。赫奇考普律师总结说，这类法律的最大错误在于"剥夺了黑人的尊严"，不只是把跨种族婚恋入刑违反平等保护条款，而且整个禁止跨种族婚恋的法律都违反平等保护条款。他请求最高法院推翻弗吉尼亚法院的判决，废除弗吉尼亚法律中禁止跨种族婚恋的全部条款。[33]

科恩律师的申诉围绕弗吉尼亚法律违反第十四修正案的正当程序展开。他的陈述更注意细节，也更人性化，指出弗吉尼亚不但给洛文夫妇定刑事罪，把他们判刑，驱逐出州境，而且给他们施加的民事惩罚也很不公道，事实上剥夺了他们一家人的财产继承权："洛文夫妇有权利在晚上入睡时知道，如果早晨醒不过来，他们的孩子在没有遗嘱的情况下可以继承他们的遗产，他们有权利在晚上入睡时确保，如果一个人早晨醒不过来，另一个可以继承对方的社安金。"因为弗吉尼亚法律剥夺了他们做合法夫妻的权利，他们不能像其他夫妻那样相互继承联邦政府的社安金，他们的孩子也不能继承他们的遗产。这相当于剥夺了他们受第十四修正案保护的正当程序权利。[34]

美国《宪法》第十四修正案第二款规定："任何州都不得制定或实施限制合众国公民权或豁免权的法律；不经正当法律程

序，不得剥夺任何人的生命、自由或财产……"几十年后，在最高法院辩论同性婚姻合法性时，代理同性伴侣的律师跟科恩律师一样，也是从同样的民事伤害角度展开申辩。[35]

科恩律师信守他对理查德的承诺，替他讲了他要对法庭讲的话："我们不管怎么阐述这个问题，不管怎么阐述正当程序的法理，或者强调其中哪一点，没有人能比理查德·洛文讲得更好，他跟我说：'科恩先生，告诉法庭我爱我妻子，只是我不能跟她在弗吉尼亚生活，这太不公平了。'我想，这个朴实的普通人有着根本的公平和自由秩序的观念，他作为一个泥瓦匠能清楚也讲出来，我们希望法院能一如既往地把这一点体现在正当程序条款的判决中。"[36]

不管是《宪法》的平等保护条款，还是正当程序条款，关键都在于保证每个公民被政府公平和公道地对待。20世纪60年代已经是卫星上天的时代，但法律却禁止一对相爱的人在一起生活，唯一原因是他们不属于同一个种族。这种陈规是旧时代偏见的制度性遗传，不但违背现代职业律师和法官对《宪法》的理解，而且冲击着普通人的良知和公平感。

在赫奇考普和科恩律师做申诉时，听众席前排坐着一位日本裔律师，他是日本裔美国公民联盟的法律顾问威廉·丸谷（William Marutani）。丸谷生于华盛顿州，父母是日本移民，珍珠港事件爆发时，他正在西雅图的华盛顿大学念书。罗斯福总统发布9066号行政命令，他被迫中断学业，跟家人一起被送到加州关押西岸日裔居民的集中营。获释后，他应征入伍，加入美军情报机构，参与战后对日本的占领。1950年，丸谷考入芝加哥大学法学院，毕业后做律师。在洛文案中，丸谷深度参与了案件的准备进程，他不但代表日本裔美国公民联盟起草、递交了支持洛文夫妇的法庭之友意见书，而且请求法庭允许他做简短陈述。法庭答应了他的请求。

丸谷既不是白人，也不是黑人，而是日本裔美国人。他引用联合国教科文组织的文件，说从人种角度讲，他可能是法庭上唯一一个确凿无疑的纯种族人，在日本这个隔绝的岛国，他的祖先没有跟其他人种混血的机会。但白人不同，经过欧洲历史上无数次人种混杂，已经很难讲有任何纯粹的白种人。丸谷指出，弗吉尼亚州声称，禁止跨种族婚恋是为了保持"公共道德纯粹，维护种族纯正和种族自豪感，防止出现杂种血统公民"，但法律只禁止白人跟其他种族通婚，其他种族之间可以随意结婚，法律并不在乎其他种族的血统纯正和自豪感。所以，弗吉尼亚法律不是为了维护各种族的纯正，而是为了维护白人至上。丸谷的陈述虽然简短，却激发了首席大法官厄尔·沃伦和另外几位大法官对其他少数族裔法律地位的兴趣，不但向他提出问题，而且以他陈述的事实质询弗吉尼亚州政府的律师。八年后，丸谷成为宾夕法尼亚州法院法官。[37]

代理弗吉尼亚州政府出庭申辩的是助理检察长罗伯特·麦克尔韦恩（Robert McIlwaine）。跟赫奇考普、科恩和丸谷等代理或支持洛文夫妇的新手律师不同，麦克尔韦恩此前已经数次代表弗吉尼亚州在最高法院辩论。二战和朝鲜战争中，他在海军服役，战后在哈佛法学院和弗吉尼亚大学法学院学习法律。1954年，他成为弗吉尼亚州助理检察官时，正值最高法院判决布朗诉托皮卡教育委员会案，废除公立学校的种族隔离政策。在那之后十几年，他几度在最高法院为州政府的学校种族隔离政策辩护，但每次都输了。

最高法院已经在布朗案中推翻了普莱西案确立的"隔离但平等"原则，要为弗吉尼亚州禁止跨种族婚恋的法律辩护，麦克尔韦恩的法律工具箱中能使用的工具并不多，其中一件是《宪法》第十修正案。第十修正案规定，《宪法》未授予联邦政府且未禁止各州行使的权力，由各州自主行使。这就是俗称的"州权"，即各州政府在州内事务上的自主权，包括立法自主权。麦克尔韦恩申辩，根据第十修正案，婚姻属于各州管辖的事务，弗吉尼亚州有权立法禁止跨种族婚恋。不过，几位大法官对这种结论有疑问，因为州权并不是绝对的，而是必须受到《宪法》的约束，即州议会的立法不能违宪。[38] 按照《宪法》第十四修正案，各州不得拒绝给予其辖区内居民法律的平等保护，未经正当程序，不得剥夺任何人的生命、自由和财产。而且，最高法院有权对各州法律是否符合《宪法》做审核，这是最高法院自1803年起在"马伯里诉麦迪逊案"（*Marbury v. Madison*）中确立的司法审核权。[39]

麦克尔韦恩助理检察长申辩，跨种族家庭面临比同种族家庭更大的社会压力，州政府有权禁止这种婚姻，就像有权禁止一夫多妻、乱伦一样。首席大法官沃伦的小女儿嫁给了一位犹太教青年，沃伦问麦克尔韦恩，跨宗教家庭也比同宗教的家庭面临更大社会压力，州政府是不是可以禁止不同宗教的人结婚？麦克尔韦恩回答说，他认为州政府不能禁止跨宗教婚姻，但跨种族婚姻面临的压力比跨宗教婚姻大。为此，他引述了哈佛大学社会心理学

第五章　爱的权利　133

家艾伯特·戈登（Albert Gordon）的著作《通婚：论跨宗教、跨种族、跨民族婚姻》，说跨种族婚姻的失败率高。[40]一位大法官问："是否正是由于法律禁止才导致跨种族婚姻的失败率高？"麦克尔韦恩回答："不是因为法律禁止，而是因为社会态度，尤其是社会对混血儿的态度。"他再度引述戈登教授的著作，说混血儿"是跨种族婚姻的受害者，是跨种族父母的牺牲品"。[41]

麦克尔韦恩助理检察长在申辩中反复强调州政府保护儿童身心健康的义务。虽然弗吉尼亚州禁止跨种族婚恋的法律叫《种族纯正法案》，但麦克尔韦恩的辩护使其听起来像《儿童保护法案》。《种族纯正法案》在1924年立法的时候，种族优生学和白人至上主义大行其道，最高法院"隔离但平等"的判决仍然有效，立法保护白人血统纯正属于名正言顺。但时至1967年，那种社会生态和法律土壤已经不存在了。几位大法官先后对麦克尔韦恩的申辩提出疑问，他的回答捉襟见肘。在1967年，按立法者的原初意图为1924年的《种族纯正法案》辩护，似乎已经成为不可能完成的任务。

五　追求幸福的自由

1967年6月11日，最高法院判决前夜，洛文夫妇在家忐忑不安。理查德想喝醉，万一输了官司，也不至于太痛苦。他喝一瓶没感觉，再喝一瓶，跟平时不一样，不管怎么喝，人都清醒着。理查德曾跟一位朋友说，输了官司也不会跟米尔德丽德分开，顶多是带三个孩子再回首都华盛顿谋生，过五六年再去法院申诉一次。[42]

第二天，最高法院宣判，判决弗吉尼亚州禁止跨种族婚恋的法律违反《宪法》第十四修正案的平等保护条款和正当程序条款，予以废止，全国16个州的类似法律同时失效。判决书明确指出，"婚姻自由长久以来被认为是自由人有秩序地追求幸福必不可少的个人权利"，"是基本人权，是我们存在和生存的根基……根据《宪法》，跟不同种族的人结婚或不结婚的自由属于个人，政府无权干涉"[43]。

接到科恩律师的电话，理查德和米尔德丽德才安定下来。那时候，离他们去首都华盛顿结婚，回家乡被抓捕、审判、判刑、驱逐已经过去九年了。科恩和赫奇考普在华盛顿开记者招待会，请他们夫妇参加。理查德不愿见记者，在米尔德丽德的劝说下，才答应开车前往。理查德穿着平日穿的白衬衣，敞着领口，挽着袖子；米尔德丽德换上一件蓝花白底的短袖连衣裙。他们沿着熟悉的公路往华盛顿赶，九年前他们被巴齐勒法官驱逐，沿着同一条公路离开弗吉尼亚。这是他们第一次见记者。理查德很拘谨，说："我只是想回弗吉尼亚，盖栋房子，生养孩子……平生第一次，我能在弗吉尼亚搂着爱人，叫她妻子了。"米尔德丽德比理查德放松，她平静地说："我觉得自由了。那曾经是个巨大的重负。"[44]短暂的记者会后，他们手牵手离开，回到家乡加罗林县，在九年前结婚时买的地上盖了一栋房子。

米尔德丽德的两位律师对她评价很高。多年以后，赫奇考普回忆说，米尔德丽德相当聪明，讲话不多，但写信、言谈和思维远超过她的教育水平；理查德基本不讲话，看上去像个"红脖子"，如果不是爱上米尔德丽德，被判刑驱离家乡，谁也不会想到他能主动争取民权。[45]每个受欺凌的人在生命的某个

第五章　爱的权利　　135

节点，为了保护珍爱的人和追求基本的公道，都可能被迫做抗争的英雄。档案中保存的米尔德丽德给律师写的求助信，字迹工整漂亮。他们流离失所时，偶尔偷偷回老家，三个孩子还小，有时候藏在祖母家，有时候藏在外婆家、舅舅家。最高法院的判决卸去了弗吉尼亚法律强加给米尔德丽德的人生重负，她对ABC电视网的记者说："我想，跟相爱的人结婚是任何人不应当干涉的权利，是上帝给的权利。"[46]

最高法院宣判八年后的一个夜晚，理查德开车跟米尔德丽德回家时，一个醉鬼开车撞上他们的车子。理查德不幸去世，终年41岁；米尔德丽德36岁，一只眼睛在事故中失明。她独自在理查德盖的那栋房子里把三个孩子养大。2007年，洛文案判决40周年，理查德去世32年，美联社记者在那栋旧房子找到米尔德丽德。她说："我没做什么。都是上帝的工作。"被问到亡夫，她说："他一直对我好。"[47]次年5月2日，米尔德丽德去世，终年68岁。三个月后，父亲是黑人、母亲是白人的混血儿巴拉克·奥巴马（Barack Obama）被民主党正式提名为总统候选人，在当年11月4日的大选中当选美国总统。1961年，奥巴马出生时，美国还有20多个州禁止跨种族婚恋。从1881年最高法院判决"佩斯诉亚拉巴马案"（*Pace v. Alabama*），到1967年最高法院判决洛文诉弗吉尼亚案，跨种族婚恋在全国范围内从非法到合法，在最高法院走过了84年的漫长历程。

米尔德丽德生前一直跟科恩律师夫妇保持来往，偶尔走访见面，像朋友一样。在20世纪60年代，不是每一位弗吉尼亚律师都有勇气打这个官司。在弗吉尼亚州法院打官司和在美国最高法院上诉期间，科恩不断接到骚扰和威胁电话。一天早晨，科恩太太发现有人往他们的汽车油箱里灌了糖，那是传说中破坏汽车发动机的民间配方。在米尔德丽德去世前一年，科恩接受全国公共广播电台（NPR）采访，说："他们都很纯朴，对争取民权的原则不感兴趣……他们只是相爱，想有在弗吉尼亚作为夫妻生活的权利，不受政府干涉。我告诉理查德这个案子很可能要一直打到美国最高法院时，他目瞪口呆，不敢相信。"2020年10月12日，科恩去世，享年86岁。[48]

洛文案是20世纪美国最高法院判决的最重要案件之一，也是加罗林县法院的利昂·巴齐勒法官一生中判的最著名的案子。巴齐勒法官去世后不到三个月，最高法院推翻了他的判决，而且在判决书中完整地引用了他关于全能的上帝不想让不同种族融合的阐述。那段文字已经跟最高法院的判决一起被广为传布，成了宗教偏执和人性晦暗的见证。当年在放逐中，洛文夫妇命运的转折始于米尔德丽德写信给司法部部长罗伯特·肯尼迪诉说冤屈。最高法院宣判洛文案的第二年，1968年6月6日，罗伯特·肯尼迪在洛杉矶遇刺身亡。

最高法院宣判洛文案后，16个禁止跨种族婚恋的州先后开始修改法律。直到2000年，亚拉巴马州宪法仍然保留着禁止白人跟有色人种结婚的条款。那年，在废除这一条款的全州公投中，近60%的选民投了赞成票。[49]

六　真相与和解

最高法院开庭审理洛文案时，旁听席上有一位穿着整齐的6岁

第五章　爱的权利　137

儿童，名叫大卫·辛格顿（David Singleton），他是弗吉尼亚州助理检察长麦克尔韦恩的教子。那天早晨，小辛格顿的母亲对他说："我们今天要去看你鲍勃叔叔在最高法院辩论，你要穿好一点。"鲍勃是罗伯特·麦克尔韦恩的小名。小辛格顿的父母跟麦克尔韦恩关系密切，在小辛格顿受洗时，请麦克尔韦恩做他的教父。小辛格顿的母亲找出最好的衣服，把儿子打扮整齐，带他准时到了最高法院。在那之前，小辛格顿听鲍勃叔叔说，在法庭上他要工作，不能跟他打招呼，但会在心里打招呼。多年后，辛格顿回忆说，不记得鲍勃叔叔那天在法庭上是怎么辩论的了，只觉得漫长枯燥。[50]

2015年2月21日，罗伯特·麦克尔韦恩去世，只有当地的《里士满时报》(Richmond Times-Dispatch)发布了简短的讣告："罗伯特·麦克尔韦恩去世，他曾在法庭为种族案辩护，享年90岁。"[51]辛格顿得知教父去世，上网查看讣告，讣告下面有篇介绍麦克尔韦恩的文章链接。辛格顿读到了他此前不知道的鲍勃叔叔的一些事迹，文中的一句评价令他感到困扰："作为州政府律师，麦克尔韦恩先生经常站在历史错误的一边。"[52]

在辛格顿儿时和青少年时代的记忆中，鲍勃叔叔是位慈爱的长者，从未听到过他讲种族关系的事，也从未听到过他用歧视性的用词或口吻讲黑人或其他少数族裔。他喜欢喝加冰的杰克·丹尼威士忌，穿格子夹克和坎肩，嗓音浑厚，经常用浓重的南方口音问辛格顿："小家伙，给我说说学校功课怎么样？"麦克尔韦恩一生独身，照料在事故中伤残的父母，他姑姑晚年失去生活能力，他把她接到家里居住，在经济上无私帮助一位侄女和两个侄子。虽然他多年担任州政府助理检察长，在弗吉尼亚政界人脉广泛，辞去公职后自己开业，是弗吉尼亚的名律师，但行事低调，退休时不声不响，像平日打烊一样。[53]

无论是在感情上还是在理性上，辛格顿都难以把记忆中的鲍勃叔叔跟被指责为"站在历史错误一边"的种族主义检察官画等号。他前半生对洛文案的唯一记忆是6岁时母亲带他去最高法院听鲍勃叔叔辩论。但他并不记得那天鲍勃叔叔在法庭上讲了些什么。成年后，他从未听过麦克尔韦恩说起洛文案，他父母也从不提麦克尔韦恩跟洛文案的关系。看到那篇文章后，辛格顿找来最高法院审理洛文案的录音，听到麦克尔韦恩在法庭上说混血儿"是跨种族婚姻的受害者，是跨种族父母的牺牲品"时，他的心被刺痛，尤其听到他尊重的鲍勃叔叔用他熟悉的浑厚嗓音说出来，比在纸上看文字更令他痛苦，也更令他难以接受。唯一能减轻他痛苦的是，鲍勃叔叔输了官司。辛格顿试图理解麦克尔韦恩当时的精神世界："我尝试想象他的内心，当他按上司的旨意去做，那个案子就像迷航的泰坦尼克，缓缓驶向冰山。"[54]

辛格顿是同性恋，他没有把自己的性取向告诉麦克尔韦恩。当争取同性恋婚姻合法化的几个案子上诉到最高法院时，辛格顿想问麦克尔韦恩的看法。那时，他已进入垂暮之年，没有家人，住在养老院，健康状况急剧恶化，不久病逝。两个月后，最高法院开庭审理"奥伯格费尔诉霍奇斯案"（*Obergefell v. Hodges*），代理同性恋伴侣的律师像48年前代理洛文夫妇的科恩和赫奇考普律师一样，指控密歇根等州禁止同性婚姻的法律违反《宪法》第十四修正案的平等保护条款和正当程序条款。跟当年科恩和赫奇考普律师不同的是，代理同性恋伴侣的律师有了洛文案做判例依据。跟当年的麦克尔韦恩助理检察长一样,代理密歇根等州政府的检察官为各州的法律辩护。他们重蹈了麦克尔韦恩助理检察长当年的覆辙。2015年6月26日,美国最高法院判决奥伯格费尔诉霍奇斯案,主要依据洛文案的前例,重申结婚是《宪法》保护的基本权利,判决各州禁止同性婚姻的法律违反第十四修正案的平等保护条款和正当程序条款,自此同性恋婚姻在全美国合法化。[55]

历史又翻过了一页。辛格顿一直在想,如果鲍勃叔叔能活到最高法院判决奥伯格费尔案,会怎么看待同性婚姻合法化,尤其会怎么看待他这位同性恋教子。当今的同性婚恋和过去的跨种族婚恋都经历了从非法到合法的过程。有人站在历史正确的一面,有人站在历史错误的一面:"历史按自己的节奏评判你,而不是按你自己的节奏评判你……世界旋转前行,但有人向前转,有人向后转,很多人原地打转。"[56]

辛格顿不相信麦克尔韦恩是向后转或原地打转的人。就当年鲍勃叔叔在洛文案中的做法,他去问年迈的母亲。母亲告诉他:"鲍勃的工作是忠实地代表弗吉尼亚。他不觉得应该把个人意见注入工作中。在当时,代理弗吉尼亚意味着要反对跨种族婚恋。"辛格顿说:"有句古老谚语是怎么说的来着?先是被挑战,然后是激烈抵抗,最后是被当作自明真理接受。"他母亲说:"人们不愿挑战现状。大部分人会避免在社会上被孤立。当时,人们不觉得那是错的。过去是过去,现在是现在。事情会发展。上帝才知道再过50年会怎样。可能我们会生活在一个没有种族差异的世界。可能我们都变成一个种族。"辛格顿的母亲年轻时曾经为种族平等和性别平等奔走,儿子公开了自己的同性恋身份后,她支持同性婚恋的权利。虽然她已经88岁高龄，但不害怕改变。"她爱所有人，正是这种爱打破了壁垒。"[57]

最高法院判决洛文案50周年前夕，辛格顿在《沙龙》(Salon)杂志发表文章，回忆他小时候喜欢赛马，鲍勃叔叔常带他去查尔斯镇(Charles Town)的马会。比赛前，他会根据鲍勃叔叔的预判，用零花钱押2美元赌注。有一次，鲍勃叔叔把他带到马厩，近距离看赛马的雄姿。小辛格顿看到赛马都戴着限制两侧视野的厚眼罩，他问："为什么给马戴这东西？"旁边的驯马师说，它们需要视野集中，否则会分散精力。鲍勃叔叔说："戴眼罩是为它们好，为了它们的安全。"辛格顿看着厚实的牛皮眼罩套在马的眼睛两侧，有一匹马看上去很不情愿。他把两美元赌注押给了那匹马。鲍勃叔叔说，那可不是个好注，根据赛马报告，那匹马赢率不高。比赛结束，那匹马赢了。他们回到座位，鲍勃叔叔对辛格顿的父母说："这孩子赢了。"讲完故事，辛格顿感慨说，有人摘去了眼罩，有人不愿摘下眼罩，也反对别人摘下眼罩。[58]

历史、宗教、法律、传统都可以成为遮挡人们视野的眼罩。麦克尔韦恩检察官出于政府职责为过时的法律辩护，后人评价他站在历史错误的一边。但"历史充满站在错误一边的人。像我们所有人一样，他们都有朋友和家人，一生中都做过好事，也做过不被认可的事，远比他们在公共领域冷冰冰的失败所昭示的更复杂、更温情"。每个人都跟国家的过去有着千丝万缕的联系，过去发生的很多事并不令人愉快，甚至令人痛苦，刺激着人们的良知。在这个意义上，任何国家的历史都是个人史。人们以不同的方式跟过去的历史和解，没有一概而论的有效方式，也不会一劳永逸。但是，正如辛格顿所言："第一步是面对历史真相，既包括国家的历史真相，也包括个人的历史真相。"[59]

2004年，一位名叫肯·塔纳贝（Ken Tanabe）的设计师提议，将最高法院判决洛文案的6月12日定为"洛文日"，即跨种族情人的情人节。这一天既是庆祝和纪念的日子，也是和解和面对真相的日子。

注释

1. Philip Dray, *At the Hands of Persons Unknown*: *The Lynching of Black America*（New York: The Modern Library, 2003）, 125. Diane Miller Sommerville, "The Rape Myth in the Old South Reconsidered", *The Journal of Southern History*, Vol. 61, No. 3（August 1995）, 481–518.

2. Leon F. Litwack, *Trouble in Mind*: *Black Southerners in the Age of Jim Crow*（New York: Vintage Books, 1999）, 221.

3. Gilliam Brockell, "The Senate's First Woman was Also Its Last Enslaver", *The Washington Post*, January 10, 2022, https://www.washingtonpost.com/history/2022/01/10/rebecca-felton-last-enslaver/. Also see "Felton, Rebecca Latimer 1835–1930", United States House of Representatives, https://history.house.gov/People/Listing/F/FELTON, -Rebecca-Latimer-（F000069）/.

4. *Pace v. State*, 69 Ala. 231, 232（1881）.

5. *Pace v. Alabama*, 106 U.S. 583, 585（1883）.

6. Sheryll Cashin, *Loving*: *Interracial Intimacy in America and the Threat to White Supremacy*（Boston: Beacon Press, 2017）, 44, 93.

7. Peter Wallenstein, *Race, Sex, and the Freedom to Marry*: *Loving v. Virginia*（Lawrence: The University Press of Kansas, 2014）, 77.

8. Phyl Newbeck, *Virginia Hasn't Always Been for Lovers*: *Interracial Marriage Bans and the Case of Richard and Mildred Loving*, Kindle Location 237.

9 同上，754–757。
10 *Racial Integrity Act of 1924*, *An Act to Preserve Racial Integrity*, http：//www2.vcdh. virginia.edu/lewisandclark/students/projects/monacans/Contemporary_Monacans/racial.html.
11 Phyl Newbeck, *Virginia Hasn't Always Been for Lovers：Interracial Marriage Bans and the Case of Richard and Mildred Loving*, 757–758.
12 同上，758–763。
13 同上，767。
14 Sheryll Cashin, *Loving：Interracial Intimacy in America and the Threat to White Supremacy*, 108.
15 同上，109。
16 Phyl Newbeck, *Virginia Hasn't Always Been for Lovers：Interracial Marriage Bans and the Case of Richard and Mildred Loving*, 201.
17 同上，239–242。
18 Peter Wallenstein, *Race, Sex, and the Freedom to Marry：Loving v. Virginia*, 62–67.
19 同上，83。
20 同上，84。
21 Phyl Newbeck, *Virginia Hasn't Always Been for Lovers：Interracial Marriage Bans and the Case of Richard and Mildred Loving*, 268.
22 同上，1803。
23 同上，1818–1819。
24 同上，1818–1819。
25 同上，1830–1842。
26 同上，1853–1879。
27 同上，1151–1182。
28 同上，1894–1895。
29 *Loving v. Virginia*, 388 U.S. 1, 3（1967）.
30 Phyl Newbeck, *Virginia Hasn't Always Been for Lovers：Interracial Marriage Bans*

and the Case of Richard and Mildred Loving, 1924–1955.
31 同上, 2078–2281。
32 Sheryll Cashin, *Loving : Interracial Intimacy in America and the Threat to White Supremacy*, 115.
33 Phyl Newbeck, *Virginia Hasn't Always Been for Lovers : Interracial Marriage Bans and the Case of Richard and Mildred Loving*, 2306–2321.
34 同上, 2454–2455。
35 *Obergefell v. Hodges*, 576 U.S. 644（2015）.
36 Peter Wallenstein, *Race, Sex, and the Freedom to Marry : Loving v. Virginia*, 129.
37 Phyl Newbeck, *Virginia Hasn't Always Been for Lovers : Interracial Marriage Bans and the Case of Richard and Mildred Loving*, 2347–2437.
38 同上, 2367–2442。
39 *Marbury v. Madison*, 5 U.S. 137（1803）.
40 Albert I. Gordon, *Intermarriage : Interfaith, Interracial, Interethnic*（Boston : Beacon Press, 1964）.
41 Phyl Newbeck, *Virginia Hasn't Always Been for Lovers : Interracial Marriage Bans and the Case of Richard and Mildred Loving*, 2401.
42 "The Couple That Rocked Courts", *Ebony*, September 1967, 78–86.
43 *Loving v. Virginia*, 388 U.S. 1, 12（1967）.
44 "The Couple That Rocked Courts", *Ebony*, September 1967, 78.
45 DeNeen L. Brown, "He Helped Make Legal History in Loving v. Virginia. At 80, He's Still Fighting for Justice", *The Washington Post*, December 10, 2016, https : //www.washingtonpost.com/local/he-helped-make-legal-history-in-loving-v-virginia-at-80-hes-still-practicing-law/2016/12/10/e796f8a4-b726-11e6-b8df-600bd9d38a02_story.html.
46 Jocelyn Y. Stewart, "She Won Battle to Legalize Interracial Marriage", *Los Angeles Times*, May 7, 2008, https : //www.latimes.com/archives/la-xpm-2008-may-07-me-loving7-story.html.

47　Dionne Walker, "The AP Interviewed Mildred Loving, Who Never Wanted Fame", Associated Press, June 12, 2017, https：//apnews.com/article/north-america-us-news-ap-top-news-courts-supreme-courts-a408f20638ef4f35bed71f5a73fadfbe.

48　Laurel Wamsley, "Bernard Cohen, Lawyer Who Argued Loving v. Virginia Case, Dies At 86", National Public Radio, October 16, 2020, https：//www.npr.org/2020/10/16/924747746/bernard-cohen-lawyer-who-argued-loving-v-virginia-case-dies-at-86.

49　Duncan Campbell, "Alabama Votes on Removing its Ban on Mixed Marriage", The Guardian, November 2, 2000, https：//www.theguardian.com/world/2000/nov/03/uselections2000.usa7.

50　Dave Singleton, "The Wrong Side of History：My Uncle's Supreme Court Stand Against Interracial Marriage", Salon, June 10, 2017, https：//www.salon.com/2017/06/10/the-wrong-side-of-history-my-uncles-stand-against-interracial-marriage-was-a-skeleton-in-my-familys-closet/.

51　"Robert McIlwaine, Figure in Court Fights over Race, Dies at 90", Richmond Times-Dispatch, February 25, 2015, https：//richmond.com/obituaries/featured/robert-mcilwaine-figure-in-court-fights-over-race-dies-at-90/article_2ddb9490-8ce4-5d0d-802a-f7ec3b53d6f6.html。

52　同上。

53　Dave Singleton, "The Wrong Side of History：My Uncle's Supreme Court Stand Against Interracial Marriage", Salon, June 10, 2017, https：//www.salon.com/2017/06/10/the-wrong-side-of-history-my-uncles-stand-against-interracial-marriage-was-a-skeleton-in-my-familys-closet/.

54　同上。

55　Obergefell v. Hodges, 576 U.S. 644（2015）.

56　Dave Singleton, "The Wrong Side of History：My Uncle's Supreme Court Stand Against Interracial Marriage", Salon, June 10, 2017, https：//www.salon.

com/2017/06/10/the-wrong-side-of-history-my-uncles-stand-against-interracial-marriage-was-a-skeleton-in-my-familys-closet/.

57 同上。
58 同上。
59 同上。

第六章 公道矫正法律

如果这些已经处于劣势的孩子被剥夺了教育机会，他们将会被永远贬到职业阶梯的最底层。如果州政府拒绝教育他们，即便将来国会立法大赦，也无法避免这些孩子中的很多将被他们以前的非法身份打上永远无法翻身的烙印。考虑到这种无法挽回的后果，这是一种特别严酷的惩罚——也许甚至是残忍的和不寻常的惩罚。

——联邦地区法院威廉·贾斯蒂斯法官

如果我是立法者的话，我不会选择拒绝向非法移民的孩子提供免费教育。除了同情心方面的考虑，从公立学校中赶走任何儿童造成的长远代价可能远超过教育他们的成本。但是，这不是本案的问题；从良善政策出发反对得克萨斯的立法选择固然有道理，却并不意味着得克萨斯的选择违反了《宪法》……《宪法》并没有为每种社会疾病提供药方，也没有赋予法官解决所有社会问题的使命。

——最高法院沃伦·伯格大法官

从《独立宣言》宣示人人平等，享有生命、自由和追求幸福的权利起，每一个政治宣言、每一条《宪法》修正案，都可被视为政府对国民的承诺。1868年，美国国会通过《宪法》第十四修正案，联邦政府承诺，为各州法律管辖范围内的所有人提供平等的法律保护，保证他们享有法律的正当程序。在此后百余年中，美国最高法院反复判定，所有生活在美国的人，包括非法移民，均享有《宪法》第十四修正案提供的正当程序保护。但在1982年之前，最高法院一直没有明确判决，非法移民也受法律的平等保护。

一 日出前开庭

泰勒（Tyler）是得克萨斯东北部的一座小城，玫瑰花种植是那里的传统产业，有"玫瑰之城"的美称。20世纪40至70年代，美国鲜花市场上超过一半的玫瑰花是由泰勒的花农供应。

自1969年起，詹姆斯·普莱勒（James Plyler）先生做了十年泰勒学区总监。在那之前，他做过中学老师和中学校长。1975年，得克萨斯州政府通过法律，不再为非法移民孩子的基础教育拨款，并授权各地学区向这类学生收取学费。法律生效的最初两年，有些学区没有执行，泰勒学区是其中之一。泰勒位于达拉斯（Dallas）以东不到100英里，非法移民不多，享受公立学校免费教育的非法移民子女占比很小。据统计，当时全学区16000名学生中，只有60名非法移民孩子。1977年，学区监事会决定执行新法，每学年向非法移民子女收取每人1000美元的学费。

1977年8月末，新学年开学。罗萨里奥·罗布莱斯（Rosario Robles）领着她的五个孩子去鲍纳小学上学。校长请她出示孩子的出生证明，按照得克萨斯州两年前通过的法律，有合法证件的孩子才能免费入学，否则必须交1000美元学费。罗萨里奥拿不出孩子的出生证明——她跟孩子都出生在墨西哥。校长说，根据州法律和学区监事会的政策，她的孩子不能上学了。校长开车把她和孩子送回家。罗萨里奥的丈夫名叫何塞，在一家管道厂打工。他们没有钱，交不起五个孩子的5000美元学费。何塞找到当地的天主教私立学校，请求让孩子在那里上学，他周末义务为学校收拾院子，但学校只有能力免除一个孩子的学费。[1]

那天，同样被拒绝入学的还有利迪娅（Lidia）和何塞·洛佩斯（Jose Lopez）家的孩子。几年前，何塞·洛佩斯从墨西哥穿越边境，进入得克萨斯，在泰勒找到种玫瑰花的工作，利迪娅随后带孩子来团聚。四个孩子除了上学，也在苗圃做帮手。[2]

第一代墨西哥非法移民大多是天主教徒，他们在美国举目无亲，又没有钱，政府和法律也不站在他们一边，遇到难处，天主教慈善机构往往是他们唯一可求助的地方。天主教会的一些下属组织专门安排社工为他们提供帮助，迈克尔·麦克安德鲁（Michael McAndrew）就是这样一位社工。跟罗布莱斯家一样，洛佩斯夫妇没有钱给孩子交学费，于是向麦克安德鲁求助。麦克安德鲁希望联合更多家长提起集体诉讼，但大部分家长不愿出头，担心会因此被递解出境。最终，只有罗布莱斯和洛佩斯等四户家庭愿意加入诉讼。麦克安德鲁为他们联系了在泰勒开业的律师拉里·戴夫斯（Larry Daves）。戴夫斯律师热心公益，但缺少打这类官司的经验。麦克安德鲁等人又请到"墨西哥裔美国人法律辩护基金"的专职律师彼得·鲁斯（Peter Roos）。自此，戴夫斯跟鲁斯搭档，开始了漫长的诉讼过程。[3]

第六章　公道矫正法律　149

在正式提起诉讼前,戴夫斯律师对这四个家庭的父母说,这种官司要经过好几级法院,即便最终打赢了,也会历时好多年,而且在诉讼期间,他们会随时面临被递解出境的风险。四对父母表示理解打官司可能带来的后果。多年以后,戴夫斯律师回忆说:"他们头脑中没有要改变世界的想法。他们只是想让孩子得到基础教育,在人生中能有个公平机会。"但出头当这种官司的原告并不是件轻而易举的事,要承受很大压力,甚至做出重大牺牲:"你必须有非凡的意志,真心想站出来,面对体制,让自己暴露在诉讼中将暴露出的一切因素中。当然,除了这些,在本案中,他们还要担心被递解出境。"[4]

戴夫斯和鲁斯律师在位于泰勒的得克萨斯东区联邦地区法院提起诉讼,把学区总监詹姆斯·普莱勒先生列为被告。负责审理这起案件的是威廉·贾斯蒂斯(William Justice)法官。贾斯蒂斯是土生土长的得克萨斯人,他出生的小镇离泰勒只有几十英里。贾斯蒂斯从得克萨斯大学法学院毕业那年,珍珠港事件爆发,他加入陆军,服役四年。战争结束后,他回到家乡做律师。1968年,他被林登·约翰逊总统任命为联邦地区法院法官。普莱勒案听审在即,贾斯蒂斯法官告诉几位原告家长,如果联邦政府要把他们递解出境,作为法官,他没有权力禁止政府那么做,但作为法官,他可以允许他们匿名起诉,在法庭文件中不披露他们的姓名。不过,如果联邦执法部门要求法院交出他们的身份,法官无权拒绝。为了尽量降低媒体曝光机会,减少原告家长和孩子在开庭时被拘捕的风险,贾斯蒂斯法官把第一次开庭时间安排在日出前的6点钟。[5]

9月9日黎明,洛佩斯夫妇把稍微值点钱的家当收拾到旧汽车里，拉着四个孩子去法庭。如果在法庭被政府执法人员抓了，他们打算当场认罪，开车回墨西哥。另外三家原告也做了同样的打算，拉着家当和孩子前往法庭。在赶赴法院的四家人中，有位9岁的女孩子，名叫劳拉·阿尔瓦雷斯（Laura Alvarez）。她父亲在泰勒的一家肉联厂做工。那个9月的黎明，母亲把她从睡梦中叫醒，穿上衣服，跟弟弟妹妹上了家里的旧汽车，坐在后座。父亲开车刚出门，就被警察拦住。劳拉在半睡半醒中听到，警察问他们去哪里，他父亲用生疏的英语说去法院。然后，车子重新启动，警车为他们开道，开到法院大楼的时候，天还没亮。劳拉一家被人带着，匆匆忙忙从后门进入法院。[6]

9岁的劳拉是这起诉讼的原告之一。为了避免暴露身份，被递解出境，法庭文件隐去了她的名字，以"L. Loe"代替。一群跟劳拉年龄差不多的男孩子、女孩子陆续跟家长从后门进入法庭，安静地坐在长凳上。40年后，劳拉看上去已经跟其他得克萨斯长大的妇女没有区别，她讲话像很多南方妇女一样轻声细语，有浓浓的得克萨斯口音。她对美国公共媒体（American Public Media）说："我记得坐在那里，什么也听不懂，只是呆坐在那里。"戴夫斯律师看着他代理的客户——一群不到10岁的孩子，在法院的长凳上坐成一排。"他们真安静，都是些让人疼爱的孩子。"天还没有亮，孩子们出奇地安静，有的还在瞌睡，往常这个时间，他们仍然在睡梦中。[7]

得克萨斯州政府指派一名女助理检察长出庭。她穿着牛仔裤，请贾斯蒂斯法官原谅她穿便装出庭，说昨晚从首府奥斯汀（Austin）飞到泰勒，航空公司把行李弄丢了，出庭的制服都在行李箱中。戴

第六章 公道矫正法律 151

夫斯律师请求法院叫停泰勒学区驱逐学童的做法，在起诉过程中，允许失学的孩子回校上课。贾斯蒂斯法官接受了戴夫斯律师的请求，责令学区暂停执行州政府的法律，在案件候审期间，先让孩子复学，并勒令州政府按实际学生人数给泰勒学区拨款。法庭长凳上的那十几名孩子又回到了学校。那个黎明是他们唯一一次出庭。在那以后，这场官司持续了五年，但都是大人们的事情了。[8]

1977年12月，法院开庭审理普莱勒案。作为学区总监，普莱勒被传唤做证。他讲述了泰勒学区监事会决策的来龙去脉：一开始，学区监事会没打算执行州政府从公立学校驱逐非法移民子女的法律，但州内的学区开始陆续执行该项法律，一些非法移民为了让孩子上学，搬迁到没有执行的学区。泰勒学区担心成为吸引非法移民的磁石，学区监事会遂决定要求非法移民父母为每个孩子交1000美元学费，以阻遏非法移民涌入。普莱勒说："我可能心肠比较软，关心这些孩子，不愿因为他们父母的行为惩罚他们……但我们不是富裕学区，没有能力供每个州政府不给拨款的孩子上学。"[9]

在普莱勒案中，戴夫斯和鲁斯律师主要依据第十四修正案的平等保护条款起诉。第十四修正案的平等保护条款和正当程序条款是美国的传统弱势群体争取权益的两道法律护身符。历史上，少数族裔和妇女争取平权的诉讼几乎都是依据这两个条款。在普莱勒案之前，联邦法院曾经判决，非法移民享有《宪法》第十四修正案正当程序条款的保护。但非法移民是否也享有第十四修正案规定的法律的平等保护呢？联邦法院此前还没有对这一问题做出明确判决。戴夫斯和鲁斯律师认为，根据第十四修正案的立法意图和原文表述，非法移民享有平等保护条款的保护。州政府则认为，第十四修正案平等保护条款不适用于非法移民。[10]

二 无辜的孩子

1978年9月14日，贾斯蒂斯法官宣判普莱勒案，判决得克萨斯州从公立学校驱逐非法移民子女或要求公立中小学的非法移民子女交学费的法律，违反《宪法》第十四修正案的平等保护条款。贾斯蒂斯法官认为，按照第十四修正案的语言，一个人，不管移民身份如何，只要在一个州法律的管辖范围内，就受法律的平等保护。

美国《宪法》没有把教育作为基本权利，但内战结束时，美国已经有28个州的政府向居民提供免费公立基础教育。当时，美国共有32个州，得克萨斯是其中之一。按照1869年的得克萨斯宪法，州政府向所有居民提供免费公立教育，并没有提及居民身份是否合法。直到106年后，1975年，得克萨斯州议会修法，把非法移民排除在免费公立教育之外。[11]

按照最高法院确立的司法审核标准，如果政府侵犯了民众的基本权利，法院对政府的行为和立法必须严加审核。但因为《宪法》没有明确规定教育是基本权利，法院的审核标准相应降低，只需要看政府的行为和立法是否有合理基础。贾斯蒂斯法官认为，得克萨斯州政府把非法移民的孩子赶出学校，没有合理基础，因而判决违宪。判决后，贾斯蒂斯法官收到了一束鲜花，也收到了写满仇恨言论的信件，其中有人在信中建议贾斯蒂斯法官移民到墨西哥。[12]

在判决书中，贾斯蒂斯法官引用最高法院在"韦伯诉艾特纳案"（*Weber v. Aetna*）中的判决，指出用惩罚孩子的办法惩罚他们父母的过错，或威吓他们的父母，"既不合逻辑，也不合公道……既没有效果，也无正义可言"[13]。贾斯蒂斯法官也引述了联邦上诉法院的"圣安诉帕利斯案"（*St. Ann v. Palisi*）。在那起案件中，一名学生家长跟助理校长发生争执，一怒之下，朝助理校长脸上打了一拳。施暴家长被起诉后认罪，学校勒令她两个上学的孩子无限期停学。路易斯安那州法律允许学校勒令家长有不良行为的学生停学。那名家长上告。联邦上诉法院推翻了学校的决定，强调法律上的罪责只属于个人，不能因为家长的犯罪而惩罚孩子。联邦上诉法院判定路易斯安那州法律违反第十四修正案的正当程序条款。[14]

根据美国最高法院和联邦上诉法院的判例，贾斯蒂斯法官认为，不可否认，非法移民的孩子没有合法身份，可以被联邦执法部门递解出境，但父母把他们带进美国，导致他们的身份非法，他们在道德上对自己的非法身份没有责任。"他们被带进美国的时候很多还是婴儿，他们也没有参与父母的移民决定，是故，不能让他们承担额外的义务和惩罚。"[15]

在判决书中，贾斯蒂斯法官尤其指出得克萨斯这项法律将会造成的不良后果："因为贫困、不懂英语，还有不可否认的种族偏见，这些孩子已经身陷逆境，如果不能接受教育，他们将永远被锁定在社会—经济的最底层。"贾斯蒂斯法官批评得克萨斯州撒手让各地依赖房产税办基础教育的政策，在富裕地区，税源充足，学区有足够资金办学，但是在贫困地区，房产价值低廉，税收不足，学区缺钱，基础教育投入严重不足。在得克萨斯毗邻墨西哥的边境地区，非法移民的孩子也只占学区学生总数的很小一部分，但因为那里大都是贫困地区，学校投资本来就捉襟见肘，依赖州政府拨款，州政府反倒以缩减投资的方式挤压本来已经贫困的学区。他指出，两个不幸的现实导致州政府通过这种不解决问题却雪上加霜的法律："非法移民的孩子没有明确的法律保护，拿他们开刀不会广泛引起政治舆论哗然。"[16]

得克萨斯州政府上诉，联邦上诉法院维持贾斯蒂斯法官的原判。州政府上诉到美国最高法院。

与此同时，围绕非法移民子女教育，得克萨斯各地发起了十几起诉讼。一些雄心勃勃的年轻律师加入这场诉讼潮流，几家知名的民权法律组织开始提供人力物力援助。一些法律援助机构要求戴夫斯把普莱勒案合并到他们正在进行的诉讼中，被戴夫斯拒绝。他认为，应当集中精力主攻普莱勒案的第十四修正案平等保护问题。在此后两年中，位于休斯敦的得克萨斯南区联邦法院把十几起相关案件合在一起审理，主持审判的是伍德罗·西尔斯（Woodrow Seals）法官。他跟贾斯蒂斯法官有些类似的经历，参加过二战，在得克萨斯受法学教育，被约翰逊总统任命为联邦地区法院法官。但他的审案风格跟贾斯蒂斯法官的审慎低调截然不同。他主持的那场热闹非凡的庭审持续了近六个星期，引起了媒体的高度关注。西尔斯法官允许原告和被告在法庭上出示五花八门的证据，法庭辩论的议题不仅包括得克萨斯从公立学校驱逐非法移民子女的法律，而且涉及移民史、学校课程设置、得克萨斯历史，甚至英语诗歌。州政府的律师班子士气低落。负责为州政府辩护的州助理检察长苏珊·达舍（Susan Dasher）事后承认，她不得不为这项"糟糕透顶的法律辩护"。[17]

审判过程揭示出，得克萨斯州从公立学校驱逐非法移民孩子的立法没有经过州议会辩论，也没有事先公布，征求民众意见，甚至没有正式记名投票，而是在州议会闭会前以议员口头表决的方式仓促通过，在州议会的档案中找不到相关辩论的立法程序。多年以后，一些议员承认，在表决时他们并不清楚这项法律的具体内容，更不知道会带来什么后果。法案在议会口头表决通过后，州长签字，变成了法律，等引发大量诉讼时，球已经被议员们踢到了州总检察长那里。仓促立法的荒唐后果逐渐呈现出来，令出庭辩护的州检察官头痛不已。在南区诉讼的原告中，有一位跟普莱勒案中9岁的劳拉·阿尔瓦雷斯年龄相仿的女童。西尔斯法官问她，失学以后怎么学习。她说在家看弟弟的作业。她弟弟在美国出生，是美国公民，可以留在学校读书；她自己出生在墨西哥，父母把她带到美国，是非法移民，被学校赶回了家。[18]

1980年7月21日，南区法院判决得克萨斯州政府从学校驱逐非法移民子女的法律违宪，判决书长达87页。西尔斯法官的办公室开始收到大量愤怒的电话和信件，指责他破坏美国法治，放任非法移民，将把美国变成墨西哥。西尔斯法官不仅在法庭上高调，而且在庭外也高调。他跟律师和检察官辩论，也跟媒体记者和慈善机构的人员辩论。他做出判决时，正值美国的大选年。加利福尼亚州长罗纳德·里根挑战在任总统吉米·卡特（Jimmy Carter）。做出判决不久，西尔斯法官在一封信中说："这些孩子还有很长的路要走……如果里根州长赢了大选，新任命四名最高法院大法官，不敢想我的判决最终命运如何。果真如此的话，那些孩子就没有机会了。"[19]州政府上诉到美国最高法院后，西尔斯法官的判决跟贾斯蒂斯法官的判决被合并到一起审理。

不久，里根州长赢了大选，成了里根总统，他任命了美国最高法院历史上第一位女大法官桑德拉·奥康纳（Sandra O'Connor）。1981年12月1日，最高法院就普莱勒案开庭辩论时，奥康纳是唯一一名由里根总统任命的大法官。九名大法官轮番询问代理非法移民学童的戴夫斯、鲁斯律师和代理得克萨斯州政府的助理检察长。其中，瑟古德·马歇尔大法官的问题最尖锐。

马歇尔大法官问约翰·哈代（John Hardy）助理检察长："得克萨斯能不能拒绝给非法移民消防保护？"哈代被问懵了，想确认自己没有听错："拒绝消防保护？"马歇尔大法官说："是的，先生。火。""哦，如果他们家着了火，他们家会受当地消防的保护，只是……""得克萨斯能不能通过法律，规定非法移民不享受消防保护？""我想不能。"马歇尔大法官追问："为什么不能？既然能这么干，为什么不能那么干？""因为……我觉得消防是应有的福利……马歇尔法官，让我想一想。你……这人……我也不知道。这问题太难了。""难道一个人的房子比他的孩子更重要？"哈代助理检察长无从回答。马歇尔大法官继续追问："得克萨斯能不能通过法律，让学校拒绝接受罪犯的孩子上学？"哈代说可以，但补充说，那样做违反《宪法》。马歇尔大法官说："我们讨论的是孩子问题。比如，有个孩子是杀人犯的儿子，他可以上学，但是一个不幸的移民的孩子却不能上学？"[20]

三天后，在九名大法官的闭门讨论中，马歇尔大法官也锋芒

第六章 公道矫正法律

毕露。首席大法官沃伦·伯格（Warren Burger）说："（非法移民）也是人，所以适用第十四修正案，但违法分子不享有平等保护。"马歇尔大法官说："孩子不是违法分子……平等保护就是平等保护。"讨论中，威廉·伦奎斯特（William Rehnquist）大法官称非法移民的孩子为"湿背"，那是民间对来自墨西哥非法移民的蔑称。因为墨西哥跟得克萨斯之间的边境是一条界河，从墨西哥偷渡到得克萨斯要从河中游过来，非法移民由此被称为"湿背"。马歇尔大法官表示不满。伦奎斯特大法官说，他之所以用这个俚语是因为这种说法在南方仍然很流行。马歇尔大法官反驳说，以前他这种人被称为"黑鬼"，这种俚语也很流行。[21]

九名大法官集体讨论的结果是，五名大法官表示应当维持地区法院的原判，四名大法官表示应当推翻。威廉·布伦南（William Brennan）大法官代表多数意见起草了判决书，他把非法移民的孩子作为历史上备受歧视的弱势群体，以便法院可以对得克萨斯的法律采取"严格审核"的标准。但刘易斯·鲍威尔（Lewis Powell）大法官不愿在意见书上签字。如果他不签字，就形不成维持原判所需要的多数。鲍威尔大法官不仅反对法院把基础教育作为基本权利，而且反对把非法移民作为《宪法》需要特殊保护的群体。他明确表示，他们一家三代都受益于良好的教育，知道教育在人生中的重要性，但不管多么重要，法院不能增加一项《宪法》中本来没有的基本权利。他主张判决书围绕儿童的教育问题展开，不能围绕第十四修正案对非法移民的平等保护问题。[22]

在普莱勒案之前十年，鲍威尔大法官曾判过一个涉及儿童的案子。在他代表最高法院多数起草的判决书中，对不幸儿童的关爱和同情溢于言表。为维护一对婚外出生的孩子的利益,他果断推翻了路易斯安那州法院的判决,废除了路易斯安那州歧视非婚生子女的法律。路易斯安那一名工人因工伤去世,他的未成年子女可以依法获得工伤赔偿。他的妻子常年住在精神病院,两人有四个孩子。出事时,他跟女友同居,生有一个孩子,另一个孩子在他去世后出生。按照路易斯安那州法律,婚内出生的孩子、合法领养的孩子和经法律手续承认的非婚生孩子优先领取父母的工伤赔偿,未经法律手续承认的非婚生孩子只能作为"其他家属",领取剩余的赔偿。在那个案子中,四名婚内孩子的外婆代他们领取了所有赔偿,两名婚外出生的孩子没有得到任何赔偿,他们的母亲告到法院,在路易斯安那州法院打输了官司,上诉到美国最高法院。[23]

在判决书中,鲍威尔大法官强调,法律不能因为父母的过错惩罚孩子:"把私生子女归入另类,体现了社会贬斥婚外不负责任的性关系的悠久传统。但用这种贬斥惩罚婴儿,既不合逻辑,也不合公道。而且,剥夺婚外孩子的法律资格有悖于我们制度的基本理念:法律负担要跟个人责任和过错相关联。显然,没有孩子能为自己的出生负责,用惩罚婚外出生的孩子来威吓父母,既没有效果,也无正义可言。法院无力保护这些不幸的孩子免受社会上的责难,但平等保护条款的确让我们能够废止针对他们身份的歧视性法律……"[24]那起判决获得八名大法官赞同,唯一的反对意见来自威廉·伦奎斯特大法官。

为了获得鲍威尔大法官的支持,布伦南大法官把普莱勒案的判决书修改了三遍,反复强调不能让孩子承担父母的过错,更不能用父母的过错惩罚孩子。他一再缩小判决适用的范围,在最后一稿中,明确讲教育不是一项基本权利,但又表示,教育不同于普通的政府福利。显然,这是妥协的结果。最高法院是一个司法判决部门,也是一个民主机构,九名大法官的简单多数构成法院的判决,大法官中的少数在判决后面附上反对意见。鲍威尔大法官决定在判决书上签字,称赞布伦南大法官的最后一稿"十分精彩,将进入每一本宪法教科书"[25]。

1982年6月15日,最高法院宣判普莱勒案,判决得克萨斯州从公立学校驱逐非法移民学童的法律违反美国《宪法》,予以废除。五位大法官支持判决结果,四位大法官反对,其中包括里根总统任命不久的奥康纳大法官。宣判第二天,《纽约时报》发表社论,认为5∶4的判决结果太悬了,如果再有一位大法官反对,这个判决就会成为"国家的耻辱";得克萨斯是个富裕州,心安理得地使用非法移民的劳动,却剥夺他们孩子的教育,放弃基本的责任,"令人无法容忍"。[26]最高法院的普莱勒案判决在此后的40年中,保护了数以百万计的非法移民孩子,使他们能够接受公立基础教育,融入美国社会,很多人因此获得进入大学的机会。2011年5月,得克萨斯州长里克·佩里(Rick Perry)签署法案,允许非法移民子女被州立大学录取后,与得州合法居民的子女一样交州内优惠学费。

三 平等保护

最高法院的判决书围绕第十四修正案展开,阐述的第一个问题是，非法移民是否受到第十四修正案平等保护条款的保护。

第十四修正案第一款规定："不经正当程序，任何州不得剥夺任何人的生命、自由或财产；不得拒绝给予其法律管辖范围内任何人平等的法律保护。"[27]这就是法律界通称的正当程序条款和平等保护条款。最高法院在此前的判决中认为，非法移民受正当程序条款的保护，但对非法移民是否受平等保护条款的保护语焉不详。得克萨斯州政府认为，非法移民在得克萨斯没有合法身份，不属于第十四修正案讲的"其法律管辖范围内的人"，所以不受得克萨斯法律的平等保护。最高法院依据有关正当程序条款的判例，否定了这种辩护："我们拒绝这种论点。不管在《移民法》下是什么身份，在'人'这个词的通常意义上，一个外国人肯定是'人'。外国人，即使没有合法身份，在法律上早就被认定为'人'，受到《宪法》第五修正案和第十四修正案正当程序条款的保护。"[28]

最高法院引用的判例中包括近百年前三起华人发起的诉讼。第一起是1886年的"益和诉霍普金斯案"（*Yick Wo v. Hopkins*），第二起是1896年的"黄文诉美国案"（*Wong Wing v. United States*），第三起是1898年的"美国诉黄金德案"（*United States v. Wong Kim Ark*）。[29]在益和案中，最高法院引用第十四修正案第一款原文，认为"《宪法》第十四修正案并不局限于保护公民……这些条款普遍适用于地域管辖范围内的所有人，不以种族、肤色或国籍而有区别；而且，有了法律的平等保护，才能保障平等法律的保护"[30]。同样，在黄文诉美国案中，最高法院认为，第五修正案和第十四修正案的正当程序条款适用于所有人，不只适用于公民。在判决书的多数意见之外，斯蒂芬·菲尔德（Stephen

Field）大法官专门附上单独意见，澄清正当程序条款中"人"的含义："第五修正案中使用的'人'这个词，宽泛到包括美国管辖范围内的任何人、所有人。出生在国外的居民享有公民所享有的同样的法律保护。他有义务服从居住国的法律，顺理成章，他也受那些法律的平等保护。"[31]

在1898年判决的美国诉黄金德案中，最高法院分析了第十四修正案的第一句话："所有在美国出生或归化并受美国管辖的人都是美国公民。"在分析中，法院认为，"受美国管辖"和"在美国管辖范围内"是同义：其他国家的公民或臣民居住在美国，即服从美国的法律并受美国法律的保护。[32]所以，按照最高法院的判例，"受美国管辖的"不局限于美国公民，而是居住在美国的所有人，这里的"管辖范围"主要是地理意义上的，并没有跟公民身份挂钩。第十四修正案的立法目的就是限制各州的权力，不允许州政府利用"在其管辖范围内"这种表述把人分成三六九等，把少数群体的人排除在"管辖范围"以外，以便"合法"地拒绝给予他们法律保护。如果州政府这样做，等于推卸对区域管辖范围内的居民平等保护的责任。"平等保护条款恰恰是要废除一切基于种姓和令人厌恶的基于社会等级的立法。"[33]

在普莱勒案中，最高法院回顾了第十四修正案的立法历史，认为当时国会围绕第十四修正案立法的辩论清楚地表明，在条文中加上"管辖范围内"的短语，目的在于把各州边界之内的所有人都纳入法律平等保护的范围，规定了各州法律做出相应保护的职责。国会用"管辖范围内的人"，而不用"管辖范围内的公民"，在用词上明确界定了第十四修正案保护的对象不只是公民，而且包括居住在各州的外国人。对此，最高法院特别引述了约翰·宾厄姆（John Bingham）众议员的辩论，当初他在国会的提案是第十四修正案的雏形。[34]

约翰·宾厄姆被史学家称为"第十四修正案之父"，最高法院大法官雨果·布莱克则称他为"第十四修正案的詹姆斯·麦迪逊"。詹姆斯·麦迪逊（James Madison）是美国的国父之一，1789年向国会提交"权利法案"，两年后"权利法案"变成美国《宪法》的第一到第十修正案，言论、结社、集会、信仰等自由以及正当程序等正式成为公民的宪法权利。在这个意义上讲，詹姆斯·麦迪逊可谓美国宪法修正案之父。而布莱克法官称宾厄姆为"第十四修正案的詹姆斯·麦迪逊"。第十四修正案跟第一到第十修正案一样，对内战后的美国历史产生了举足轻重的影响。[35]

美国《宪法》的前十条修正案被俗称为"权利法案"，是美国建国时期的里程碑式立法。美国内战被史学家称为"第二次建国"，导致的核心立法是第十四修正案。[36]内战后，虽然南方战败，奴隶制度被《宪法》第十三修正案废除，但落实《宪法》保护的公民权利仍然面临严峻挑战。在法律上，奴隶成了自由人，但任何人都不可能生活在真空的法律条文世界，每个人的权利要得到保障，必须仰赖生活世界的具体法规、行政执法和法院司法。如果只是在《宪法》层面废除了奴隶制，但在具体法规和执行方面没有进展，《宪法》条文就会流于空谈。这种情况在内战结束后的南方各州普遍存在，奴隶制被《宪法》废除了，但南方各州在政治、法律和社会生活的很多方面仍然沿袭奴隶制时代的做法，奴隶制时代养成的执法习惯和地方法院的司法传统更是根深蒂固。在法律层面，南方各州认为，奴隶制时代流传下来的习惯做法和规避第十三修正案的各种州议会立法都在《宪法》保障的州政府权限内。

针对这种上有《宪法》、下有土政策的情况，国会启动了增加新的《宪法》修正案的程序，为南方各州黑人提供平等的法律保障，禁止州政府未经正当程序就剥夺他们的生命、自由和财产。这就是第十四修正案的立法目的。一言以蔽之，第十四修正案是一条保障平等权利的法案——不只是一部分公民有生命、自由和财产权利，而是所有公民都享有这些权利；不只是公民享有生命、自由和财产权利，而是所有受美国法律管辖的人，包括各州管辖范围内的外国人，不论什么移民身份，都享有这些权利。宾厄姆众议员在国会的辩论清楚表明了这一点。他强调，所有人——无论是公民，还是异乡人，只要在各州的地界之内，就应当在生命、自由和财产权方面享有法律的平等保护，只有这样，统一的政府和团结一致的人民才有保障。[37]

对第十四修正案立法起了关键作用的参议员雅各布·霍华德（Jacob Howard）讲得更清楚："修正案第一段的最后两条不但禁止各州不经正当程序剥夺公民的生命、自由和财产权，或拒绝给予法律的平等保护，而且禁止各州剥夺任何人——不管是谁——享有这些权利。这废除了各州的所有等级制立法，避免了把人分成三六九等，按人的身份和地位执行法律的不正义做法。"在国会辩论中，霍华德参议员强调，第十四修正案将"让任何州永远没有权力侵犯美国公民和碰巧在各州境内的所有人享有的权利和待遇"[38]。

基于以上对立法历史的追溯,最高法院认为,第十四修正案的平等保护条款使用"管辖范围内"这一短语,不是为了淡化,而是为了强调法律对所有人的保护——任何人,无论他的身份、地位、种族、国家来源等背景,只要在一个州的地界上,就要受到那个州法律的平等保护。所以,"即便一个人最初进入州内或进入美国时没有合法身份,即便他可以因此被递解出境,一个简单的事实也无法否认:他在州的地界上。基于这样一个事实,他有完全遵守本州的民事和刑事法律的义务。直到他离开所在州——或者自愿离开,或者依照美国《宪法》和法律被递解出境,他都享有所在州法律的平等保护"[39]。

非法移民享有《宪法》第十四修正案中规定的法律的平等保护,但这只是法院解决非法移民子女入学面临的法律问题的理论前奏。一个更具体,也是更难解决的问题是,州政府不为非法移民子女教育拨款是否违反了第十四修正案的平等保护条款。

美国内战后的三个《宪法》修正案,从第十三到第十五,都是针对奴隶制留下的后遗症,主要是种族问题,但对美国社会的影响很快超出奴隶制和种族问题范围。尤其是第十四修正案。奴隶制是不平等的极端形态,种族只是不平等的原因和表现方式之一,阶层、收入、出身、性别、宗教、国家来源等也可以成为不平等的原因和表现。第十四修正案保证所有在美国法律管辖范围内的人享有法律的平等保护,这是国会扩大《宪法》适用范围的结果,传统上被歧视和受不平等对待的人群至少在《宪法》条文上获得了跟社会强势阶层同样的权利。

第六章 公道矫正法律　　165

第十四修正案既保护强者，也保护弱者，保障所有人受到法律的平等对待。在各个时代，不仅弱势群体依据第十四修正案的平等保护条款打官司，保护自己的利益和权利，而且强势群体也发起了无数起第十四修正案诉讼。比如，2000年大选，乔治·布什（George W. Bush）和艾伯特·戈尔（Albert Gore）就选举结果发生争议，前者就是依据第十四修正案的平等保护条款起诉的。[40] 2020年大选，唐纳德·特朗普指控选举舞弊，发起了60余起诉讼，主要依据也是第十四修正案的平等保护条款。[41]

四 "文盲是终身残疾"

第十四修正案的语言比较宽泛，给了最高法院广阔的解释空间。同样的问题，在不同时代，可以有不同的解释。比如，在19世纪末，最高法院认为种族隔离也可以是平等的，种族隔离本身并不违反第十四修正案的平等保护条款，但二战以后，最高法院认为隔离不可能平等，种族隔离本身就违反了第十四修正案的平等保护条款。[42] 同样，在19世纪下半叶，最高法院认为各州禁止妇女投票不违反第十四修正案的平等保护条款，但如今即使是最保守的大法官也不会支持那种判决。[43] 第十四修正案的平等保护条款适用的边界并非一成不变。

问题在于，立法可以笼统，但法院审理案件需要把法律运用到具体事实上，必须对法律做出具体解释。在不同时代的不同案件中，法院根据不同事实往往做出不同解释。比如，最高法院认为，平等保护要求同等对待所有情况差不多的人，至于具体什么情况，或者相差小到什么程度才需要同等对待，法院仍然必须根据具体案情做出判断。[44]但在法律实践中，很多情况下，政府不可能做到丝毫不差地对待所有情况差不多的人。所以，法院又主张，第十四修正案的平等保护条款并不要求政府同等对待所有人。[45]如何把握这种度，在立法和司法中都是个令人头疼的问题。法院判决往往只是提供原则性的标准。比如，如果政府实行的法律和政策导致不平等结果，就要看政策目标和实现目标的手段是否合理，出现的不平等现象是不是用合理手段实现合理目标不可避免的副产品。

换言之，第十四修正案不是让法官吹毛求疵，充当议会立法和行政执法的审查员，而是为了确保议会立法和行政执法不违反基本的宪法原则。不过，即使是某项法律导致不平等，不平等的程度也会有所不同，立法者的目的和做法也不一样，法院必须区别对待。因此，法院又对审理第十四修正案相关诉讼的司法标准进一步细分。如果属于侵犯宪法基本权利的情况，比如某项法律妨碍公民的选举权，法院要用"严格审核"的标准。按照"严格审核"标准，判决违宪的门槛很低。如果法律把人按照种族、性别等特征分成三六九等，区别对待，法院称这种做法是"可疑的分类"，也适用"严格审核"标准。对于不涉及侵犯基本宪法权利和可疑分类的案子，法院一般要看这种立法是否有合理的基础。[46]

那么，法院在审理涉及非法移民子女教育的案件中，应该具体采用哪种标准呢？这首先要看享受基础教育是不是非法移民子女的基本权利，还要看在基础教育领域把非法移民子女单列一类是不是涉及"可疑的分类"。美国在南部边境执行《移民

第六章　公道矫正法律　167

法》松散；因为平均生活水平和工资比墨西哥高，很多拉丁美洲的居民未经许可穿越边境进入美国。在普莱勒案时代，美国政府估计在境内居住的这类非法移民有300万到600万。他们没有合法身份，从法律上讲，可以随时被遣返，但美国政府既没有能力也没有意愿大量遣返非法移民，他们中的大部分注定会留下来，长期在美国生活，形成一个庞大的"影子人口"。因为他们长期处于法律的阴影中，形成美国人口中的一个事实上的"贱民阶层"：没有合法身份，只能从事低收入的简单工作，子女教育水准低，下一代面临重复父母辈的命运。法院认为，"对以坚持法律平等原则为骄傲的国家来说，这个底层人群呈现出一些最大的难题"[47]。

按最高法院此前的判决，公立教育不属于《宪法》提供的基本权利。像言论自由、宗教自由等，在《宪法》中有明文规定，属于宪法基本权利，但《宪法》没有讲教育权。虽然美国内战后，公立基础教育在各州逐渐普及，但最高法院多数大法官并不认为这是一项基本权利。[48]在普莱勒案中，最高法院也不认为法律把非法移民单列一类，属于区别对待的"可疑的分类"。外国人不经允许进入美国，本身就是一种非法行为。在法律上，把有这种非法行为的人归入一类区别对待，属于合理的政府行为，跟把人按照种族或性别区别对待不属于一种情况。所以，最高法院认为，非法移民子女入学案不适用"严格审核"的标准，法院只需要审核州政府的这项法律是不是有合理的基础。[49]

不过，最高法院同时强调，非法移民的孩子是这个非法移民群体中的特殊成员。他们的父母非法进入美国，属于自愿行为，但婴儿和孩童没有成年人的意愿和能力，被父母带进美国，法律不能把他们的非法身份当成他们主动犯罪的结果。跟贾斯蒂斯法官在联邦地区法院的判决一样，布伦南大法官在最高法院的判决中也引用韦伯诉艾特纳案的论述：孩子没有能力为父母的行为负责，父母犯错，法律惩罚孩子，既违反美国法律中责任与罪责相符的原则，也违反公道原则。得克萨斯政府的法律针对非法移民的孩子，这些孩子的非法身份不是他们自己能主动决定的，而是他们父母非法行为的结果。最高法院认为，得克萨斯州惩罚孩子的做法不合理，在法律上没有合理基础。[50]

法律惩罚无辜，有违公道原则，既不符合宪法精神，也有悖于普通法的悠久传统。除此之外，布伦南大法官在判决书中还强调，让儿童失学将导致难以挽回的后果，让社会付出沉重代价。他引述1923年的梅耶诉内布拉斯加案，指出："美国人民一直把教育和获取知识作为最重要的事务。"[51]从个人角度讲，剥夺儿童的教育将给他们造成终生无法弥补的负面影响；从宏观角度讲，基础教育对维护民主制度、传承民主价值的重要性，不言而喻。基于这种认识，最高法院认为，虽然州政府有权立法限制非法移民享有的福利，比如低收入医保等，但儿童教育不同于一般的福利，它不仅影响儿童的当下，而且影响儿童的一生；失学不仅让儿童和家长付出人生代价，而且让国家付出更大的社会代价。

早在1972年，最高法院在一项判决中就认为："如果我们要维护自由和独立，一定程度的教育对培养公民有效、明智地参与我们开放的政治系统，必不可少。"[52]一个人受到良好的教育，收入会增加，个人生活质量会提高。但从中受益的不只是个人，还有整个社会。所以,尽管在最高法院看来,公立教育不是基本权利,但"对维护健康的社会机体发挥了基本的作用。如果法律把一个群体挑出来,剥夺他们吸收价值观和获得谋生技能的渠道——这是我们的社会秩序的基础——我们不能无视国家将为此付出的巨大代价"[53]。第十四修正案的立法目的之一就是废除政府为个人发展设置的不合理障碍。教育培养人的自立、自主、自足能力,"剥夺一个不被社会待见的群体的孩子的教育,等于关闭了他们阶层上升、向主流看齐的通道"。最高法院进一步把文盲定义为一种残疾:"文盲是终身残疾。"[54]

基于以上考虑,最高法院认为,在审核涉及儿童公立教育问题的案件时,除了要运用法院抽象的审核标准,还要考虑剥夺基础教育给儿童造成的终生伤害和国家要为此付出的代价。如前所述,公立教育不是一项基本权利,非法移民在法律上也不是一种"可疑的分类",所以,法院不能采用"严格审核"标准,得克萨斯州政府不需要提供压倒性理由为公立学校拒收非法移民学童的法律辩护,只需要证明这项法律有合理的基础。但因为公立教育不同于一般福利,儿童失学会导致文盲这种终身残疾,国家要为此付出巨大代价,所以,得克萨斯州在申辩这项法律有合理基础时,必须提供证据证明从这项法律得到的短期利益将超过儿童失学造成的长期损失和国家为此付出的代价。

得克萨斯州政府的律师辩护说,州政府的教育资源有限,需要把有限资源用在合法居民身上。最高法院认为,不给非法移民的孩子拨款,得克萨斯州会节省一小笔开支,但跟国家为将来的文盲付出的代价和儿童长大后的损失相比,州政府节省的开支微不足道。而且，非法移民的子女长大后会流动，不会只待在得克萨斯，如果他们小时候失学，造成的问题不会只限于得克萨斯，也会影响其他州，进而影响整个美国。从这些角度考虑，最高法院认为，得克萨斯州政府的这项法律对个人和国家造成的长期损害，远大于州政府节省开支的短期利益，没有合理基础，因而违反第十四修正案的平等保护条款。[55]

五 制造"低端阶层"

在布伦南大法官的多数意见之外，支持判决结果的另外四位大法官分别撰写了赞同意见，各自强调不同的赞同理由。换言之，他们赞同判决结果，但赞同的理由跟布伦南大法官代表最高法院多数撰写的判决书并不完全一致。

瑟古德·马歇尔大法官坚持一向的主张，认为个人享有公立基础教育是一项基本权利，这不同于最高法院多数大法官的观点。在他看来，虽然《宪法》没有明确规定受教育权，但教育在美国社会中具有特殊地位，跟美国最重要的宪政价值不可分割。他反对把僵化的司法审核标准用在涉及儿童教育的平等保护条款案件上，认为必须考虑这类问题的重要程度和失学对儿童一生造成的不可挽回的损失，灵活运用司法审核标准。基于这种理由，马歇尔大法官主张，政府拒绝向某个群体提供公立教育本身就违反了第十四修正案的平等保护条款，不需要再去分析这种做法有没有合理基础。[56]

在赞同意见中，哈里·布莱克门（Harry Blackmun）大法

第六章 公道矫正法律　171

官建议调整法院以是否涉及基本权利来界定"严格审核"标准适用范围的做法。他首先回顾了最高法院法官在解释和适用第十四修正案平等保护条款时的不同意见。其中主流意见认为，一旦联邦法律或州法律涉嫌侵犯一项基本权利，法院将采用"严格审核"标准，要求政府必须有"压倒性利益"，才能把实施涉嫌侵权的法律正当化。布莱克门大法官警告，这种做法有让法院变成立法机构之嫌。他引用约翰·哈伦大法官在1969年做出的一个判决："几乎每项政府立法都会影响重要的权利……如果在这些权利受到影响的所有案件中都应用'压倒性利益'的规则，将会把最高法院变成一个'超级立法机构'。"[57]另一种意见认为，政府的立法一旦侵犯基本的宪法权利，本身就是违宪，根本不需要再用第十四修正案平等保护条款严格审核；跟这类法律的立法目的无关，也跟这类法律是否出于可疑的目的把人分为三六九等无关。[58]一种更激进的意见是完全反对从是否侵犯基本权利这个角度分析平等保护条款，认为侵犯的不管是基本权利还是其他权利，都违反法律的平等原则。

为了避免最高法院变成"超级立法机构"，澄清基本权利的界限，1973年，最高法院试图给"基本权利"下一个清晰的定义，主张基本权利就是"《宪法》明确保证或隐含的权利"。[59]根据这一定义，法院在适用审核标准的时候，不再考虑政府立法涉嫌侵犯的权利是否重要或重要的程度，只看这项权利是否是《宪法》明文保证的，或者《宪法》条文中隐含的。这种做法考虑的一个基本原则是《宪法》的权力制衡原则。法院的权力是司法，不是立法；增加基本权利属于国会的权力范围，不属于法院的权力范围。"以保证法律平等保护的名义创造新的具体宪法权利超出了法院的权限。"[60]

在比较了各种意见之后，布莱克门大法官认为，最高法院1973年在"圣安东尼奥独立学区诉罗德里格斯案"（*San Autonio Independent School District v. Rodriguez*）中提供的方法最优：明确界定基本权利，避免把基本权利泛化，同时，如果政府立法侵犯《宪法》明文保证的或隐含的具体权利，不需要严格审核就可以基于第十四修正案或其他《宪法》条款判定违宪。另外，在政府立法不涉嫌侵犯基本宪法权利的情况下，即便涉嫌"可疑的分类"，把人群分为三六九等，给予不同对待，法院也不要轻易适用"严格审核"标准干涉立法机构的权限。

布莱克门大法官主张，某些利益或权利虽然在《宪法》中没有明确的保证，但在法院解释平等保护条款时有特殊地位。他以投票权为例，指出在州内选举中，"投票权本身并不是一项《宪法》保护的权利"。但对于涉嫌侵犯投票权的立法，最高法院应用"严格审核"标准，因为行使投票权是行使其他《宪法》保证的基本权利必不可少的——没有投票权，其他《宪法》明文保证的个人权利和政治权利都是空谈。[61]"换言之，投票权被给予特殊对待，用平等保护的术语讲，因为它是一种特殊权利：如果在政治进程中，有公民被赋予次等的参与权，他不可能有希望实现任何有意义的个人政治权利平等。如果有人被法律剥夺了投票权，等于从根本上被打入了二等社会地位。"[62]

布莱克门大法官把教育权和投票权相提并论："剥夺教育权类似于剥夺投票权，在某种意义上可以说，前者把人打入二等社会地位，后者把人置于永久的政治劣势。"[63]因此他主张，处理剥夺

第六章　公道矫正法律

儿童教育权的问题可以参照处理剥夺公民投票权的做法：教育权不是《宪法》明文保证的基本权利，但它是一种特殊权利，一旦被剥夺，不但违反平等理念，而且会造成极其严重的后果：失学儿童处于终生无法克服的竞争劣势，等于剥夺了他们上进的机会，人为制造了一个"低端阶层"。所以，儿童教育不同于其他政府福利，比如政府为低收入居民提供的免费医疗和廉价住房，政府有权就这些福利立法，只为公民和合法居民提供。但第十四修正案的平等保护条款不允许政府借助立法为国家制造劣等人口，把人为制造的身份和地位的不平等合法化和永久化。从这个角度讲，得克萨斯的法律既违反《宪法》，也不明智。[64]

除了第十四修正案和司法审核标准问题，布莱克门大法官也指出，《宪法》没有赋予得克萨斯州政府解释和执行《移民法》的权力——只有联邦政府有权解释和执行《移民法》，而得克萨斯州政府按移民身份把学童分类、剥夺非法移民子女教育的主要理由就是他们应该被递解出境。这种法律实际上是授权州政府代替联邦政府解释和执行《移民法》。所以，从联邦政府和州政府各自拥有的法律管辖权角度讲，得克萨斯政府也没有权力把非法移民的子女专门分为一类，拒绝向他们提供公立教育。[65]

在四位大法官分别写的赞同意见中，最引人瞩目的是刘易斯·鲍威尔大法官的意见。他试图走一条温和的中间路线，既反对法院扩展基本权利，也反对法院对政府制造不平等的法律采取放任态度。他强调，法院要重视个案的特殊性，重申他在韦伯诉艾特纳案判决中的意见，认为普莱勒案跟其他涉及平等保护条款的案件不同之处在于，非法移民学童是无辜的，他们没有主动违法，而是"各种处境相互作用的受害者"，但得克萨斯的法律却让他们承担父母违法的后果。鲍威尔大法官分析了导致他们这种处境的现实原因：美国跟墨西哥有2000英里的边境，执法松散，数百万非法移民被美国的工作机会吸引，穿越边境打工谋生。《宪法》赋予国会规范移民事务的权力，但国会没能有效地行使这种权力，没有尽到应尽的职责。他指出，一个不可否认的现实是，这些非法移民中的很多人会永远留在美国，成为事实上的各州居民，政府不能让他们的孩子成为文盲。[66]

无疑，非法移民学童没有合法身份。在这一点上，鲍威尔大法官把他们的处境跟他在1972年判的韦伯案中的非婚生孩子相比，认为州政府剥夺非法移民孩子的教育权跟剥夺非婚生子女的继承权的性质一样，都属于因为父母违法而惩罚孩子，既不合逻辑，也有失公道，更跟美国的制度和法律原则背道而驰。按照法律的正当性原则，有过错才有惩罚，惩罚无辜是一种法律不正义。鲍威尔大法官认可州政府在限制福利方面的立法权，支持州政府合法地把非法移民排除在本州合法居民享有的一些福利之外：非法移民违反法律在先，是主动进入非法状态，必须承担自己违法行为的后果。但他们的孩子影响不了他们的决定，所以，在非法移民中，未成年儿童是一个十分特殊的群体，不能把他们跟他们的父母一视同仁。在他们的教育问题上，更是如此：

> 本案中，法律把这个儿童群体列为另类，专门从其剥夺其他儿童都享有的教育机会，只是因为他们的身份。而他们被赋予这种法律身份又是因为他们的父母违法。这等于是把

第六章 公道矫正法律　　175

这些孩子专门拉出来,施以终生的惩罚和羞辱。这种立法分类有在未来公民和居民中制造一个"低端阶层"的危险,不符合第十四修正案的基本目标之一。在这类特殊情况下,法院可以适当地要求政府必须在立法中有实质性利益,而且政府采取的手段和这些利益之间必须有公平的和切实的联系。[67]

鲍威尔大法官并不否认,得克萨斯政府在规范教育拨款方面有实质性利益,但他认为,问题出在得克萨斯州政府采取的手段上:剥夺非法移民儿童的受教育权的手段跟维护州政府利益之间没有切实性联系。在此,鲍威尔大法官赞同布伦南大法官的判决意见,认为得克萨斯剥夺非法移民孩子的受教育权既节省不了多少教育支出,也提高不了教育质量,而且在现实中,大部分非法移民的孩子将来会成为美国公民和得克萨斯州的合法居民,制造一个文盲阶层,不但损害得克萨斯州的利益,而且损害美国的利益。教育水平越低,失业率和犯罪率越高,靠政府福利生活的情况也越多,得克萨斯的法律实际上是在制造这种状况。跟这种极为严重的后果相比,得克萨斯能节省下来的教育支出微不足道。[68]

六 "柏拉图式保护者"

有四名大法官反对普莱勒案的判决结果,沃伦·伯格首席大法官写了反对意见。他申明,得克萨斯这项法律无疑是不公平的,但纠正政府的不公平法律,不是法院的职责;法院的职责是审核政府的立法是否违宪,不是所有不公平的法律都违反《宪法》。"如果我们的工作是为国家制定社会政策，我会毫不犹豫地赞同，一个开化的社会剥夺任何儿童——包括非法移民的孩子——的基础教育都是荒谬的。我完全同意，容忍制造一个由语言不通的文盲组成的社会阶层，不但是愚蠢的，而且是错误的。但是，《宪法》并没有让我们做'柏拉图式保护者'，也没有授权我们因为一项法律不符合我们追求的社会政策标准，不'明智'或缺少'常识'，就废除这项法律。"如果法院这么做，等于为社会制定政策，显然侵犯了立法机构的权限，违反了《宪法》的权力分配原则。[69]

按照美国《宪法》，政府权力分为立法、行政和司法。在移民问题上，《宪法》赋予国会立法权，赋予联邦政府执法权，州政府没有权力禁止非法移民入境，也没有权力把管辖范围内的非法移民递解出境。按道理，联邦政府失职，控制非法移民不利，造成的额外教育成本应当由联邦政府承担，但事实上却变成各州政府和地方政府的财务负担。虽然伯格大法官没有明讲，把原告和他们的父母递解出境是解决本案诉讼的最终办法，但他的反对意见似乎假定，联邦政府本有能力确认非法移民的身份，并把他们递解出境，之所以没有这样做，是联邦政府选择性失职。[70]

伯格大法官并不否认，第十四修正案的平等保护条款适用于非法移民，但他不同意法院推翻得克萨斯州政府的立法，认为得克萨斯州政府有权在分配有限的教育资源时把非法移民和合法居民分开，予以不同对待。在他看来，这属于得克萨斯州政府的权限，并不违反《宪法》第十四修正案的平等保护条款。因为最高法院已经明确判决，教育不属于基本权利，把非法移民单列一类，区别对待，也不属于"可疑的分类"，但法院却"把一些似

第六章 公道矫正法律 177

乎是'可疑的类别'又似乎是基本权利的零碎拼凑在一起，编织出专门为这类案件中的事实量体裁衣的理论……如果要找一个法院毫无顾忌地以结果为导向的判决，本案是个典型"[71]。这无疑是在批评法院为了结果正义而放弃了司法判例、程序正义和宪法原则。

在长达12页的反对意见中，伯格大法官逐条批驳了法院的多数判决意见。首先，法院过于强调非法移民学童是无辜的，其非法身份是由他们的父母违法造成的，在自己的控制之外，所以，得克萨斯政府立法惩罚他们，值得法院按照第十四修正案给予特别关切。他尤其抨击鲍威尔大法官的意见：法律惩罚无辜儿童，本身就没有合理基础可言。在伯格大法官看来，从是否无辜的角度来分析问题没有法律依据。相反，第十四修正案的平等保护条款并不禁止立法把无法控制自己处境的人分类区别对待。他举例说，儿童对自己的健康状况、申请政府福利和在哪里居住等都没有控制能力，但州政府可以立法区别对待心理健康的儿童和有心理疾病的儿童，这种立法并不违反平等保护条款。"平等保护条款禁止武断和非理性的分类，禁止出于偏见和敌意的明目张胆的歧视，但它不是一个无所不包的'均衡器'，设计出来要铲除当事人无法'负责'的所有分类。"[72]

在本案中，伯格法官主张，虽然非法移民的孩子对自己的非法身份没有决定权，而是由他们父母的非法行为造成的，但得克萨斯的法律并不是基于这些孩子父母的非法身份不让他们上学，而是基于他们自己的非法身份。不管他们无辜不无辜，他们的身份都是非法的。得克萨斯不让他们上学，并不是因为他们的墨西哥血统，相反，按照第十四修正案，他们在美国出生的弟弟妹妹都是美国公民，享有得克萨斯的免费公立教育。显然，得克萨斯剥夺他们的受教育权不是因为他们的种族、血缘和国家来源，而是基于他们的非法身份。同样，有合法身份的孩子也决定不了自己住在哪个学区，但州政府有权立法禁止他们跨学区入学，事实上是禁止贫穷学区的孩子到富裕学区上学。在此前的圣安东尼奥独立学区案判决中，最高法院认为，州政府按学区区别对待学生的做法不违反《宪法》。[73]

伯格大法官强调，按照联邦法律，非法移民的孩子并不因为他们的无辜就免于被递解出境，或免于受到《移民法》的"惩罚"。法院也不认为联邦政府把他们递解出境不合理，或者违反第十四修正案的平等保护条款。非法移民孩子的非法身份并不取决于他们是"有罪还是无辜这种空洞的概念"，法院对他们的非法身份没有争议，州政府在立法对他们区别对待时也无须考虑他们是不是无辜。伯格大法官专门批驳布伦南和鲍威尔大法官把非法移民孩子跟私生子相提并论的做法，认为那种做法"极具误导性"。他认为，私生子是因为自己的出生而遭歧视，但得克萨斯州并没有因为非法移民孩子的出生而歧视他们，而是因为他们非法入境才把他们区别对待。换言之，在伯格大法官看来，私生子的无辜跟非法移民孩子的无辜在法律上不是同一种无辜。[74]

布伦南大法官代表最高法院撰写的判决书认为，尽管教育不是一种《宪法》保证的基本权利，但它不同于政府提供的一般福利。伯格大法官称这种说法"含糊其词"，也跟政府立法不允许非法移民的孩子享受免费教育的做法是否违宪无关。"法院在这个问题上的意见到底是什么意思，从未讲清楚。"在他看来，教育固然重要，但法院在此前的判决中曾反复申明，政府提供的一些服务不管有多重要，在运用第十四修正案时，都不能因为重要性本身而把享有这些政府服务变成基本权利。鲍威尔大法官在1973年判决的圣安东尼奥独立学区案中，也持这种主张。[75]伯格大法官引用那个判决，强调法院既没有权力，也没有能力行使立法功能，"但法院今天恰恰是在做这种事"[76]。这无疑是暗示鲍威尔大法官在两个案件判决中的意见自相矛盾。

在阐明教育不是基本权利以及把非法移民的孩子区别对待不属于"可疑的分类"之后，伯格大法官认为，法院只需要看得克萨斯法律采用的手段跟要达到的政策目标之间是不是有合理的关联。不言而喻，州政府能支配的公立基础教育资源有限，规范使用这种资源是完全合理的立法目标。布伦南及另外四位大法官也认为，得克萨斯州政府的立法目标是合理的，但采用剥夺非法移民子女受教育权的手段不合理。这是伯格大法官跟最高法院多数意见分歧的焦点。他认为，得克萨斯州要求非法移民的孩子交学费，支付自己的教育成本，有合理基础。在他看来，州政府对合法居民和非法移民的责任有轻重先后之分。"按照定义，非法移民根本无权待在这里，州政府当然可以合理地、符合《宪法》地选择不向他们提供政府服务，以免让合法居民买单。"[77]

伯格大法官列举了联邦政府在提供公共服务和福利方面把非法移民排除在外的做法，比如禁止向非法移民提供食品券、老年福利、儿童补贴、盲人补助、残疾人补助和低收入补贴、低收入免费医疗等。既然联邦政府可以合理地采取不向非法移民提供政府服务的做法，州政府同样可以。而且，伯格大法官认同州政府律师的申辩：教育非法移民的孩子比教育合法居民的孩子成本更高，因为他们英文不过关，需要把英语作为第二语言的特殊教育，州政府让他们自己支付教育成本，可以把节省的教育支出用于提高学校的教育质量。在伯格大法官看来，这种做法没有不合理之处，因而不违反《宪法》。[78]

伯格大法官批评普莱勒案的判决，相当于"法院毫不掩饰要补偿国会空缺的'有效领导能力'"。他承认，在漫长边境线上执法的难度以及国会和行政当局的不作为等因素的叠加，导致非法移民不断流入，形成一种"社会经济困境"。但法院没有立法和执法功能，不能越俎代庖，承担国会和行政当局放弃的职责。外界对法院这种逾越司法权限的做法已经有很多批评。伯格大法官认为，那些批评是正当的，法院在本案中的判决恰恰像外界批评的那样，试图为国会在立法上的失败或滞后提供"一刀切的速效药方"："法院利用——在我看来是滥用——第十四修正案，试图充当全能、至善的问题解决者。这样做的动机是高贵的，充满良知，但这改变不了一个事实：法院扭曲了《宪法》的功能，去填补其他权力的不作为。"伯格大法官为法院的这种越权行为"深感不安"。[79]

不过，在结束了法律分析之后，伯格大法官坦承，他并不赞同得克萨斯州从公立学校驱逐非法移民学童的做法："如果我是立法者的话，我不会选择拒绝向非法移民的孩子提供免费教育。除了同情心方面的考虑，从公立学校中赶走任何儿童造成的长远代价可能远超过教育他们的成本。但是，这不是本案的问题；从良善政策出发反对得克萨斯的立法选择固然有道理，却并不意味

第六章　公道矫正法律　181

着得克萨斯的选择违反了《宪法》……《宪法》并没有为每种社会疾病提供药方，也没有赋予法官解决所有社会问题的使命。"解决非法移民问题是立法和行政的责任，法官越权代行职能等于剥夺了国会和行政当局行使职权的机会。如果立法和行政当局不在压力下行使《宪法》分配给它们的职权，长此以往，"那些权力就会像不使用的肌肉一样，逐渐萎缩"。基于这种理解，伯格大法官认为，法院的判决其实是削弱了立法和行政的职能。[80]

显然，伯格大法官意在表明，他并非没有同情心或缺少公平感，而是强调同情心或公平感不能代替法律和制度规范。他也承认，非法移民学童被剥夺教育机会的确有制造一个永久贱民阶层的危险，但他认为，这只是非法移民大问题中包含的问题之一，最终是否能够得到解决不取决于法院，而是取决于立法和行政。伯格大法官对国会解决非法移民问题充满信心："很难相信，国会将长期容忍这种自我毁灭的结果——既不把这些非法移民家庭递解出境，又不向他们的孩子提供教育。但是，法院却不允许政治进程按自己的轨道运转——尽管有所延迟——反倒试图替国会做工作，补偿国会的不作为。这等于鼓励政治权力分支把球踢给司法分支，这样想并非不合理吧？"他的结论是："要解决这个似乎不可解的问题，出路在于交给政治进程，虽然这可能让一些人觉得难以接受。"[81]

的确，普莱勒案的判决结果显示，最高法院有五名大法官难以接受伯格首席大法官的主张，三位大法官则支持他撰写的反对意见。

七 两种正义

伯格首席大法官对国会和行政机构解决非法移民问题的信心没有完全流于空想。普莱勒案判决四年后,国会通过《移民改革与控制法案》(Immigration Reform and Control Act),由里根总统签署,成为法律,在收紧移民控制的同时,大赦非法移民。美国境内的数百万非法移民随之获得合法身份,非法移民问题暂时得到解决。但在之后的几十年间,更多非法移民陆续进入美国居留下来,非法移民的数量逐渐上升到1000多万。[82]国会仍然不作为,行政当局仍然没有能力把大量非法移民递解出境,非法移民的孩子仍然靠普莱勒案的判决得以享有公立基础教育。如果没有布伦南和另外四位大法官的多数判决意见,完全靠国会和行政当局,大量非法移民的孩子会丧失受教育机会,美国社会可能已经形成一个由文盲和半文盲组成的庞大贱民阶层。就此而言,伯格大法官完全把问题交给立法和行政去解决的做法缺少前瞻性。

1986年,里根总统签署《移民改革与控制法案》,普莱勒案原告的孩子和无数跟他们有相同遭遇的孩子一样,获得了合法身份。第二年,劳拉·阿尔瓦雷斯高中毕业,在泰勒的学校做教师助理。使她完成学业的,不是《移民改革与控制法案》,而是贾斯蒂斯法官在1977年9月9日黎明签署的法庭令和1978年9月14日做出的判决,还有1982年6月15日美国最高法院的判决。如果坐等1986年国会立法大赦,她已经从9岁起失学九年了。贾斯蒂斯法官在审理普莱勒案时已经预见到这个问题:"在审判过程中,无可争辩的证据显示，如果这些已经处于劣势的孩子被剥夺了教育机会，他们将会被永远贬到职业阶梯的最底层。如果州政府拒绝教育他们，即便将来国会立法大赦，也无法避免这些孩子中的很多将被他们以前的非法身份打上永远无法翻身的烙印。考虑到这种无法挽回的后果，这是一种特别严酷的惩罚——也许甚至是残忍的和不寻常的惩罚……"[83]

1994年10月，劳拉·阿尔瓦雷斯26岁。《洛杉矶时报》(Los Angeles Times)的记者找到她，讲起普莱勒案，她才知道当年坐在法院长凳子上打瞌睡的那个黎明不但改变了她的命运，也改变了无数非法移民孩子的命运。记者之所以采访她，是因为加利福尼亚正在重复1975年得克萨斯的做法，要立法禁止公立学校接收非法移民的孩子。当时，加州经济衰退，政府预算吃紧，州长皮特·威尔逊(Pete Wilson)政治生涯飘摇。为了赢得连任竞选，他提出"拯救我们的学校"的口号，在选票上增加全民公决，决定是否让非法移民的孩子享受公立基础教育。选民投票以压倒性多数做出了否定回答。第二天，联邦法院责令加州政府暂停执行公决结果。基于公决结果的那项法律因违反普莱勒案的判决，最终被联邦法院宣判违宪而遭到废除。[84]

1996年，一些国会议员试图立法推翻普莱勒案的判决，允许州政府决定是否接受非法移民的孩子进入公立学校。总统比尔·克林顿明确反对，得克萨斯的两名参议员也不支持，当时的得克萨斯州长乔治·布什也表示反对。在两党和民间的反对声中，那项国会提案不了了之。[85]

每过几年，国会就辩论一次非法移民问题，每一次都不了了之。伯格大法官把希望完全寄托在国会，在普莱勒案中指责法院越俎代庖，行使立法职能。不过，被他指责的法官显然清楚立法是国会的职能。事实上，贾斯蒂斯法官十分熟悉国会就非法移民儿童问题的辩论："国会关注不讲英语的贫穷孩子的教育问题，有两大原因，一是相信如果给这些孩子机会，他们就能跟其他孩子一样，长处得到体现，天分得到发展；二是看到现代社会中没有受教育的成年人所遭受的巨大劣势。"[86]但是，在国会无休止的辩论中，如果法院也不作为，任由公立学校驱逐非法移民的孩子，导致大量学童失学，对他们个人和对美国社会造成的损失将无法挽回。贾斯蒂斯法官相信，法院有职责依照《宪法》避免让那种情况发生。

在普莱勒案中，伯格首席大法官跟布伦南和鲍威尔等五名大法官的争执也反映了由来已久的对法律和公道问题的不同看法。这种争执跟西方法律史一样悠久。早在公元前4世纪，亚里士多德就在《尼各马可伦理学》中提出用公道矫正法律的观点："正义和公道是一回事，都很好，只是公道比单纯正义更好。难点在于，尽管公道也是正义的，却不是法律正义，而是对法律正义的矫正。"[87]亚里士多德之所以在法律正义之外提出公道概念，原因在于他认识到，法律正义在两种情况下会出问题。一是法律不完善，遇到一些新出现的情况，法官处理起来无法可依；二是法律设立了普遍性标准，但每个案子中的具体事实却各不相同，同样的法律标准运用于一个案子会出现公平的结果，运用于另一个案子却会出现不公道的结果。这两种情况下，法官都需要用公道原则补充或矫正法律。[88]

第六章 公道矫正法律

亚里士多德指出，这种状况不是法律的错，也不是立法者的错，而是由人类行为的性质决定的——人的行为五花八门，存在很多难以准确界定的事实，立法者也不可能预见所有的具体情况。所以，归根到底，是人的行为的复杂性和不可预测性决定了公道原则的必要性。亚里士多德并不是要用公道原则替代法律，而是用公道矫正法律的缺失。没有法律，无所谓正义，但法律会有空白和缺陷，需要由公道矫正或补偿。[89]

英美法在理念、程序和司法机构设置上，都深受亚里士多德用公道矫正法律原则的影响。14世纪末起，英国王室在国王的普通法法院之外设置了"衡平法院"（Court of Chancery），17世纪初，衡平法院的地位甚至超过普通法法院。美国在殖民地时期照搬英国司法的模式，独立后的各州，或者是普通法法院和衡平法院并行，或者是让普通法法院代理衡平法院的职能。同时，国会明确授权新创立的联邦法院依照衡平法院的原则和程序审理相关案件。自19世纪中叶起，美国各州纷纷把衡平法院的功能合并到州上诉法院和州最高法院，衡平法院的传统以新的形式流传下来。同样的情况也发生在联邦法院系统。"在1938年《美国联邦民事程序规则》（*The Federal Rules of Civil Procedure*）中，法律与衡平的融合过程被描述为'衡平法战胜了普通法'。"[90]

跟衡平法院或衡平程序并行的是以公道原则解释法律的传统。普通法和成文法要求法官严格按既定程序和判例解释法律、审理案件，衡平法则要求法官从公道的角度权衡呆板司法可能造成的不公平后果。历史上，法官和法学家试图在普通法和衡平法之间达成某种平衡，一般是把公道原则的运用限定在亚里士多德"矫正"法律缺陷的范围内。比如，对18世纪下半叶和19世纪的英美法都曾产生重大影响的威廉·布莱克斯通（William Blackstone）认为："从公道角度审理所有案件的做法不能走得太远，以免我们毁掉所有法律，把每个问题完全交由法官随心所欲地决定。对于公共福祉而言，没有公道原则的法律尽管生硬，让人不舒服，也好于没有法律的公道。后者会让每个法官变成立法者……"[91]

从亚里士多德到布莱克斯通围绕法律和公道的探讨显然体现在最高法院的普莱勒案判决中。简言之，严格解释法律是司法的基础和出发点，同时，用公道原则矫正和补偿法律正义是西方法律，尤其是英美法的古老传统。继承了这一传统的贾斯蒂斯法官和最高法院的五位大法官拯救了劳拉·阿尔瓦雷斯和她那一代非法移民的孩子。2017年，劳拉已经49岁，有了自己的孩子。在接受美国公共媒体采访时，她说："孩子觉得自己拥有的一切都是理所当然。但当我发现这个案子意味着什么的时候，这是个多么宝贵的礼物！这是任何人能给我的最宝贵的礼物，没有教育，我不可能成为今天的我。"[92]

2007年，詹姆斯·普莱勒先生已经是82岁高龄的老人，退休在家，三代同堂，安度晚年，孙子辈有了墨西哥血统。他在接受《教育周刊》（*Education Week*）采访时说，当时州政府停止了给非法移民学童拨款，学区没有办法，但输了官司，他其实内心很高兴："我是个教育工作者，知道那些孩子需要教育。我本人高兴看到学校接受他们，同时又能从州政府那里获得经费。他们能受教育，这正是我们的工作。"[93]普莱勒先生于2016年去世，享年91岁。

第六章　公道矫正法律

威廉·贾斯蒂斯法官于2009年10月13日在奥斯汀去世。得克萨斯前副州长比尔·霍比（Bill Hobby）评价说："贾斯蒂斯法官把得克萨斯拉进了20世纪，上帝保佑他。他很不受欢迎，但他坚持做正确的事。"霍比曾反对贾斯蒂斯法官的很多判决。晚年，贾斯蒂斯法官回首长达近40年之久的司法生涯，说在一生判过的所有案子中，他最希望人们记住的是普莱勒案。[94]

注释

1　"Is Education a Fundamental Right？", *The New Yorker*, September 3, 2018, https：//www.newyorker.com/magazine/2018/09/10/is-education-a-fundamental-right.

2　Catherine Winter, "A Supreme Court Case 35 Years Ago Yields a Supply of Emboldened DACA Students Today", APM Reports, August 21, 2017, https：//www.apmreports.org/story/2017/08/21/plyler-doe-daca-students.

3　同上。

4　"Is Education a Fundamental Right？", *The New Yorker*, September 3, 2018, https：//www.newyorker.com/magazine/2018/09/10/is-education-a-fundamental-right.

5　同上。

6　"A Lesson in Equal Protection", *Texas Observer*, July 13, 2007, https：//www.texasobserver.org/2548-a-lesson-in-equal-protection-the-texas-cases-that-opened-the-schoolhouse-door-to-undocumented-immigrant-children/.

7　Catherine Winter, "A Supreme Court Case 35 Years Ago Yields a Supply of Emboldened DACA Students Today", APM Reports, August 21, 2017, https：//www.apmreports.org/story/2017/08/21/plyler-doe-daca-students.

8　同上。

9　*Doe v. Plyler*, 458 F. Supp. 569, 577（1978）.

10　同上。

11　"Is Education a Fundamental Right？", *The New Yorker*, September 3, 2018, https：

//www.newyorker.com/magazine/2018/09/10/is-education-a-fundamental-right.

12 同上。

13 *Doe v. Plyler*, 458 F. Supp. 569, 582（1978）. *Weber v. Aetna*, 406 U.S. 164, 175（1972）.

14 同上。*St. Ann v. Palisi*, 495 F.2d 423（1974）.

15 *Doe v. Plyler*, 458 F. Supp. 569, 582（1978）.

16 同上, 589。

17 "A Lesson in Equal Protection", *Texas Observer*, July 13, 2007, https：//www.texasobserver.org/2548-a-lesson-in-equal-protection-the-texas-cases-that-opened-the-schoolhouse-door-to-undocumented-immigrant-children/.

18 "Is Education a Fundamental Right？", *The New Yorker*, September 3, 2018, https：//www.newyorker.com/magazine/2018/09/10/is-education-a-fundamental-right.

19 "A Lesson in Equal Protection", *Texas Observer*, July 13, 2007, https：//www.texasobserver.org/2548-a-lesson-in-equal-protection-the-texas-cases-that-opened-the-schoolhouse-door-to-undocumented-immigrant-children/.

20 同上。

21 同上。

22 同上。

23 *Weber v. Aetna*, 406 U.S. 164（1972）.

24 同上, 175-176。

25 "A Lesson in Equal Protection", *Texas Observer*, July 13, 2007, https：//www.texasobserver.org/2548-a-lesson-in-equal-protection-the-texas-cases-that-opened-the-schoolhouse-door-to-undocumented-immigrant-children/.

26 "Teaching Alien Children Is a Duty", *The New York Times*, June 16, 1982, https：//www.nytimes.com/1982/06/16/opinion/teaching-alien-children-is-a-duty.html.

27 *U.S. Constitution*, Amend. 14, Sec. 1.

28 *Plyler v. Doe*, 457 U.S. 202, 210（1982）.

29 同上。*Yick Wo v. Hopkins*, 118 U.S. 356（1886）. *Wong Wing v. United States*, 163

U.S. 228（1896）. *United States v. Wong Kim Ark*, 169 U.S. 649（1898）

30 *Yick Wo v. Hopkins*, 118 U.S. 356, 369（1886）.

31 *Wong Wing v. United States*, 163 U.S. 228, 242（1896）.

32 *United States v. Wong Kim Ark*, 169 U.S. 649, 687（1898）

33 *Plyler v. Doe*, 457 U.S. 202, 213（1982）.

34 同上，214。

35 Victor Li, "The 14th: A Civil War–Era Amendment Has Become a Mini Constitution for Modern Times", *ABA Journal*, May 1, 2017, https：//www.abajournal.com/magazine/article/14th_amendment_constitution_important_today. Tom Donnelly, "John Bingham: One of America's Forgotten 'Second Founders'", *Constitution Daily*, July 9, 2018, https：//constitutioncenter.org/blog/happy-birthday-john-bingham-one-of-americas-forgotten-second-founders.

36 Eric Foner, *The Second Founding, How the Civil War and Reconstruction Remade the Constitution*（New York: W.W. Norton & Company, 2019）, 76.

37 *Plyler vs Doe*, 457 U.S. 202, 214（1982）. Eric Foner, *The Second Founding, How the Civil War and Reconstruction Remade the Constitution*, 76.

38 *Plyler vs Doe*, 457 U.S. 202, 214–215（1982）.

39 同上，215。

40 *Bush v. Gore*, 531 U.S. 98（2020）.

41 William Cummings, Joey Garrison and Jim Sergent, "By the Numbers: President Donald Trump's Failed Efforts to Overturn the Election", *USA Today*, January 6, 2021, https：//www.usatoday.com/in-depth/news/politics/elections/2021/01/06/trumps-failed-efforts-overturn-election-numbers/4130307001/.

42 *Plessy v. Ferguson*, 163 U.S. 537（1896）. *Brown v. Board of Education of Topeka*, 347 U.S. 483（1954）.

43 *Minor v. Happersett*, 88 U.S. 162（1873）.

44 *F. S. Royster Guano Co. v. Virginia*, 253 U.S. 412, 415（1920）.

45 *Tigner v. Texas*, 310 U.S. 141, 147（1940）.

46　*Lochner v. New York*，198 U.S. 45，(1905). *U.S. v. Carolene Products Co.*，304 U.S. 144 (1938). *Korematsu v. U.S.*，323 U.S. 214 (1944).

47　*Plyler v. Doe*，219.

48　*San Antonio Independent School District v. Rodriguez*，411 U.S. 1，37-38 (1973).

49　*Plyler v. Doe*，223-224.

50　同上，220。

51　同上，221。*Meyer v. Nebraska*，262 U.S. 390，400 (1923).

52　*Wisconsin v. Yoder*，406 U.S. 205，221 (1972).

53　*Plyler v. Doe*，221.

54　同上，222。

55　同上，227-229。

56　同上，230-231。

57　同上，231。*Shapiro v. Thompson*，394 U.S. 618，661 (1969).

58　同上，231-232。*San Antonio Independent School District v. Rodriguez*，411 U.S. 1，61 (1973).

59　*San Antonio Independent School District v. Rodriguez*，33-34.

60　同上，33。*Plyler v. Doe*，232.

61　*San Antonio Independent School District v. Rodriguez*，35. *Plyler v. Doe*，233. *Harper v. Virginia Board of Elections*，383 U.S. 663，665 (1966).

62　*Plyler v. Doe*，233.

63　同上，235。

64　同上，234。

65　同上，236。

66　同上，237-238。

67　同上，238-239。

68　同上，240。

69　同上，242。

70　同上，242-254。

71 同上，244。

72 同上，245。

73 *San Antonio Independent School District v. Rodriguez*，411 U.S. 1（1973）．

74 *Plyler v. Doe*，246.

75 *San Antonio Independent School District v. Rodriguez*，411 U.S. 1，30（1973）．

76 同上，247。

77 同上，251。

78 同上，252。

79 同上，243。

80 同上，252-253。

81 同上，254。

82 Mark H. Lopez, Jefferey S. Passel, D'Vera Cohn, "Key Facts about the Changing U.S. Unauthorized Immigrant Population", Pew Research Center, April 13, 2021, https：//www.pewresearch.org/fact-tank/2021/04/13/key-facts-about-the-changing-u-s-unauthorized-immigrant-population/.

83 *Doe v. Plyler*，458 F. Supp. 569，592（1978）．

84 Paul Feldman, "Texas Case Looms Over Prop. 187's Legal Future", *Los Angeles Times*, October 23, 1994, https：//www.latimes.com/archives/la-xpm-1994-10-23-mn-53869-story.html.

85 Marshall Fitz, Philip Wolgin, and Ann Garcia, "Triumphs and Challenges on the 30th Anniversary of Plyler v. Doe", Center for American Progress, June 2012, https：//cdn.americanprogress.org/wp-content/uploads/issues/2012/06/pdf/plyler.pdf.

86 *Doe v. Plyler*，458 F. Supp. 569，592（1978）．

87 Aristotle, *Nicomachean Ethics*, translated by J.E.C. Welldon（New York：Macmillan and Co., 1902），171.

88 Eric G. Zahnd, "The Application of Universal Laws to Particular Cases：A Defense of Equity in Aristotelianism and Anglo-American Law", *Law and Contemporary Problems*, Vol. 59, No. 1（Winter 1996），269.

89　Anton-Hermann Chroust,"Aristotle's Conception of Equity（Epieikeia）",*Notre Dame Law Review*,Vol. 18,No. 2（1942）,126.

90　John H. Langbein,Renée L. Lerner,Bruce P. Smith,*History of the Common Law：The Development of Anglo-American Legal Institutions*（New York：Aspen Publishers,2009）,269.

91　William Blackstone,*Commentaries on the Laws of England*（Oxford：The Clarendon Press,1766）,62.

92　"A Supreme Court Case 35 Years Ago Yields a Supply of Emboldened DACA Students Today",APM Reports,August 21,2017,https：//www.apmreports.org/story/2017/08/21/plyler-doe-daca-students.

93　Mary Ann Zehr,"Case Touched Many Parts of Community",*Education Week*,June 4,2007,https：//www.edweek.org/leadership/case-touched-many-parts-of-community/2007/06.

94　"Federal Judge's Rulings Shaped Modern Texas",*Los Angeles Times*,October 16,2009,https：//www.latimes.com/archives/la-xpm-2009-oct-16-me-william-justice16-story.html.

第七章　历史与神话

没有西班牙语的美国梦。只有盎格鲁－新教社会创立的美国梦。墨西哥裔美国人只有用英语做梦，才能分享那个梦、那个社会。

——塞缪尔·亨廷顿

现代民主在历史上的源头植根于西方基督教，这毫无疑问是正确的。这不是新观点；从托克维尔、黑格尔到尼采等思想家，都看到现代民主在很多方面事实上是基督教普世教义的世俗版本。但是，现代民主起源于特定的历史语境并不意味着它不能在起源后具有普适性。民主之所以得到传播，是因为它是一种让统治者负责的有效方法，不只是因为它有高贵的文化源流。

——弗朗西斯·福山

20世纪50至60年代，经过最高法院的一系列第十四修正案判决、国会的《民权法案》等立法、民权运动有组织的街头抗争和媒体的不断呼吁，美国社会对种族问题的认知和种族关系均发生了前所未有的变化，副产品之一是1965年国会修订《移民法》，取消了自1924年以来实行的种族配额。无数东欧、南欧、亚洲和拉丁美洲的有色人种移民合法进入美国定居，成为美国公民。与此同时，美国境内非法移民的数量不断增长。跟美国历史上曾经出现的其他几波移民潮一样，大量来自不同国家、不同种族、不同文化的新移民涌入，刺激了美国本土反移民势力的兴起。政界、学界和民间的各种反移民理论和实践此起彼伏，历经半个多世纪，方兴未艾，当今仍然是美国政治纷争中一道突兀的风景线。

一　短语的奴隶

2017年7月18日，评论家卡洛斯·洛萨达（Carlos Lozada）在《华盛顿邮报》（*Washington Post*）发文，称美国总统唐纳德·特朗普为"一位过世政治学家的奴隶"。他讲的这位过世政治学家就是塞缪尔·亨廷顿（Samuel Huntington）。洛萨达认为，特朗普治下的美国，"更贴切地说，是亨廷顿的美国"[1]。特朗普称自己只讲实用，不相信理论，也没有迹象显示他读过亨廷顿的书。他何以成为亨廷顿的奴隶？这听起来有些神秘，似乎流于牵强，但晚近历史上曾反复出现过这种"神秘"现象，也不止一位学者观察到这种"神秘"现象。早在1936年，经济学家约翰·凯恩斯（John Keynes）就观察到："一些务实的人相信自己不受理论影响，他们往往是过气经济学家的奴隶。大权在握的狂人自以为听到上苍呼唤，他们无非是从几年前的三流学者那里提炼出自己的狂热而已。"[2]

亨廷顿晚年倡导的两个具有共同内核的观念——"文明的冲突"和"盎格鲁-新教的美国"，在19世纪末和20世纪初曾在西方学界、政界风靡一时，各种民间版本广为流传。二战以后，美国学界不再盛行用文化解释政治冲突，而是倾向于把政治跟文化分开，在分析国际和国内冲突时，让政治的归政治，文化的归文化，用具体的国家利益相悖或意识形态对立解释政治冲突。不过，一些有教会背景和政治神学色彩的右翼理论仍然主张美国是"盎格鲁－新教"国家，甚至称美国是"基督教国家"，跟其他国家的矛盾是"文明的冲突"。在美国，这种理论的受众主要是福音派会众和右翼倾向的选民。亨廷顿晚年的主要工作是挖掘百年前的旧学，把各种民间版本的"盎格鲁－新教"传说和"文明的冲突"观念重新学术化，并借助他的学界地位在大众媒体广为传播。这类观念在特朗普担任总统期间得到政治强化和部分实践。

如果追溯"盎格鲁－新教"观念的历史渊源，人们会发现美国历史上并行着两种政治文化传统：在全国范围内，大部分时段占主流的是自由、民主、平等、开放、在宪政秩序中维新的传统，与之并行的是等级制、种族主义、排外、宗教末世论色彩浓厚的守旧传统。前者可称为"第一种传统"，后者可称为"第二种传统"。

缪达尔曾把第一种传统归结为"美国信条"，认为它是美国历史文化的正统："美国人，不管国家来源、阶级、地域、信仰、肤色，都共有一种社会精神和政治信条。人们难免会做出这种评判：这一'美国信条'是这个内部截然不同的伟大国家结构的黏合剂。一旦察觉到这个美国信条，嘈杂的声音就变成了旋律。由此，人们会进一步看到另一个现象：跟西方文明中任何其他大大小小的国家相比，美国有着最清晰表达出来的人与人关系的普世理想体系。这个理想体系得到比任何地方的类似理想更广泛的理解和欣赏。美国信条并不像在其他一些国家的政治信条那样，只是政治和司法秩序运作隐含的背景。当然，美国的政治信条并没有在现实社会生活中令人满意地实现。但是，作为应当实现的原则，美国社会的所有人都感受到这个信条。"[3]

从托克维尔到缪达尔，学者对美国历史文化的叙述大多以第一种传统为主线。这种叙述把第二种传统作为美国历史和文化的插曲，社会和政治常规的例外。20世纪90年代起，一些学者开始反思这种单一传统主导的叙述模式，认为第二种传统同样根深蒂固：等级制、父权家长制、种族主义、宗教狂热、排外等，在某些地域和历史时段力量十分强大，甚至超过第一种传统。[4]这两种传统都发源于"盎格鲁－新教"，在各个历史时段共同构成美国历史文化的常态，甚至共存于同一个人的精神世界。在亨廷顿"文明的冲突"和"盎格鲁－新教的美国"等观念中，我们可以清晰地看到美国两种传统的相互交错、相互补充、相互争斗。

在人文、政治和社会领域，"我们是短语的奴隶"[5]。学者找出表达特定人群时代情绪的简单易记短语，经媒体传播，家喻户晓。大众并不细究这些观念是否成立，在遇到现实问题时不再依据事实思考，而是做"短语的奴隶"，直接把诸如"文明的冲突""盎格鲁－新教的美国"等现成短语套用到复杂的现实上去。这两个短语承载的观念深深植根于美国传统中，体现了跟自由、民主、平等传统相互对立、相互补充的第二种传统。从这个意义上讲，特朗普即便没有读过亨廷顿，却不妨碍他做亨廷顿观念的奴隶。不过，更确切地说，特朗普和晚年亨廷顿都是美国第二种

第七章　历史与神话　197

传统的奴隶。特朗普的很多支持者和亨廷顿的很多读者则成了体现美国第二种传统的"文明的冲突"和"盎格鲁－新教的美国"等短语的奴隶。

二 塞缪尔·亨廷顿

塞缪尔·亨廷顿在学术生涯的最后15年出版了三本著作:《第三次浪潮》(*The Third Wave*)、《文明的冲突与世界秩序的重建》(*The Clash of Civilizations and the Remaking of World Order*)和《我们是谁?》(*Who Are We?*)。他的学生弗朗西斯·福山(Francis Fukuyama)说这三本书其实是一本,都是"用文化解释政治现象",讨论的核心问题都是"民主是否仰赖特定的文化—宗教传统"。在《第三次浪潮》中,亨廷顿观察到,自20世纪70年代起,世界范围内的第三波民主化浪潮主要出现在南欧、东欧和拉丁美洲的天主教和东正教国家。基于这种观察,亨廷顿流露出怀疑民主普世性的迹象,但没有提出明确的文化—宗教决定论。[6]

1993年,亨廷顿在《外交事务》(*Foreign Affairs*)发表《文明的冲突?》时,标题后面有个问号。他把"文明的冲突"称为一种假说:"这是我的假说:在这个新世界,冲突的根本源头主要不再是意识形态的或经济的。人类的重大分化和冲突的主导源头将是文化。在世界事务中,国家仍将是最强大的力量,但全球政治中的主要冲突将发生在不同文明的国家和群体之间。文明的冲突将主导全球政治。文明之间的断层线将是未来的战线。"[7]

三年后,他把那篇20多页的文章扩充成一部300多页的论著时，标题去掉了问号，增加了一个确定性短语"世界秩序的重建",文化—宗教决定论大致成形。2004年,亨廷顿出版《我们是谁?》,在文化—宗教决定论中又增加了移民、种族和语言因素。这两本书就像同一本书的上下两部:上部用文化—宗教差异解释国际冲突,下部用文化—宗教—种族—语言差异解释美国的国内冲突,核心问题都是后冷战时代美国的国家认同,即美国是一个什么样的国家,应当成为一个什么样的国家,以及如何迎接国内外的挑战。[8]

在印度电视台《对话》节目接受访谈时,亨廷顿说"文明的冲突"是他发明的一个短语,[9]但他自己的文章和著作否定了这种说法。在《文明的冲突?》中,他引用伯纳德·刘易斯(Bernard Lewis)论述伊斯兰极端主义的文章:"这足以构成文明的冲突——一个古代对手针对我们的犹太–基督教传统、我们的世俗化社会以及二者在世界范围内的广泛传播,做出的可能是非理性的,但绝对是历史性的反应。"[10]从亨廷顿的文章看,刘易斯发表于1990年9月号《大西洋》(*The Atlantic*)月刊的文章可能是亨廷顿"文明冲突"观念的直接来源。

亨廷顿论题的国际语境是冷战后的世界格局。他的基本判断是,冷战以意识形态划界,敌我阵营大致一方是社会主义,另一方是资本主义。后冷战时代,意识形态不再是划分阵营的标准,而是以文明的"断层线"划分。如果把这种判断放到晚近历史中看,亨廷顿其实等于讲,冷战过后,世界各国的阵营划分又回到了冷战前的界线。

《我们是谁?》是《文明的冲突与世界秩序的重建》的延续,

把冲突的舞台从国际搬到美国国内,冲突的主角由西方或基督教文明变成盎格鲁-新教传统。相应地,冲突的对立角色也由伊斯兰教、儒教、日本文化等变成讲西班牙语、信天主教的拉丁裔移民,尤其是墨西哥裔移民。如果把亨廷顿的这两本书放到一起看,大致是一个文明圈不断缩小的思想历程。在发表《文明的冲突?》时,他认同的文明圈是西方,所关注的冲突是西方文明跟其他几个文明圈,尤其是伊斯兰文明圈、儒家文明圈的冲突。到出版《我们是谁?》的时候,他认同的文明圈已经缩小到盎格鲁-新教传统,是"只用英语做美国梦"的盎格鲁-新教传统的美国人:"没有西班牙语的美国梦。只有盎格鲁-新教社会创立的美国梦。墨西哥裔美国人只有用英语做梦,才能分享那个梦、那个社会。"[11]

  晚年的亨廷顿把世界构想成一个由文明核心圈层层对外冲突的序列:在国际上,西方文明跟其他文明冲突,在美国国内,盎格鲁-新教文化又跟其他族裔的文化冲突。在国际上,西方文明要排斥和遏制其他文明,尤其是伊斯兰和儒家文明;在美国国内,盎格鲁-新教文化要排斥和遏制其他族裔文化,尤其是拉丁裔文化。这种构想假定了文明或文化是无法改变的:盎格鲁-新教文化一成不变,伊斯兰文明和儒家文明都无法接受西方文明;美国的拉丁裔,尤其是墨西哥裔移民,经过两代、三代都无法接受美国文化——用亨廷顿的语言讲,即"盎格鲁-新教的历史文化传统"。这种文明图景体现了一种暗淡的世界观:人群是其历史文化传统的囚徒,注定不能接受普世的文明价值和相应秩序,而是各自画地为牢,把文明的边界变成政治冲突的战线。

亨廷顿的文明冲突论和盎格鲁-新教理论遭到来自学界、政界和民间的反驳。在社会科学领域，对一种理论最有力的反驳往往不是另一种理论，而是事实——历史事实和现实世界正在展开的事实。美国历史和晚近的世界历史都不支持亨廷顿的假说。美国历史上最惨烈的政治冲突是内战，是盎格鲁-新教的内部冲突，不是与其他文明的冲突。历史学家保守估计，至少60万人死于那场战祸，比美国任何一次跟其他"文明"或"文化"的冲突都惨烈。而且，引发内战的很多问题——种族、社会等级、南北矛盾等，仍然左右着今天的美国政治。在世界范围内，近100多年最惨烈的冲突发生在西方文明内部，第一次和第二次世界大战都不是西方文明跟其他文明的冲突。

从历史上看，文明形态差异和政治冲突之间没有因果关系。从现实情况看，也是这样。文明形态差异跟政治冲突之间固然有某些事实相关性，但亨廷顿把前者当成后者的主导原因，过于笼统、武断和草率。

三　由多归一

亨廷顿在《我们是谁？》中所针对的是美国的多元文化和社会的多元化趋势："20世纪的最后几十年，美国的盎格鲁-新教文化及其产生的信条遭到来自四面八方的攻击，即学界和政界盛行的多元文化主义和多元化学说的攻击。"亨廷顿列举的多元主义现象包括：基于种族、族裔和性别的群体认同超越了国家认同；大量来自异国文化的移民坚持自己的传统；双重国籍和双重国家效忠的移民不断增加；美国学界、商界、政界精英日益高涨的世界主义和跨国身份认同等。这是来自美国内部的威胁。同时，还有来自外部的威胁："美国的国家认同，就像其他民族－国家的认同一样，受到全球化的挑战，也受到全球化促发的需要更小、更有意义的基于'血缘和信仰'的认同的挑战。"[12]

亨廷顿借用缪达尔的术语"美国信条"描述美国传统。缪达尔认为，自由、平等、人人有追求幸福的权利等美国信条像黏合剂一样，把来自不同国家和种族的移民凝聚在一起，组成一个国家。不过，跟缪达尔的定义不同，亨廷顿认为美国信条不应当只是"政治原则"，而必须有盎格鲁－新教的历史文化内核："大多数美国人把（美国）信条作为国家认同的关键要素。但是，这个信条是建国的殖民者独特的盎格鲁－新教文化产物。那种文化包含英语、基督教、宗教信仰、英格兰的法治观念，包括统治者的责任和个人权利、个人主义的新教异议价值观、工作伦理、对建立人间天堂——'山巅之城'的能力和职责的信念。历史上，数以百万计的移民被这种信条及其创造的经济机会和政治自由吸引到美国。"[13]

缪达尔虽然也认为美国信条的来源可以追溯到新教中为自由而战和民主的精神，英格兰法律中的正义、公道和平等原则，尊重《宪法》的美式保守主义，以及自然法与美国的清教传统，但他同时强调，美国信条的核心价值来自启蒙哲学中的人性解放。[14]亨廷顿则强调美国信条的种族－宗教－文化起源：它是盎格鲁－新教这一特定种族、特定宗教、特定文化的产物。在他看来，起源决定着当下，过去决定了现在，来自其他国家、种族、文化、宗教的移民只有认同盎格鲁－新教的历史文化传统才算认同美国。

基于这种认识，亨廷顿认为，美国正受到移民，尤其是拉丁裔移民的威胁，面临国家分裂的危险："美国是否将继续是一个保持单一全国语言和盎格鲁－新教核心文化的国家？忽视这个问题，美国人等于默许自己最终变成拥有两种文化（盎格鲁和西班牙）、说两种语言（英语和西班牙语）的两个族群。"他就此断言："西班牙裔和盎格鲁裔的分化可能取代黑人和白人的种族分化，成为美国社会最严重的分裂。"[15]

回顾历史，我们会看到，亨廷顿的忧虑在美国曾经发生过多次。美国历史上不断有人警告，盎格鲁－新教社会正受到黑人威胁、天主教威胁、爱尔兰移民威胁、德国移民威胁、南欧移民威胁、东欧移民威胁、犹太移民威胁、中国移民威胁……除了英格兰移民以外的几乎所有大规模移民，都曾经被认为是对盎格鲁－新教传统的威胁。[16]而且，每次移民威胁论都会强调，威胁美国的新一波移民跟以前融入美国的老移民不一样：以前的移民能够融入，但新移民因为文化、宗教、习俗、人种等原因，无法融入美国。历史上，人们把这种思潮和情绪称为"本土主义"（nativism），它往往与种族主义纠缠不清。

为了避免种族主义之嫌，亨廷顿在《我们是谁？》中特别指出，他强调的是"盎格鲁－新教文化的重要性，不是盎格鲁－新教人群的重要性"。他也认为，美国的伟大之处在于国家认同不再建立在民族和种族基础上，而是一以贯之地坚守盎格鲁－新教文化和建国信条。[17]但是，与缪达尔颇具包容性的美国信条不同，亨廷顿的盎格鲁-新教信条具有鲜明的种族-宗教-文化排他性。而在现实世界，其他种族、宗教、文化传统的美国人可以认同美国信条，但不一定认同盎格鲁-新教文化。这种现象在当代政治语境中尤为突出：大部分美国选民认同自由、平等、民主的美国信条，但并不认同福音派新教体现的不宽容、家长制、神学政治、反同性恋、反堕胎和反科学的文化。

在抽象意义上，亨廷顿反对以民族和种族为基础的国家认同，支持多民族、多种族的美国，但具体到现实世界，他却把特定种族-宗教-文化作为国家认同的内核。无论在历史上，还是在当代，美国的盎格鲁-新教（种族-宗教）内核都没有足够的包容性，往往被当作本土主义排外的理论依据，事实上已经成为美国第二种传统的标志。

在美国第二种传统的排他性阶梯上至少有三个等级：最高等级是西方文明，有比较强的包容性，在最广泛的意义上，甚至几乎等同于现代文明：宪政制度、个人自由、权利平等、民主选举等。第二个等级是基督教新教文明，已经有较强的排他性，把天主教和犹太教排除在外，更不论其他文明和其他宗教。第三个等级是盎格鲁-新教文化，不但有宗教教派限定，而且有族裔限定，是排他性最强的一级。亨廷顿晚年经历了这三个等级，逐级下降，在最后一本书《我们是谁？》中达到最低点——只有说英语的盎格鲁-新教的美国梦，没有其他文化、其他宗教、说其他语言的美国梦。

按照亨廷顿的限定，大量美国人只能有残缺的美国梦，他们或者文化血统不符合要求，或者宗教不符合要求，或者英语达不到标准。亨廷顿表达的与其说是一种理论或学说，不如说是一种情绪。那种纯粹的盎格鲁－新教美国梦从殖民地时期起就从来没有在美国完整存在过，200多年的美国史一直都是各宗教教派并存、各族裔杂居、第一代移民讲母语或双语。是承载美国信条的共同的美国梦，而不是特定的种族－宗教－文化认同，把不同种族、不同宗教、不同文化和讲不同母语的人群凝聚成一个国家。

正如缪达尔在美国考察时所观察到的那样，美国的价值观和政治制度固然有着鲜明的英格兰传统，但托马斯·杰斐逊（Thomas Jefferson）在《独立宣言》中表述的美国信条——人人平等，有生命、自由和追求幸福的权利——是跨宗教、跨种族、跨文化、跨语言的，是所有美国人的共同财富，具有极强的包容性。美国建国时确立的格言"*e pluribus unum*"——"由多归一"，是这种包容性的写照：在共同的美国信条之下，各州、各族、各教派组成统一的国家。而且，随着不同族群移民的涌入，美国不断吸收新鲜血液，形成了一个"盎格鲁－新教－非洲裔－天主教－印第安－德国－爱尔兰－犹太－意大利－斯拉夫－亚裔"社会。[18]不只是在种族和族裔的意义上如此，在宗教－文化的意义上也是如此。

四　本土主义

回顾美国19世纪中叶到20世纪初叶，每一波移民潮都刺激本土主义兴起，而所有本土主义都以盎格鲁－新教为排外的旗帜。

19世纪40年代，来自爱尔兰的移民曾达到美国人口的10%。美国反爱尔兰移民情绪高涨，因为爱尔兰移民信奉天主教，反天主教随之成为全国性运动。天主教徒在一些行业受到排斥。以美国最高法院为例，早在1836年，天主教徒罗杰·托尼（Roger Taney）就被安德鲁·杰克逊（Andrew Jackson）总统任命为最高法院首席大法官，但爱尔兰移民涌入激起反天主教潮流后的近60年中，没有一位天主教徒被任命为最高法院大法官。直到20世纪20年代，三K党仍然能在全国范围内掀起反天主教运动。

19世纪90年代，移民曾经占到美国人口的14.8%，后来美国历史上移民占人口的比重从来没有打破那时的纪录。包括亨廷顿提出拉丁裔移民威胁论的年代，移民只占到美国人口的11.2%。1896年，弗朗西斯·沃尔克（Francis Walker）在《大西洋》月刊发文称："大量东欧和南欧的无知、粗蛮农民汹涌而来，降低了美国公民的质量。"更糟糕的是，移民中有成百上千的"聋哑、弱智、瞎子、傻瓜、疯子、叫花子、罪犯"。在沃尔克看来，非盎格鲁-撒克逊人口不适合美国的公民自治和民主选举制度，如果他们人数越来越多，将会毁掉美国的价值观和制度设计。[19]

爱尔兰、东欧、南欧移民的遭遇也发生在犹太人身上。再以最高法院为例，1916年，当伍德罗·威尔逊总统提名犹太人路易斯·布兰代斯为最高法院法官时，遭到美国律师协会、美国前总统威廉·塔夫脱、众多联邦法院法官以及数十名参议员反对。反对的主要理由之一：他是犹太人。布兰代斯是哈佛大学法学院历史上最优秀的学生之一，毕业成绩保持了60年才被打破。当时不讲政治正确，即便在哈佛法学院的教授中，反犹都是公开的。在学校餐厅，有位教授曾对坐在他身边的布兰代斯说："你搞不懂，猪跟鸟不坐一起吃饭。"布兰代斯说："那我飞走吧。"[20]布兰代斯大法官被任命后，因为他的犹太人身份，有最高法院大法官拒绝跟他同时出席公开活动。

经历一个多世纪后，针对爱尔兰移民、南欧移民、犹太移民和天主教徒的偏见已经不再被美国主流社会所接受。如今，美国最高法院九名法官中有六名是天主教徒、二名是犹太人，只有一名勉强算是盎格鲁-新教徒。特朗普政府起用的很多官员是曾被弗朗西斯·沃尔克认定为没有能力接受美国制度的东欧和南欧移民的后裔。历史上，无论是爱尔兰人、意大利人，还是犹太人，融入美国社会都经历了漫长的过程——50年左右被美国社会实质性接受，一个世纪左右才完全融入，不再被视为非我族类。在融入美国社会的同时，这几个移民群体也改变了美国社会。

2021年4月，亚当·瑟沃尔（Adam Serwer）在《大西洋》月刊撰文，指责盎格鲁-撒克逊之说"是一种由来已久的伪科学的学术导向，在美国19世纪和20世纪之交的反东欧、南欧移民潮中流行一时。本土主义者需要一种说法，解释为什么波兰、俄国、希腊、意大利和犹太的移民跟以前的移民不一样，为什么他们来了会构成威胁"[21]。跟当时民众的集体心理和社会情绪相适应，理论家发明了美国文明的盎格鲁-撒克逊起源论，把美国的价值观和政治制度追溯到古代的北欧部落。

1938年4月的《美国社会学评论》（*American Sociological Review*）有篇题为《美国的盎格鲁-撒克逊神话》的文章，概述了美国学界和政界这种说法的来龙去脉。文中引述几位英国学者的看法，认为当时美国流行的盎格鲁－撒克逊理论既不符合英国史，也不符合美国独立前的殖民地历史；之所以在美国流行，跟历次反移民浪潮和19世纪末20世纪初优生学在美国兴起有关。美国版的优生学大致是说，盎格鲁－撒克逊是最优越的种族，需要保住这个血统在美国人中的主体地位。这种思潮波及社会、文化、政治和法律的各个方面。1924年，美国订立了历史上种族主义色彩最浓厚的《移民法》，不但基本断绝了亚洲移民，而且把南欧、东欧移民数量也降到了此前的零头。[22]

英国历史学家理查德·托尼（Richard Tawney）在美国访问时曾发出感慨：短暂行程中听到的"盎格鲁－撒克逊"比他在英国生活了大半辈子听到的还多。英国作家吉尔伯特·切斯特顿（Gilbert Chesterton）也有同感："我们英国人混杂了不列颠人、罗马人、日耳曼人、丹麦人、诺曼人和毕卡尔人（Picard）的血统，到底有多少盎格鲁人和撒克逊人的血统在里面，只有爱狂想的古玩家感兴趣。而瑞典人、犹太人、日耳曼人、爱尔兰人、意大利人像瀑布一样不断向美国倾泻；至于在美国咆哮的人种旋涡中还残留多少英国人就已稀释的盎格鲁－撒克逊血统，只有精神病才感兴趣。"[23]

在100年前，有迹可循的盎格鲁－撒克逊人口既已占美国人口的少数。根据1920年的人口普查记录，白人，包括拉丁裔白人，占美国人口的87.1%，其中祖上来自不列颠和北爱尔兰的人口全部加起来才占白人人口的41.4%。而不列颠的苏格兰人和威尔士人不被认为是盎格鲁－撒克逊人。这两个族裔在1920年人口普查中的占比已经不再单独统计，而是统统被归入英国人。在1790年的美国第一次人口普查中,苏格兰人和威尔士人约占英国裔人口的五分之一。1820年后,这两个族裔移民美国的人口在英国裔移民中的占比高于五分之一。综上,1920年的美国人口中,祖上跟盎格鲁-撒克逊能沾上边的估计最多占比不到36%。如果排除苏格兰人和威尔士人,盎格鲁-撒克逊裔占美国人口的比重小于三分之一。[24]

1920年至今的百年中,美国的南欧裔、东欧裔、拉丁裔和亚裔移民远远超过来自英格兰的移民,盎格鲁-撒克逊裔人口占比进一步缩小,加上跟其他族裔通婚,纯粹盎格鲁-撒克逊人占美国人口比重已经无从可考。在20世纪20年代的优生学狂热过后,也很少有严肃学者再关心这种问题。

五　盎格鲁-撒克逊神话

当代史学家劳拉·伯内特(Lora Burnett)搜索了国会图书馆各时代的报刊数据库,发现美国独立后半个多世纪中,很少有人讲"盎格鲁-撒克逊"。"盎格鲁-撒克逊"在报刊中出现的频率猛增要到1836年之后,跟当时蓄奴与废奴之争同步,成为南方维护奴隶制的主要理由:白人,尤其是盎格鲁-撒克逊人,是能够自治的优等种族,黑人没有自治能力。[25]由此可见,与其说盎格鲁-撒克逊优越论在美国的兴起是历史的产物,不如说是政治的产物。

第一次世界大战结束后,弗兰克·汉金斯(Frank Hankins)观察到,欧洲和美国追求种族纯洁的思潮和运动都跟在动荡时期国民追求团结的政治努力有关。其基本逻辑是:自己的种族优越,优越的种族创造优越的文化和宗教,所以要保持种族纯洁,不能让外族玷污,不能让其他宗教渗透:"我们在战前和战争期间的德国清楚地看到这一点。我们在战后美国的三K党运动中也看到这一点。本质上,这是盎格鲁-撒克逊美国在确认自己天生优越,并以一种好斗的方式告知各色人等:这是我们的国家,要由我们统治。"[26]

这种追求种族纯洁性的情绪也反映在一些新教教派的种族主义狂热运动中。1925年7月2日,一位名叫乔治·麦奎尼斯(George McGuinnis)的牧师在报纸上号召所有盎格鲁-撒克逊人到科罗拉多集会,称"盎格鲁-撒克逊人是失踪的以色列十支派后裔","被上帝拣选统治陆地和海洋的种族"。[27]

汉金斯注意到,当时美国的盎格鲁-撒克逊主义倡导者大都在德国接受高等教育,而在德国学术界,费希特(Johann G. Fichte)和黑格尔的日耳曼种族优越论盛行一时,把文明或文化的优越和特定种族挂钩,其极端表现形式就是"单一民族国家"理念。当时美国学术界的重量级人物约翰·伯吉斯(John Burgess)从德国留学回到美国后,出版了《政治学和比较宪法学》(*Political Science and Comparative Constitutional Law*),传播他在德国接受的种族和文化理论,但把德国教育中的日耳曼种族优越论置换成美国的盎格鲁-撒克逊优越论。在他看来,国家就是"同一个种族栖居在同一个地理区域"。按照这个标准,他认为德国是个还没有最后成型的国家,因为很多日耳曼人还居住在国境外,同时,很多斯拉夫人、瓦隆人、法兰西人和立陶宛人却居住在德国境内。至于美国,为了保持国家一致,必须限制和排除影响国家统一性的移民。[28]

汉金斯批评伯吉斯的单一种族国家理论，认为"在种族方面，说德国是个条顿国家跟说英国是个盎格鲁－撒克逊国家一样，都违反事实。如果是在人类学意义上，而不是在诗化和浪漫的意义上讲，美国现在不是，也从来不是个盎格鲁－撒克逊种族的国家"[29]。

比汉金斯稍晚的弗雷德里克·德特韦勒（Frederick Detweiler）也指出，那种认为盎格鲁－撒克逊人比其他种族更热爱自由民主的看法与历史不符：这个国家建立其上的地基固然有英格兰人的土壤。可能五分之三是英格兰人和威尔士人。但是，在美国独立前，约翰·亚当斯（John Adams）估计，殖民地大约有三分之一的人反对独立，拥戴英国国王，他们大多为英国移民和英国移民的后裔。而荷兰裔、法国裔、北欧裔没有这种保王情结。这种现象并不说明其他族裔更爱好没有君主的宪政民主，但也不说明盎格鲁－撒克逊裔比其他族裔更天然拥护没有君主的自由民主。[30]

美国从内战前到种族隔离时代一直有学者认为，南方白人在种族和文化上都比北方白人优秀。历史学家汉密尔顿·艾肯罗德（Hamilton Eckenrode）在1923年出版的《杰斐逊·戴夫斯，南方总统》（*Jefferson Davis, President of the South*）一书中，称奴隶制时代的南方白人为"热带的北欧人"，是正统的盎格鲁－撒克逊后裔，并把南方比作雅典，把北方比作斯巴达。[31]詹姆斯·亚当斯（James Adams）在1934年出版的《美国的悲剧》（*America's Tragedy*）中发现，南方人流行把农业生活浪漫田园化，在受到更多北方对奴隶制的批评后，则用盎格鲁－撒克逊种族抬高自己，称美国南方白人是更纯粹的北欧人种，统治能力

第七章　历史与神话　211

比北方白人更强。[32]

20世纪40年代，缪达尔在美国做研究时发现，所接触的南方人中很多有这种怀旧心态，相信南方人是盎格鲁–撒克逊贵族的后裔，北方人则是英国下等人的后裔。显然，这种信念跟历史不符。学者需要创造更符合历史事实的理论支持南方种族优越论。到二战前，流行的盎格鲁–撒克逊理论认为，因为南方接受的移民远远少于北方，所以南方人的盎格鲁–撒克逊血统更纯正。当时，人们讲的移民主要是指爱尔兰人、意大利人、东欧人、犹太人等，一种普遍的心态是，这些来自天主教、东正教、犹太教的移民威胁着美国的盎格鲁–新教制度和传统，降低了美国人的质量，有把美国变成一个像爱尔兰、意大利、波兰、俄国那种国家的危险。[33]

盎格鲁–撒克逊的种族—宗教神话是政治的产物，其历史叙事服从国际和国内政治的需要。按照这个神话，盎格鲁–撒克逊种族起源于北欧部落，在血缘上跟德国北方的日耳曼人是近亲。事实上，从美国独立到第一次世界大战前，德语是除了英语以外美国的第二大语言，各地不但开设了很多德语学校，而且有德语报纸、德语教会、各种讲德语的公益组织等。一战期间，美国和德国关系恶化，德国移民和德裔美国人随之成为被排斥的对象，德语成为被打击的语言。甚至有国会议员提案，要求接受联邦教育拨款的州禁止教英语以外的语言，这显然是针对德语。一战前后，美国至少有14个州立法禁止公立和私立学校教德语。

1919年，内布拉斯加州通过了"希曼法案"（Siman Act），禁止在公立学校、私立学校和教会教德语。有位路德宗教会学校的德语老师名叫罗伯特·梅耶（Robert Meyer），他教一名10岁的四年级学童读德语《圣经》，被巡视的县检察官发现，遭到起诉。县法院判梅耶有罪，罚款25美元。梅耶上诉到美国最高法院，他的代理律师是位爱尔兰移民后裔，在法庭上称"希曼法案"是"世界大战引发的仇恨、国家偏执和种族偏见"的产物。州政府辩护称，这个法案是为了让所有居民都变成"100%的美国人"。[34]

最高法院在判决中指出，自由人要追求幸福，有些基本权利必不可少；《宪法》不只是保护民众不被政府随意限制人身自由，也保护民众自由缔结契约、选择谋生方式、学习知识、成家立业、养育子女和信仰宗教的权利和自由。这是普通法的伟大传统。最高法院主张，老师教授移民母语、学童的家长让孩子学习母语都属于这种追求幸福不可或缺的权利和自由。"认为掌握德语本身有害，是不合理的。相反，人们一般认为掌握德语是有益的。在学校教这种语言是原告的职业。他教德语的权利和家长请他教自己孩子的权利属于（《宪法》第十四）修正案保护的自由。"[35]

最高法院的这个判决相当于说，《宪法》保护德裔美国人用德语做美国梦的权利。80年后，亨廷顿称，只有用英语做的盎格鲁－新教创立的美国梦，没有西班牙语的美国梦。显然，1923年的最高法院坚守的是美国的"第一种传统"，亨廷顿晚年返归的是美国的"第二种传统"。

六　保守主义与文化偏执

美国的"激进"与"保守"都是在美国信条之下才不脱离正轨。美国信条既是国民信守的理想，也是国家对国民的承诺。这个理想和承诺的核心就是《独立宣言》中讲的人人享有平等的生命、自由、追求幸福的权利。在共同的美国信条之下，所谓"激进"无非是要快点兑现承诺，所谓"保守"无非是说不能冒进，而是要根据现实条件有秩序地一步一步实现承诺。历史上，其他宗教、种族和文化移民的汇入并没有毁掉这个理想和承诺，而是使之更加包容、更加强大。这是美国的第一种传统。

按照这一传统，《独立宣言》中的建国理想就是"保守派"和"激进派"的共识。虽然现实跟理想之间有很大距离，是非善恶交错，但这更加表明坚持美国信条中体现的建国理想的必要。缪达尔曾对此有细致的观察："有时，人们甚至能感觉那种对毫不妥协的崇高理想的坚守和参差不齐的现实之间的关系。人们体会到，也许正是在这个仍然有些组织无序的年轻国家让现实变成理想的难度，也就是美国无处不在的'错误'，用国家信条的崇高标准衡量被认为的'错误'，让理想更加突出。美国不断地为灵魂而挣扎。这些社会伦理原则被锤炼成简单易记的公式。所有心智交流方式都被用来在每个人精神上打下这些信条的烙印。学校讲课教它们，教会布道讲它们。法院判决用法律术语宣布它们。"[36]

同时，美国的第二种传统也随着时代起伏，它不是要一步一步有秩序地实现《独立宣言》中的建国理想，履行《独立宣言》中的建国承诺，而是反对这个理想和承诺；不是追求人人平等，而是按照财富、种族、宗教和先来后到把人群分成三六九等；不是依照美国信条有秩序地改良不合理的现状，而是把各种等级和不平等固化；不是以一种开放的心态对待不同种族、不同文化、不同宗教、不同文明的人群对良善政治秩序的追求，而是主张起源决定论。亨廷顿晚年倡导的是这种传统。

弗朗西斯·福山对亨廷顿晚年返归第二种传统的趋向多有批评。他指出："现代民主在历史上的源头植根于西方基督教，这毫无疑问是正确的。这不是新观点。从托克维尔、黑格尔到尼采等思想家，都看到现代民主在很多方面事实上是基督教普世教义的世俗版本。但是，现代民主起源于特定的历史语境并不意味着它不能在起源后具有普适性。民主之所以得到传播，是因为它是一种让统治者负责的有效方法，不只是因为它有高贵的文化源流。"[37]

福山也观察到，美国的现实跟亨廷顿晚年的描述并不相符。比如，亨廷顿推崇盎格鲁-新教的工作伦理，但事实上，当今美国工作最辛苦的并不是盎格鲁-新教徒——至少不是只有他们，而是来自亚洲、拉美的第一代移民。在有机会的地方和有希望通过努力实现梦想的地方，人们就会努力工作。美国仍然不乏努力工作的盎格鲁-新教徒，但这个群体中有很多人，工作并不努力，甚至没有动力接受高等教育，成为排外的主力。他们代表的不是美国信条，而是用种族-宗教特色的本土主义阻挡美国信条的传承。显然，亨廷顿晚年成了这种本土主义情绪的学术代言人。但这种向后看的情绪不可能代表美国的未来，也不可能是美国人的国家认同的未来。

书本提供知识，也提供偏见。亨廷顿的著述也提供这两者。他的理论对当今世界和美国的现象有一定解释力，但包含不少基于宗教、种族和国家来源的偏见。从历史角度看，亨廷顿晚年的论题是美国两种传统相互冲突的延续。每代人都觉得自己遇到的挑战前所未有,但看一下历史——好在美国历史不太长——每代人的问题都不是前所未有,一些被问题刺激出来的反应也有与以往类同的模式,所谓穿新鞋走老路。借用洛萨达和凯恩斯的语言讲,特朗普时代,美国政界的亨廷顿的"奴隶"试图实践亨廷顿的国内和国际政治愿景,结果却是世界空前对抗,美国国内空前分裂。

在可预见的未来,盎格鲁-新教的历史文化内核会继续保持生命力,但美国只有内核远远不够,不足以让不同种族、不同文化传统、不同宗教信仰的人群凝聚成一个国家。缪达尔归结的美国信条远比亨廷顿推崇的产生美国信条的盎格鲁-新教文化更包容、更博大、更有凝聚力。

注释

1 Carlos Lozada, "Samuel Huntington, a Prophet for the Trump Era", *Washington Post*, July 18, 2017, https://www.washingtonpost.com/news/book-party/wp/2017/07/18/samuel-huntington-a-prophet-for-the-trump-era/.

2 John Maynard Keynes, *The General Theory of Employment, Interest and Money* (London: Macmillan & Co., 1936), 383.

3 Gunnar Myrdal, *An American Dilemma: The Negro Problem and Modern Democracy* (New York: Harper & Brothers Publishers, 1944), 3.

4 Rogers Smith, "Beyond Tocqueville, Myrdal, and Hartz: The Multiple Traditions in America", *American Political Science Review*, Vol. 87, No. 3 (September 1993), 549–566.

5 H. J. Eckenrode, *Jefferson Davis: President of the South* (New York: The Macmillan Company, 1923), 5.

6 "The Legacy of Sam Huntington", Harvard Kennedy School's Institute of Politics,

November 30, 2010, https://www.youtube.com/watch?v=3M-vwHWCT1g.

7 Samuel Huntington, "The Clash of Civilization?", *Foreign Affairs*, Vol. 72, No. 3 (Summer 1993), 22.

8 "The Legacy of Sam Huntington", Harvard Kennedy School's Institute of Politics, November 30, 2010, https://www.youtube.com/watch?v=3M-vwHWCT1g.

9 "Late Samuel P. Huntington", In Conversation, March 26, 2015, https://www.youtube.com/watch?v=J-tgVEz5xMU.

10 Bernard Lewis, "The Roots of Muslim Rage", *The Atlantic*, Vol. 266 (September 1990), 60, in Samuel Huntington, "The Clash of Civilization?", *Foreign Affairs*, Vol. 72, No. 3 (Summer 1993), 32; also in Samuel Huntington, *The Clash of Civilizations and the Remaking of World Order* (New York: Simon & Schuster, 1996), 213.

11 Samuel Huntington, *Who Are We? The Challenges to America's National Identity* (New York: Simon & Schuster, 2004), 256.

12 Samuel Huntington, "The Hispanic Challenge", *Foreign Policy* (March and April, 2004), 32.

13 同上，31-32。

14 Gunnar Myrdal, *An American Dilemma: The Negro Problem and Modern Democracy*, 8-17.

15 Samuel Huntington, "The Hispanic Challenge", *Foreign Policy* (March and April, 2004), 32.

16 Robert Levine, "Assimilation, Past and Present", *The Public Interest* (Spring 2005), 93.

17 Samuel Huntington, *Who Are We? The Challenges to America's National Identity*, xvii.

18 Robert Levine, "Assimilation, Past and Present", *The Public Interest* (Spring 2005), 93.

19 Francis Walker, "Restriction of Immigration", *The Atlantic*, June 1896, https://

www.theatlantic.com/magazine/archive/1896/06/restriction-of-immigration/306011/.

20 "Amusing Anecdotes on Justice Brandeis and His Early Responses to Anti-Semitism", Louis D. Brandeis Law Society, September 1, 2016, https://www.brandeislawsociety.org/news-article/amusing-anecdotes-on-justice-brandeis-and-his-early-responses-to-anti-semitism/.

21 Adam Serwer, "'Anglo-Saxon' Is What You Say When 'Whites Only' Is Too Inclusive", *The Atlantic*, April 20, 2021, https://www.theatlantic.com/ideas/archive/2021/04/anglo-saxon-what-you-say-when-whites-only-too-inclusive/618646/.

22 Frederick G. Detweiler, "The Anglo-Saxon Myth in the United States", *American Sociological Review*, Vol. 3, No. 2 (April 1938), 183-189.

23 同上，184。

24 同上。

25 Lora D. Burnett, "In the U.S, praise for Anglo-Saxon heritage has always been about white supremacy", *The Washington Post*, April 26, 2021, https://www.washingtonpost.com/outlook/2021/04/26/us-praise-anglo-saxon-heritage-has-always-been-about-white-supremacy/.

26 Frank Hankins, *The Racial Basis of Civilization: A Critique of the Nordic Doctrine* (New York: Alfred A. Knopf, Inc., 1926), 163-164.

27 同上，164。

28 John Burgess, *Political Science and Comparative Constitutional Law* (Boston: Ginn & Company, 1893).

29 Frank Hankins, *The Racial Basis of Civilization: A Critique of the Nordic Doctrine*, 174.

30 Frederick G. Detweiler, "The Anglo-Saxon Myth in the United States", *American Sociological Review*, Vol. 3, No. 2 (April 1938), 188.

31 H. J. Eckenrode, *Jefferson Davis, President of the South*, 12.

32 James Adams, *America's Tragedy* (New York: Charles Scribner's Sons, 1934),

154.

33 Gunnar Myrdal, *An American Dilemma：The Negro Problem and Modern Democracy*, 1189.

34 *Meyer v. State of Nebraska*, 262 U.S. 390, 400（1923）.

35 同上。

36 Gunnar Myrdal, *An American Dilemma：The Negro Problem and Modern Democracy*, 3–4.

37 Francis Fukuyama,"Samuel Huntington's Legacy", *Foreign* Policy, January 6, 2011, https：//foreignpolicy.com/2011/01/06/samuel-huntingtons-legacy/.

第八章 未竟的救赎

　　南方跟联邦政府有太多纠葛。内战后重建在南方留下的惨痛伤疤,到现在还没有愈合。扬基佬的横加干涉、居高临下指手画脚,让南方人超级敏感。时间会摆平这些事,但改变需要时间。

——斯特罗姆·瑟蒙德

　　我们不是生活在观念世界:无论是好是坏,我们生活在生活世界。

——阿奇博尔德·麦克利什

　　说起美国南方,远不只是个地理概念。对于很多土生土长的南方人来讲,南方意味着一种生活方式、文化传统和身份认同,夹杂着内战投降的屈辱、对北方的世代积怨、反叛的冲动和悲情、历史的原罪和艰难的自我救赎。对于很多北方人来讲,南方意味着种族主义、封闭落后、福音派教徒,以及斯特罗姆·瑟蒙德(Strom Thurmond)、奥瓦尔·福伯斯(Orval Faubus)、乔治·华莱士(George Wallace)、小布什等政治人物。

一　斯特罗姆·瑟蒙德

斯特罗姆·瑟蒙德是南卡罗来纳人，活了100岁，担任国会参议员48年，成为主张种族隔离、维护州权和南方生活方式的一面旗帜。他生前有过不少轰动美国的传奇：55岁时，为阻挠民权法案通过，在参议院连续演讲24小时18分钟；61岁时，跟得克萨斯参议员用摔跤解决政治纠纷，把对手压制在参议院地板上；66岁时娶了22岁的南卡罗来纳选美小姐，两人生了四个孩子……

2003年6月，瑟蒙德参议员去世。不久，他生前不为外界所知的混血女儿艾茜·梅（Essie Mae Washington–Williams）公开了自己的身份。两年后，艾茜·梅出版了回忆录《亲爱的参议员》（Dear Senator），讲述了她跟父亲长达60多年的秘密往来。父女两代人的悲欢离合让人体会到南方的温情和暧昧、偏见和无奈、责任感和依赖感、不易破解的生活密码、难以言传的潜规则，还有一种当代人已经陌生的忠诚。同时让人看到历史的冷酷印记。[1]

瑟蒙德22岁时跟16岁的黑人女孩凯丽·巴特勒（Carrie Butler）相好。当时，他在南卡罗来纳的埃奇菲尔德镇（Edgefield）做中学老师，凯丽·巴特勒在他父亲家做家务。1925年，巴特勒生下混血女儿，取名艾茜·梅，寄养在宾夕法尼亚的姐姐家。艾茜·梅上小学的时候，镇上一名白人妇女被强奸，她不知道强奸是什么，却发现整个镇上的黑人惊恐万状，像天要塌下来一样。警察抓了个黑人嫌疑人，镇上的白人等不及审判，要私刑处死，上千人带着枪去劫狱。镇上的黑人也开始聚集，带着枪去保护监狱。

艾茜·梅的姨父是个虔诚的基督徒,也要带枪去,她的姨妈哭叫阻拦,说去了可能就回不来了,白人还会找上门把她们孤儿寡母也杀了。她姨父开始哭泣,但还是带枪去了。好在镇上的警长威信较高,及时赶到现场,白人黑人武装对垒,但都没有开第一枪。警察悄悄把黑人嫌犯转移到另一个县的监狱看管。几天后,警察抓到了真正的强奸犯,是个白人。任何传统都包含野蛮的集体无意识冲动,在社会冲突中以各种偏执的方式表现出来。

少年时代,艾茜·梅一直把姨父和姨妈当父母,13岁时才见到生母凯丽·巴特勒,但仍不知道自己的父亲是谁。16岁时,艾茜·梅第一次跟生母回到出生地,参加亲戚的葬礼。葬礼后的早晨,母亲把她叫醒,说要带她去找父亲。两人穿上最好的衣服,朝富裕的白人城区走。艾茜·梅想,他父亲可能是在白人富豪家里当管家。来到一座楼前,看到招牌上写着"瑟蒙德和瑟蒙德律师行"。她想,父亲可能是给律师当司机吧。一位黑人男仆出来给母女俩开门。艾茜·梅以为那就是他父亲。但男仆并不说话,把他们带到一间巨大的办公室。几分钟后,一位英俊的白人进来,穿着浅蓝色西装,久久地盯着她,然后对她母亲说:"你女儿真可爱。"母亲对艾茜·梅说:"快见你父亲。"[2]

艾茜·梅一时无法把"父亲"跟眼前这位白人律师联系起来,不知道该怎么称呼,想到在门口看到"瑟蒙德和瑟蒙德律师行"的牌匾,就说:"您好,瑟蒙德先生。"瑟蒙德问她喜不喜欢南卡罗来纳,艾茜·梅说,跟她家那里太不一样了。瑟蒙德说:"这里才是你的家啊。"又问她知道不知道南卡罗来纳州徽上的拉丁文"Quis Separabit"是什么意思。艾茜·梅说她没学过拉丁文，瑟蒙德让她猜。在一旁的母亲说："你父亲以前是老师。"瑟蒙德抚着艾茜·梅的肩膀说："意思是，谁能把我们分开？"[3]

分手的时候，瑟蒙德对巴特勒说："你女儿真可爱。颧骨随我妹妹。"艾茜·梅回忆，她一直盼着父亲说"我们的女儿真可爱"。回家路上，艾茜·梅问母亲："他爱你吗？"母亲说："希望他爱我……我想他是爱我的。""你爱他吗？""爱。""他结婚了吗？""没有。""我们怎么办？"母亲说："有啥办法？这里是南卡罗来纳。"[4]

巴特勒告诉艾茜·梅，事务所门口匾牌上的第一个"瑟蒙德"是她爷爷约翰，第二个"瑟蒙德"就是她父亲斯特罗姆。约翰·瑟蒙德做过南卡罗来纳的联邦检察官和州最高法院法官，曾计划竞选州长。有一天，他跟政敌在事务所门前的街上相遇，话不投机，开始以南方人的方式解决争端，开枪打死了对手。尽管陪审团认定是自卫，判他无罪，但政治前途已变得渺茫。他后来给儿子斯特罗姆·瑟蒙德写下手谕："凡事三思而行，如有疑虑，就不要行动。"[5]

珍珠港事件爆发时，斯特罗姆·瑟蒙德已经39岁，担任州巡回法院法官，不在征兵的行列，但他主动要求入伍。战争改变了很多人的命运，也开始改变美国社会对黑人和其他种族的态度。珍珠港事件那天，一位黑人士兵成了击落日本战机的英雄。多里斯·米勒在西弗吉尼亚号战舰上当厨子，不属于战斗人员，没有受过防空武器训练。日本军机发动空袭后的混乱中，他跑到战斗位置，用高射机枪扫射长达15分钟，击落至少一架敌机。西弗吉

第八章　未竟的救赎　223

尼亚号被鱼雷击中，沉没前他帮助数名战友逃生。米勒因战功获得海军十字勋章，那是美国海军的最高荣誉勋章。1943年，在对日作战中，米勒所在的舰只被日军潜水艇击沉，他随之牺牲。冷战期间，美国海军曾以他的名字命名一艘护卫舰。2020年，美国海军宣布把即将建造的一艘核动力航母命名为"米勒号"。目前，美国海军共有现役航母11艘，其中8艘以总统名字命名，2艘以国会议员名字命名，1艘以海军上将名字命名，"米勒号"是第一艘以普通士兵名字命名的航母。

瑟蒙德被派往欧洲战场，参加了诺曼底登陆，驾驶滑翔机降落时受伤，获"紫心勋章"。当时尽管美国军队仍然实行种族隔离制度，但在欧洲战场上作战的美国陆军和空军都有大量黑人士兵。前线战事紧迫时，陆军经常把黑人士兵以排为单位分配到白人连队作战。黑白士兵并肩作战会改变双方的种族偏见。黑人士兵的牺牲和勇敢得到了白人官兵的肯定。当时对有黑人排的连队做的调查显示，84%的白人军官和81%的白人士兵认为黑人作战勇敢。[6]战争还没结束，美国陆军就把冈纳·缪达尔研究种族关系的巨著《美国难题》缩写成一个小册子，分发给官兵，为他们战后回到世俗生活适应新的种族关系做准备。战后大量士兵复员，很多人的种族观念已经有所改变，杜鲁门总统以行政命令方式在军队中废除种族隔离，也算水到渠成。[7]

瑟蒙德退役后回到南卡罗来纳，开始从政，竞选州长成功。1948年，他竞选总统，在南方四个州获胜，但在全国败给哈里·杜鲁门。1954年，瑟蒙德竞选国会参议员成功，任职直到去世前一年。自从父女第一次见面后，瑟蒙德经常约见艾茜·梅，有时候在校园，有时候在酒店，有时候在参议院办公室。瑟蒙德鼓励女儿上学，把她安排到南卡罗来纳的一所黑人大学读书，每次见面都给她钱，资助她的教育和生活。艾茜·梅对两人的关系守口如瓶，直到瑟蒙德安葬半年后。那时，她已经78岁高龄，在媒体上公开了跟瑟蒙德的父女关系，说："移开了巨大的重负，彻底获得了自由。"[8]

南卡罗来纳首府哥伦比亚市（Columbia）州政府大楼前矗立着瑟蒙德的纪念铜像。瑟蒙德葬礼后一年，州议会通过决议，在铜像底座雕刻的瑟蒙德子女名单中加上艾茜·梅的名字。至少，作为维护南方传统的旗帜性人物，瑟蒙德漫长人生的这一篇章不再暧昧。

二 南方生活方式

在南方的传统叙事中，内战是南方为维护自己的生活方式和州权而战的高贵事业。战败后被军管的屈辱和政治、经济困境愈加激发了南方人的反抗意志和对南方身份的认同。他们相信，北方通过战争摧毁了南方的经济和社会结构，联邦政府用强权压迫南方人，把北方的意志强加给南方。这种信念和悲情造就了一代又一代南方人。至今，很多南方人仍然为这场失败的战争而骄傲，南方军旗仍然是骄傲的象征。

瑟蒙德竞选总统失败后，艾茜·梅批评他的种族隔离言论伤害了黑人。瑟蒙德说那是南方的文化、习俗和生活方式："南方跟联邦政府有太多纠葛。内战后重建在南方留下的惨痛伤疤，到现在还没有愈合。扬基佬的横加干涉、居高临下指手画脚，让南方人超级敏感。时间会摆平这些事，但改变需要时间。好比说，你先生刚认识你就强迫你亲吻他，你会说'不'，你会拒绝。但如果他给你时间，让你了解他……瞧，现在你们是一家人了。"⁹

南方人讲邻里和同事关系融洽，经常说"像一家人一样"。这是一种南方人特有的亲近和温情，有别于大公司等级森严的工作关系，也不像大城市人与人之间那种近距离的陌生。在回顾奴隶制和隔离年代时，传统南方人会有意无意表露这种温情色彩：有坏奴隶主，但也有很多好奴隶主，而且多数不是家有千亩良田、数百奴隶的大庄园主，而是只拥有几个、十几个奴隶和上百亩地的小种植园主。一些奴隶主后代的回忆中充满田园的温情色彩：奴隶为我们家干活，就像家庭成员一样。

这种充满温情的家长制把黑奴当成未成熟的孩子，为他们提供生计、保护他们，但要他们服从、听话，违者受到严厉处罚。在奴隶制时期，南方以家庭关系为奴隶制辩护：奴隶主如父，奴隶如子；黑奴心智不开化，无法自主自立，需要文明人管教。内战前，南方批评北方的工业制度，说资本家对工人没有责任感，说解雇就解雇，让他们生活无依无靠；而南方黑奴的生活有保障，不管地里收成好坏，都有饭吃，有房子住。

内战前夕，南方理论家乔治·菲茨休（George Fitzhugh）著有《南方社会学：自由社会的失败》（*Sociology for the South : Failure of Free Society*）一书，认为奴隶主养奴隶，就像父母养孩子一样，只是因为上帝的安排，黑奴是永远长不大的孩子。在他看来，奴隶制能够减轻底层社会穷人的生活压力，提高劳动效率，维护社会和谐，所以南方不仅要把黑人当奴隶，也可以驯化底层白人当奴隶。菲茨休的理论盛行于内战前的南方。战后，奴隶制被废除了，但家长制的遗风代代相传。[10]

跟大部分南方人一样，瑟蒙德是这种习俗的产物。经历了几个时代的风云变幻，他成为美国政坛的常青树。要维持政治生命常青，他需要选票；要把得票率最大化，他需要迎合最大公约数的选民，用鲜明的性格征服他们，用激烈的言辞动员他们。而政治动员是温情的反面。民权运动时期，南卡罗来纳大部分白人选民支持种族隔离，瑟蒙德选择做他们的代言人，用高大上的政治语言表达他们的心声：南方人有权维护传统生活方式，各州有权决定自己的种族隔离法律，不需要联邦政府横加干预，告诉南方人怎么生活。

艾茜·梅年轻时经常为父亲的种族隔离言论所困扰。两人见面时，瑟蒙德努力淡化自己的竞选言论，让女儿看他为改善黑人处境做的好事，比如扫盲、增加黑人学校投资、为濒临倒闭的黑人医学院募捐、为黑人大学建游泳馆等。至于令女儿伤心的种族隔离言论，瑟蒙德说："那是政治。在激烈选战中，他们会歪曲你说的话，断章取义。看人要看他做什么，别看他说什么……南卡罗来纳的未来取决于改善黑人的生存状况。我爱这个州。但是要给我时间，给我机会。"[11]

艾茜·梅觉得父亲是在用套话敷衍，就说："希特勒说犹太人劣等，你说黑人劣等……你不想让黑人跟白人在一起。"听到女儿拿他跟希特勒比，瑟蒙德似乎有些难过："不是劣等。不一样！不一样！拿我跟希特勒相比，我在竞选中不是没听到过。什么话都听到过。但听到你说，不一样……你改变不了南方。""是你不想改变，先生。"艾茜·梅冷冷地说。父女关系曾一度跌入低谷。[12]

传统南方人,包括反对种族隔离的南方人,普遍不愿看到种族关系变化太快,更不接受联邦政府的强制措施。在最高法院废除种族隔离后,威廉·福克纳投书《生活》(*Life*)杂志,说:"等一等,现在要等一等,停下来,三思而行……美国其他地方对南方几乎一无所知……假想南方的情况很简单,一点也不复杂,仅仅用法令支持的多数国民意志能在一夜之间改变。"[13]历史进程或快或慢。强势的一方往往觉得改变得太快,而弱势一方往往觉得改变得太慢。瑟蒙德一生为南方生活方式辩护,高调维护州权,反对激进的社会变革。从理论上笼统地看,这些都有道理。问题在于,内战前南方生活方式的核心就是奴隶制,南方各州在行使州权方面跟联邦政府最大的矛盾就是维护奴隶制;民权运动时期,南方生活方式的核心内容就是黑白有别,各州在行使州权方面跟联邦政府的最大矛盾就是维护种族隔离。

南方人对传统生活方式的温情记忆和对州权的执着包裹着历史的残酷内核。一个半世纪中,南方经历了战败投降、被联邦政府军管、经济崩溃、一场场官司、屡败屡诉,几度风雨飘摇,无数生生死死,不变的是跟北方的世代恩怨、温情和残酷交织的暧昧。

三 "我永远搞不懂他"

2003年6月26日,斯特罗姆·瑟蒙德在家乡去世。弥留之际,他嘱托夫人南希·瑟蒙德,去请参议员乔·拜登(Joseph Biden)

在葬礼上致悼词。瑟蒙德生前的政见大多跟拜登的针锋相对,一个是共和党,一个是民主党。瑟蒙德在人生尽头做的最后安排仍然像他一生中做的很多事一样,与众不同,出人意表。7月1日,葬礼在南卡罗来纳首府哥伦比亚的第一浸信会教堂举行。第二天,美国各大报和南卡罗来纳的地方报纸转发了美联社的报道:"经历了百年漫长的人生,从隔离到和解,瑟蒙德跟随时代转变,自我救赎,黑人和白人、民主党人和共和党人前来表达敬意。"[14]

拜登在悼词中说:"这伙计太复杂。南希告诉我,他要请一个特拉华州名叫拜登的家伙来致悼词。除了复杂还能怎么解释?我永远搞不懂他……"拜登总结瑟蒙德一生经历的三个不同时代:年轻时,南方的传统习俗还天经地义;中年时,这些习俗开始受到挑战;人生最后30年,很多南方习俗已经摧枯拉朽。他相信,瑟蒙德深爱南方,在国会忠实地代表着南方。民权运动时,为了信念和南方的利益,他不惜背弃民主党,转向共和党。[15]

观念世界追求明晰,往往是非分明,黑白有别,但难以解释瑟蒙德丰富而暧昧的一生。他公开维护种族隔离,但在当州长时推行大量提升黑人地位的政策。1947年,《纽约时报》曾发表社论《斯特罗姆·瑟蒙德,南方的希望》,赞扬他推行的政策,可谓罗斯福新政的样板:普及基础教育、政府干预消除贫困、加大黑人学校的投资等。"改变需要时间"——艾茜·梅年轻时觉得那是父亲拒绝改变的套话。但从瑟蒙德的作为看,那并不完全是套话。担任州长期间,他任命一位黑人医生担任州政府医院董事,引起轩然大波。当地报纸刊登了大标题:《瑟蒙德任命了一位黑人!》。在他参议员生涯的后30年,瑟蒙德开始雇用黑人员工,

第八章 未竟的救赎

并推荐不少黑人进入政府关键岗位。[16]

艾茜·梅的第一位黑人男友马修·佩里在民权运动中成为著名律师,担任全国有色人种协进会在南卡罗来纳的首席律师。1962年,黑人妇女格劳丽娅·布莱克韦尔带女儿看急诊,坐在医院的白人候诊区,被逮捕后,佩里担任她的辩护律师,打赢了官司。瑟蒙德曾对艾茜·梅说:"你男朋友很优秀。将来有一天,他可能会担任最高法院法官。"艾茜·梅问:"你怎么知道我跟马修约会过?"瑟蒙德说:"艾茜,那是我的工作。知识就是力量。如果你喜欢他,我就知道那小伙子错不了。""但那是很久以前的事了。""好的判断力没有失效期。"[17]

1976年,瑟蒙德推荐马修·佩里担任美国军事上诉法庭法官,经参议院核准,获得福特总统任命,成为第一位来自南方的联邦法院黑人法官。三年后,南卡罗来纳联邦地区法院法官位置出现空缺,瑟蒙德再度推荐佩里,使他成为南卡罗来纳联邦法院第一位黑人法官。向总统推荐黑人担任联邦法院法官,在南方各州的参议员中,瑟蒙德开风气之先。他也是参议院中首位雇用黑人工作人员的南方参议员。里根总统时期,他投票支持把马丁·路德·金的生日定为联邦假日,跟一些南方州在参议院的同事分道扬镳。不过,直到2000年,南卡罗来纳州议会才正式承认这个假日。

拜登在悼词中对瑟蒙德充满溢美之词:"跟我们每个人一样,斯特罗姆是他那个时代的产物。但是,他理解民众,关心民众,实心实意想帮助他们。他知道如何了解民众,如何打动他们,如何把事做成。"[18]这种赞誉并非空穴来风。2020年,南卡罗来纳举行国会参议员竞选时,民主党候选人杰米·哈里森(Jaime Harrison)是位黑人,回忆了他母亲高中毕业时找不到工作:有人说,应该去找议员,她便写信向南卡罗来纳的两位国会参议员求助。不久,瑟蒙德办公室的人员回应,在当地为她牵线搭桥,找到一份不错的工作。哈里森长大后听母亲讲起这件事,跟他对瑟蒙德的印象不太符合,就问:"妈妈,你有没有记错?那真是斯特罗姆·瑟蒙德?"他母亲说:"杰米,不会记错,的确是他。他的人也没问我是什么种族,支持什么党,只了解了我是当地居民,遇到难处,需要帮助。"[19]

在二战后的美国政坛上,没有其他政客比瑟蒙德更早吃透了南方的民情,更早利用南方人对联邦政府的积怨和对南方身份的强烈认同来达到政治目标。当民权运动和民权法案再度激起南方白人的积怨和悲情时,瑟蒙德抓住机会,将其转化成选票。在1968年的总统大选中,他成功利用南方的民情,帮助尼克松赢得选举。此后,共和党的所有总统候选人无不因袭他引领打造的"南方策略"。

四 宽恕与和解

美联社称赞瑟蒙德晚年的"自我救赎"。但无论对于瑟蒙德本人而言,还是对于他所代表的南方而言,"自我救赎"是个远未完成的过程。

曾经跟瑟蒙德齐名的南方政治人物乔治·华莱士在政治生涯晚期也经历了显著转变。20世纪60年代,他担任亚拉巴马州长期间,亲自出马阻挡被州立大学录取的黑人学生入校,跟联邦司法部的执法人员对峙。这种做法在南方是一种典型的吸引白人选民的政治姿态。华莱士第一次竞选州长时，输给了狂热支持种族隔离的对手。第二次竞选，他比对手更狂热地支持种族隔离，赢了选举。1963年1月14日，在就职州长的演讲中，华莱士称"不但现在要隔离，明天要隔离，而且永远隔离"。[20]不过，他不承认自己是种族主义者，辩解说："我大谈建好学校、修好公路，这些政绩根本没人听。我就开始讲黑鬼，他们一下就跳起来了。"[21]二战前，冈纳·缪达尔在美国考察时已经观察到南方政治中这种以打种族牌决胜负的现象。

华莱士曾四度竞选美国总统，每次都高调打种族牌，均以失败告终，没有机会像瑟蒙德那样登上全国政治舞台。但他在南方，尤其是亚拉巴马影响深远，被称为"最有影响力的失败者"。1965年3月，马丁·路德·金、约翰·刘易斯（John Lewis）等民权活动人士带领数千名黑人从亚拉巴马的塞尔马镇（Selma）步行到首府蒙哥马利（Montgo mery）州政府前，向华莱士州长请愿，成为民权运动的标志性事件。华莱士调派警察沿途布防，下令采取一切必要措施阻挡请愿队伍进首府，造成"流血星期日"事件，不少黑人被打伤、拘捕。请愿者到达州政府大楼前，华莱士闭门不见，拒绝听取他们的请愿。

在1972年的总统竞选中，华莱士被一名渴望出名的白人枪手击中，下身瘫痪，在轮椅上度过了余生。他担任了四届亚拉巴马州长，直到1987年卸任退休。

1979年的一个周日，华莱士州长在事先没有知会的情况下，来到蒙哥马利的黑人浸信会教堂。民权运动时期，马丁·路德·金牧师曾经在那里布道,宣讲宽恕与和解的道理:"宽恕并不意味着无视过去的行为或给恶行贴上虚假标签。宽恕意味着,过去的恶行不再是相互关系的障碍……我们憎恨种族隔离,但要爱那些隔离者。这是共建值得爱的社群的唯一道路。"那个周日,华莱士坐在轮椅上,对满堂黑人会众说:"我学到了受苦的含义。这在以前是不可能的。我想,我现在多少能理解黑人民众经受的痛苦。我知道,那种痛苦也有我曾经制造的一份,我只能请求你们原谅。"几年后,华莱士在电视上公开道歉,对自己过去的种族主义言行给黑人带来的痛苦表示忏悔。在他最后一届任州长期间,华莱士聘请一位黑人做他的发言人,在州政府中任命了160多名黑人官员,把亚拉巴马67个县中黑人的选民登记人数提高了一倍。[22]

1995年3月10日,华莱士在圣彼得教堂纪念蒙哥马利请愿30周年,身边是200多名当年参加过请愿的民权活动人士和来自各地的牧师、官员、议员,有黑人,也有白人。华莱士75岁高龄,已经耳聋,疾病加上伤痛使他无法正常讲话,只能含混地对跟他打招呼的人说:"我爱你们。"他的助理在现场宣读了他的书面声明:"往昔的日子曾经充满感情用事的信念、被夸大的使命感,让我们所有人都觉得要以天下为己任,责无旁贷。时移世易,我们丧失了很多,也得到了很多,步履蹒跚到今天。我今天想说的是:'欢迎来到蒙哥马利。'"30年前,他动用全州的警力阻挡这些人来蒙哥马利。

在场的很多人为华莱士鼓掌,但不是每个人都能原谅他。鲁弗斯·瓦纳鲍(Rufus Vanable)曾在"流血星期日"被警察打伤。

他退出教堂,来到一棵高大的松树下面,对记者说:"我对他说什么不感兴趣。如果你经历过,你也不会感兴趣。如果他以为这样可以让自己的灵魂平静,就爱说什么说什么吧。我不愿看到他那张脸,带回太多记忆。"[23]

教堂内传出《我们终将克服》的歌声:"我们不害怕,我们今天不害怕,内心深处我相信,我们终将克服;我们不孤单,我们今天不孤单,内心深处我相信,我们终将不孤单;真理让我们得自由,真理有一天会让我们得自由,内心深处我相信,我们终将克服;我们会手牵手并行,我们有一天将会手牵手并行,内心深处我相信,我们终将克服……我们将会有自由,我们有一天会获得自由,内心深处我相信,我们终将克服。"这本来是一位牧师在20世纪初谱写的赞美诗,民权运动中成为请愿和抗议者的街头歌曲。教堂内,当年曾经被殴打的民权活动人士拉着华莱士的手合唱,瓦纳鲍独自在门外的松树下跟着教堂传出的曲调哼唱。三年后,乔治·华莱士去世。

2015年7月,南卡罗来纳州议会决定从政府建筑中移除南军战旗。斯特罗姆·瑟蒙德的儿子保罗·瑟蒙德(Paul Thurmond)是州议会参议员,投票支持这项决议。投票前,他在州议会说:"我了解我们的传统,敬仰前辈们为我们更美好的生活所成就的事业,但这并不意味着我必须相信他们所有的决定都正确。在有生之年,我永远不能理解任何人会为了维护奴隶制打内战……我不为那种传统感到骄傲。"保罗·瑟蒙德翻过了他父亲遗留的"自我救赎"的一页。[24]

在南方各州中,密西西比被称为"最南的南方"。那里也是内战中南军战旗的最后堡垒。2020年夏天，新冠疫情肆虐，弗洛伊德案引发的抗议席卷全美。密西西比州各级政府和公路两边的休息站飘扬着带南军战旗图案的州旗。内战后，南军战旗成为一个复杂的象征：独立不羁、蔑视胜利者、不屈服于北方、不在压力下放弃传统生活方式——尽管那种生活方式曾经包含奴隶制。1954年，最高法院废除南方各州公立学校的种族隔离政策，很多南方人认为这是北方把自己的意志强加给南方。甚至一些反对种族隔离的南方人也对联邦政府的强迫措施不满，表示不会屈服于外来的压迫。作家威廉·福克纳在一封公开信中表达了这种心声："我反对强制隔离。我同样强烈地反对强制融合。这首先是出于原则，其次，我不相信那样做会成功。"25

福克纳的公开信之后，带有内战遗留标记的密西西比州旗又飘扬了60多年。进入2020年，在从州旗上移除内战标记的问题上，密西西比州议会仍然犹疑不决。夏天，弗洛伊德事件引发了民权运动之后规模最大的全国性抗议，各界失去耐心，公开施压。全国大学生体育协会声明，如果密西西比继续沿用旧州旗，协会将停止在密西西比举办重要比赛。密西西比州立大学橄榄球队明星主力卡林·希尔（Kylin Hill）表示将退出比赛，以示抗议。沃尔玛超市采取行动，移除了密西西比州所有店面的州旗，甚至以保守著称的南方浸信会也发表声明，说这不是个保持传统的问题，而是个道德问题。

2020年6月末，密西西比州议会表决，移除州旗上的南军战旗标志。第二天，州长泰特·里夫斯（Tate Reeves）签字生效。州政府向民间征集新州旗的设计方案，收到2000多个图案，最后选中了苏·安娜·卓依（Sue Anna Joe）的木兰花图案和另外一个方案的色彩设计。卓依是华裔美国人，出生在密西西比三角地带的格林伍德镇，离林恭一家曾经居住的罗斯代尔镇只有100公里。不到百年前，罗斯代尔的公立学校曾经把林恭的两个女儿和其他华人学童赶出学校。当时，密西西比州最高法院支持学校的做法，说要保护白人血统的纯正，而美国最高法院判决学校种族隔离不违反《宪法》。如今，华人的后裔为密西西比设计新州旗。

2020年11月3日，密西西比以全民公决的方式（73%赞成）确立了卓依设计的新州旗方案。历史又翻过了一页。内战后一个半世纪，北风南渐，终于吹到了"最南的南方"。内战的南方遗迹不断被抹去，有人欢庆，有人抗议，有人在沉默中失落或郁积愤懑。美国以《独立宣言》中"人人生而平等"信念和承诺立国，被冈纳·缪达尔称为"美国信条"。内战后《宪法》增加第十四修正案，相当于把政治信念和承诺变成了宪法权利。有史学家把内战称为"第二次建国"，对于少数族裔和传统弱势群体来讲，第二次建国的意义跟第一次同样重要。[26]政治信念和承诺可以流于空洞，但变成宪法权利，就有了法律上的可操作性，开辟了跟普通人的日常生活发生关系的渠道。

白人、黑人、华人、穷人、富人、强者、弱者、曾经的主人和奴隶……南方共同的历史塑造了生活在这片土地上的人们，每个人却有着不同的历史记忆，只是不像观念世界那么泾渭分明。诚如美国作家阿奇博尔德·麦克利什（Archibald MacLeish）所言："我们不是生活在观念世界：无论是好是坏，我们生活在生活世界。"[27]生活世界的暧昧往往比观念世界的冲突更加强大和锐利，伴随着各种非理性冲动与理性辩护、暴力与温情、希望与绝望、积怨与和解，不断地改变着社会和人群，使南方未竟的"自我救赎"之路虽迂回曲折，却不至断绝。当代人是这段历史的见证者，也是这个历史进程的一部分。

注释

1　Essie Mae Washington-Williams and William Stadiem, *Dear Senator : A Memoir by the Daughter of Strom Thurmond*（New York : Harper Collins, 2005）.

2　同上，31。

3　同上，33。

4　同上，38。

5　同上，36。

6　"Opinions About Negro Infantry Platoons in White Companies of 7 Divisions", July 3, 1945, Harry S. Truman Library Museum, https : //www.trumanlibrary.gov/library/research-files/opinions-about-negro-infantry-platoons-white-companies-7-divisions.

7　"Executive Order 9981", July 26, 1948, Harry S. Truman Library Museum, https : //www.trumanlibrary.gov/library/executive-orders/9981/executive-order-9981.

8　Jeffrey Gettleman, "Thurmond Family Struggles with Difficult Truth", *The New York Times*, December 20, 2003.

9　Essie Mae Washington-Williams and William Stadiem, *Dear Senator : A Memoir by the Daughter of Strom Thurmond*, 121.

10　George Fitzhugh, *Sociology for the South : Failure of Free Society*（Richmond : A Morris, 1854）.

11　Essie Mae Washington-Williams and William Stadiem, *Dear Senator : A Memoir by the Daughter of Strom Thurmond*, 119.

12 同上，120-121。
13 William Faulkner,"Letter to a Northern Editor", *Life*, March 5, 1956, pp51-52.
14 The Associate Press,"Thurmond Eulogized at Funeral", *The New York Times*, July 2, 2003, https：//www.nytimes.com/2003/07/02/us/thurmond-eulogized-at-funeral.html.
15 Joseph R. Biden,"Eulogy for James Strom Thurmond", delivered July 1, 2003, First Baptist Church of Columbia, Columbia, SC, https：//www.americanrhetoric.com/speeches/joebidenstromthurmondeulogy.htm.
16 Michael Lind,"Good Old Boys", *The Washington Post*, September 11, 2005, https：//www.washingtonpost.com/archive/entertainment/books/2005/09/11/good-old-boys/33bfd6c1-da5f-4c0e-be6b-f17151c5e740/.
17 Essie Mae Washington-Williams and William Stadiem, *Dear Senator：A Memoir by the Daughter of Strom Thurmond*, 160.
18 Joseph R. Biden,"Eulogy for James Strom Thurmond", delivered July 1, 2003, First Baptist Church of Columbia, Columbia, SC, https：//www.americanrhetoric.com/speeches/joebidenstromthurmondeulogy.htm.
19 Jinitzail Hernández,"A Talk with Jaime Harrison：Lindsey Graham, Strom Thurmond and Round Heads", *Roll Call*, February, 19, 2020, https：//rollcall.com/2020/02/19/a-talk-with-jaime-harrison-lindsey-graham-strom-thurmond-and-round-heads/.
20 "The Inaugural Address of Governor George C. Wallace", January 14, 1963, https：//digital.archives.alabama.gov/digital/collection/voices/id/2952.
21 Ta-Nehisi Coates,"On Race-Hustling", *The Atlantic*, October 3, 2012, https：//www.theatlantic.com/politics/archive/2012/10/on-race-hustling/263210/.
22 Colman McCarthy,"George Wallace - From the Heart", *The Washington Post*, March 17, 1995, https：//www.washingtonpost.com/wp-srv/politics/daily/sept98/wallace031795.htm.
23 Rick Bragg,"30 Years Later, Wallace Apologizes to Marchers", *The Baltimore Sun*,

March 10, 1995, https：//www.baltimoresun.com/news/bs-xpm-1995-03-11-1995070104-story.html.

24 Karen Tumulty, "A Thurmond of the Next Generation Seeks a New Legacy in South Carolina", *The Washington Post*, June 29, 2015, https：//www.washingtonpost.com/politics/a-thurmond-of-the-next-generation-seeks-a-new-legacy-in-south-carolina/2015/06/29/febb70a4-1e62-11e5-aeb9-a411a84c9d55_story.html.

25 William Faulkner, "Letter to a Northern Editor", *Life*, March 5, 1956, 51.

26 Eric Foner, *The Second Founding*：*How the Civil War and Reconstruction Remade the Constitution*（New York：W. W. Norton & Company, 2019）, xix–xxvii.

27 Joseph R. Biden, "Eulogy for James Strom Thurmond", delivered July 1, 2003, First Baptist Church of Columbia, Columbia, SC, https：//www.americanrhetoric.com/speeches/joebidenstromthurmondeulogy.htm.

第九章　勇气是最好的保护

> 在美国，妇女的独立性无可挽回地丧失在婚姻关系中。那里的未婚女性比在其他任何国家束缚都少，但一结婚就受制于更严格的家庭义务。父亲家是未婚女儿自由快乐的安乐窝，但一嫁到丈夫家就像住在修道院。这两种不同的生活状态可能不像人们想象的那么完全对立，相反，美国妇女是从前者自然而然地过渡到后者。
>
> ——亚历西斯·德·托克维尔

> 我们这一代妇女都会记得那场斗争的感受。就像年轻时的爱情，现在回忆起来感觉不会完全一样，但不会忘记。
>
> ——萨拉·韦丁顿

2020年是美国妇女在全国范围内获得选举权100周年。在11月3日举行的大选中，女性选民把唐纳德·特朗普总统赶出了白宫。选后民调显示，乔·拜登获得55%的女性选票，比特朗普高11个百分点。而在男性选民中，拜登落后特朗普2个百分点。[1]女性公民是美国最后一个获得选举权的群体。1870年，《宪法》增加第十五修正案，保障黑人男性的选举权。整整半个世纪后，《宪法》增加第十九修正案，美国女性公民的选举权首次获得《宪法》保障。但妇女选民的投票率长期低于男性选民。1980年大选，女性选民的投票率首次超过男性选民，此后一直领先。[2]

《宪法》第十四修正案保障所有人享有法律的平等保护。改变不平等的现状有两种方式，一是"向上平等"，二是"向下平等"。弱势群体获得了跟优势群体平等的权利，比如妇女本来没有投票权，后来有了投票权，属于"向上平等"。反之，则是"向下平等"。问题在于，强势群体往往把"向上平等"看成零和游戏，认为弱势群体是在抢夺他们的权利和特权，因此拒绝变革。这种强弱冲突发生在每一次弱势群体争取权利的进程中，把法院、国会、街头变成没有硝烟的战场。历史上，有些"向上平等"是通过国会立法实现的，有些则是通过法院判决达成的。前者如女性公民的选举权，后者如妇女堕胎权。因为法院判决往往受现有法律和判例的束缚，平等权往往以十分曲折的方式体现在判决中。

一　另一半公民

1860年总统大选，共和党候选人亚伯拉罕·林肯在竞选期间收到一封信，发信人是个名叫格蕾丝·贝德尔（Grace Bedell）的11岁女孩子，说看到父亲拿回家的林肯照片，脸太瘦了，建议他留胡子："我有四个哥哥，他们有的会投票给您，如果您能留胡子，我会劝别的哥哥也为您投票。您脸太瘦了，留胡子会看起来好得多。所有女士都喜欢大胡子，她们会劝自己的先生投票给您，那样您就能当总统了。我父亲会投票给您。如果我是男生，也会投票给您……"³林肯听从了贝德尔的建议，留起胡子，成了今天人们在照片上看到的形象。直到60年后，美国的女性公民才在全国范围内获得选举权，那时候，格蕾丝·贝德尔已经71岁。

根据美国《宪法》第二条第一款，规范和管理选举事务属于各州的权限。1797年，新泽西州议会立法赋予女性公民选举权，但10年后又立法废除，只允许白人男性投票。1870年2月，当《宪法》增加第十五修正案保障黑人男性的选举权时，美国没有任何一个州的女性公民有选举权，只有怀俄明地区的法律允许妇女居民投票，但那时怀俄明还没有成为美国的一个州。1890年，怀俄明被美国接纳为州。如果不计妇女选举权曾经昙花一现的新泽西州的话，怀俄明成为美国第一个保障妇女选举权的州。此后20多年间，西部各州的女性公民陆续获得选举权，东部、中西部和南方的大部分州仍然禁止女性公民投票。直到1920年《宪法》增加第十九修正案，新泽西女性公民的选举权在相隔113年后失而复得。

1831年，托克维尔访问美国时观察到：在美国，妇女的独立性无可挽回地丧失在婚姻关系中。那里的未婚女性比在其他任何国家束缚都少，但一结婚就受制于更严格的家庭义务。父亲家是未婚女儿自由快乐的安乐窝，但一嫁到丈夫家就像住进修道院。这两种不同的生活状态可能不像人们想象的那么完全对立，相反，美国妇女是从前者自然而然地过渡到后者。⁴妇女不仅在家庭中处于丈夫的附属地位，而且在社会生活和政治生活中也是如此，"美国妇女从来不管家庭外的事务、经营生意或参与政治生活；另一方面，她们也从来没有被强迫下地干粗活或从事需要重体力才能干的工作……"[5]当时，美国是个农业社会，国土主要局限于东部和东南部。此后半个世纪的西进、内战和第二波工业革命使美国社会发生了巨变，很多妇女不再满足于做家庭的附庸，权利意识开始觉醒。

内战后，联邦政府向大量迁徙到西部边疆的家庭赠送土地。大部分去边疆闯荡的是年轻家庭，地多人少，为了在严酷的环境中立足，很多妇女不得不走出家庭，像男性一样下地劳动或经营生意。她们脱离了相对固化的传统社会，在扩展权利方面遇到的阻力小一些，政治地位随之提高，有机会开风气之先。在环境严酷的边疆地区，一个现实的考虑是，如果年轻女性不去，或者去了待不下去，年轻男性也不会去，去了也待不住。很多女性权利是因为这类现实考虑才变成法律。一旦有的州开风气之先，相邻的州会跟进：如果自然条件差不多，这个州的权利多一些，日子好过一些，就会吸引更多的人去居住。在缺少人口和劳动力的情况下，这种吸引力是发展经济、增加税收的方便法门。政府不需要付出什么代价，就吸引来了更多的人，更多土地得到开发，有了竞争优势。西部不仅成为国土扩张的地理边疆，也成了扩展妇女权利的政治边疆。

在西部狂飙突进的同时，东部和南方社会继续在传统的轨道上运转。大部分东部传统州，像宾夕法尼亚、马萨诸塞、新泽西等，跟南方各州一样，都是最后一批承认妇女选举权的州。传统权力结构稳固，陈规旧俗根深叶茂，改变的动力不足，变革来得就慢。

1868年7月9日，《宪法》增加第十四修正案，承诺所有人受到法律的平等保护。一些女性公民认为，第十四修正案保护她们享有跟男性公民平等的选举权。当年11月总统大选，新泽西州近200名女性公民去投票，但她们的选票被当作废票处理。妇女权益活动人士准备四年后再来一次。1872年11月5日总统大选，纽约州15名女性公民去投票站投票，两星期后，她们被拘捕。法庭允许她们交500美元保释金回家候审，但一位名叫苏珊·安东尼（Susan Anthony）的女性公民拒绝交保。1873年6月17日，联邦法院开庭审判苏珊·安东尼非法投票案，去法院旁听审判的包括美国前总统米勒德·菲尔莫尔（Millard Fillmore）。[6]

　　审判结束，沃德·亨特（Ward Hunt）法官宣判被告有罪。按法庭惯例，在判刑前，亨特法官问："罪犯是不是有话要说？"苏珊·安东尼说："法官大人，我有很多话要说，因为在您的有罪判决中，您把我们政府所有的关键原则都踩在了脚下。我的自然权利、我的公民权利、我的政治权利、我的司法权利，统统都被无视了。夺走了我最基本的公民权，把我从公民贬低到臣仆的地位。不只是我个人，而是我这个性别的所有人，因为您法官大人的判决，都沦为这个所谓政府形态下的附庸。"[7]亨特法官反复打断她的陈述，强调法院是按照现有法律判决她有罪。苏珊·安东尼礼貌地回绝亨特法官，坚持讲完。《宪法》第六修正案承诺，被告有权利得到"公正的陪审团及时和公开的审判"。这是普通法沿袭千年的传统。13世纪初诞生的《大宪章》中，即有"被同侪合法审判"的表述。[8]在美国的法律实践中，"公正的陪审团"经常被称为"同等人士组成的陪审团"，即跟被告社会地位差不多的普通公民组成的陪审团。

苏珊·安东尼被审判时，法律只允许白人男性公民担任法庭陪审团成员，而且亨特法官拒绝安排陪审团审理本案。苏珊·安东尼说，这对她是不公平的："自从去年11月我被捕以来，这是我个人，也是我这个被剥夺了选举权的群体中的任何人，第一次被允许面对法官或陪审团为自己辩护几句……审判我的法律全部由男人制定、由男人解释、由男人管理、重男轻女；一位美国公民行使了'公民投票的权利'，被法官大人定罪，只是因为这个公民是个女人，不是个男人。"[9]直到1937年，纽约州才允许女性公民担任州法院陪审团成员；直到1957年，国会通过《民权法案》，女性公民才获得在联邦法院担任陪审团成员的权利；直到1975年，最高法院才判决妇女在法院担任陪审团成员的权利受《宪法》保护。那时候，距离苏珊·安东尼非法投票案审判已经102年。

亨特法官判处苏珊·安东尼罚款100美元。她当庭表示，不会交一分钱。按照法律，罪犯拒交罚款，法庭要判处监禁，直到交上罚款为止。苏珊·安东尼期望以这种方式被亨特法官判监，由此可以向美国最高法院申请人身保护令，让案子进入最高法院的程序。但亨特法官不给她上诉的机会，没有判她监禁，只是指派执法官去收罚款。执法官到现场搜查之后，无功而返，报告说没有找到现金，也没有发现可以依法没收的物品或不动产。[10]执行罚款的事不了了之。法院不再继续追究苏珊·安东尼的刑事责任，按当时联邦法院的程序，也不存在上诉到最高法院的途径。

苏珊·安东尼被堵塞的司法上诉道路由另一位妇女权益活动家往前推进了一步。弗吉尼亚·迈纳（Virginia Minor）是密苏里人，1872年她去做选民登记，准备在当年的总统大选中投票，因为是女性而被拒绝。迈纳依据第十四修正案起诉负责选民登记的官员，在州法院输了官司后，上诉到美国最高法院。1875年3月29日，最高法院九名大法官一致判决，《宪法》既没有赋予女性公民选举权，也没有禁止女性公民投票，具体决定权在各州，所以，密苏里州只允许男性公民投票的法律不违反《宪法》。在判决中，法院区分了公民权和选举权，认为迈纳是公民，有公民权，但公民权并不必然包含选举权，妇女跟儿童一样，有公民权，但没有选举权。[11]

迈纳案的判决意味着妇女争取选举权的司法道路走不通。显然，最高法院认为，赋予妇女选举权是州议会和国会的工作，法院管不着。1878年，迈纳案宣判五年后，有国会议员提案增加《宪法》修正案，保护妇女选举权，以失败告终。19世纪末，美国各州公立义务基础教育普及，女性的识字率越来越高，印刷媒体遍及各地，西部妇女陆续有了选举权，社会没有像一些保守人士担忧的那样阴阳颠倒，乾坤大乱，家庭分崩离析。西部的榜样带动了中西部、东部和南方各州妇女为自己争取公民权利而抗争。争取妇女选举权的先驱伊丽莎白·斯坦顿（Elizabeth Stanton）曾经说："勇气是妇女的最好保护。"这句话揭示的道理在此后的美国历史进程中不断得到验证。

在遭遇法院诉讼失败和国会立法受挫之后，女性公民的抗争转向街头。但街头抗议和请愿不像法院诉讼那样和平，经历了无数次绝食、监禁、殴打、判刑、罚款。一些妇女权益活动人士认为，要引起社会关注，需要激发普通人的良知。随着示威活动升级，她们在街头被警察殴打，被捕后绝食抗议，在监狱被强插食管进食，甚至被监狱当局虐待。[12]各种抗争和镇压事件被媒体频繁报道，社会关注度越来越高，普通国民的良知开始经受考验。很多人意识到，把一半成年国民排除在政治进程之外，问题会越来越大。美国妇女的抗争和社会良知都达到了临界点，更多的州修宪赋予妇女选举权。1920年，美国《宪法》增加第十九修正案的时候，妇女已经在一多半的州获得选举权。

女性公民有了选举权，才能有效地参与政治进程，改变托克维尔描述的"从来不参与政治生活"的状况。如果没有发言权，她们跟她们的孩子的命运都掌握在那些有发言权的人手里。不过，获得选举权，在政治进程中发出自己的声音，只是决定自己命运的第一步。对于女性来讲，决定自己的命运也包括支配自己身体的自由。

二 化名简·罗伊

2017年一个冬日，诺尔玛·麦科维（Norma McCorvey）在弥留之际，鼻孔插着输氧管，有气无力地对着镜头说："这是我的临终遗言……"她开始喘粗气，尴尬地笑了两声，慢慢戴上老花镜，让气息平静下来。不久前，一个阳光灿烂的午后，她坐在轮椅上，被人推去公园放风，看着池塘边悠闲的鸭子，她点上一支烟，兴致高昂，开始无头无尾地朗诵："明天、明天，又一个明天，拖着微不足道的步履爬行，直到时间终结的一刻……登上舞台蹦跶一阵，毫无意义。"那是《麦克白》第五幕第二场中一段破碎的台词。[13]

诺尔玛·麦科维是美国社会的一个小人物,但她却不是个默默无闻的小人物;她的另一个名字——简·罗伊——因"罗伊诉韦德案"(Roe v. Wade)而家喻户晓。[14]那是20世纪美国最高法院判决的最有争议性的一个案件,诺尔玛·麦科维是案件的原告。律师为了保护她的隐私,在起诉书中给她用了化名"简·罗伊"(Jane Roe)。1970年1月,诺尔玛22岁。她发现自己怀孕了,那是她第三次怀孕。第一次怀孕,她生下女儿莫丽萨,由她母亲收养;第二次怀孕,她生下女儿詹妮弗,通过达拉斯律师亨利·麦克拉斯基(Henry McClusky)送给一对陌生夫妇收养。诺尔玛第三次怀孕时,又找到麦克拉斯基律师。那时候,她做清洁工,收入微薄,对麦克拉斯基说,她养不起孩子,想找渠道堕胎。麦克拉斯基告诉诺尔玛,他只办理收养案子,不管堕胎的事。[15]

当时,得克萨斯法律禁止堕胎,只有在孕妇有生命危险的情况下,才允许医生终止妊娠。孕妇要想堕胎有三个选择。一是在得克萨斯找流产医生开的地下诊所,收费数百美元。这种诊所因为非法经营,条件比较差,经常出医疗事故。二是去墨西哥的地下堕胎诊所,费用跟在得克萨斯相仿。虽然墨西哥也禁止堕胎,但堕胎医生能打点好当地政府,诊所可以半公开地做堕胎手术,条件比得克萨斯的地下诊所好一些。三是去允许合法流产的州,主要是加州或纽约州,医生收费加上机票、住宿等费用,花销比较高。当时,从得克萨斯各大城市到洛杉矶每周五的航班上有不少孕妇,在加州做完流产后,周日再乘飞机返回。

每一个选项都需要钱,但诺尔玛没有钱。麦克拉斯基是位热心的律师,他把诺尔玛介绍给女律师琳达·科菲(Linda Coffee)。

他跟科菲曾是中学同学，又同在达拉斯做律师，相互熟识。麦克拉斯基知道，科菲准备在法院挑战得克萨斯禁止堕胎的法律，正寻找一名合适的孕妇做诉讼的原告。科菲是得克萨斯人，从小是学霸，在休斯敦上高中时被选拔进入美国学生代表团，去新西兰交流，她是代表团中唯一一名来自美国南方的学生。高中毕业时，她考上莱斯大学，那是得克萨斯最好的私立大学。她学德语文学专业，成绩优异，获得福特奖学金去德国访学。1965年，她大学毕业，得克萨斯供妇女从事的工作并不多，只有像秘书、文员、中小学老师等不多的几个职业。科菲打字慢，做不成秘书和文员，又不想当老师，最终跟一些高中辍学的学生一样，在一家汉堡店打零工。[16]

科菲对法律感兴趣，但当时很少有女生念法学，主要有两个原因：一是老师和学生中传说法学比其他学科难学，二是毕业后前景暗淡，律师事务所不愿聘用女性做律师。科菲不怕专业难学，对职业前景也没有太多顾虑——任何职业都比在汉堡店打零工要强。她参加了法学院入学考试，被得克萨斯大学法学院录取。那是得克萨斯最好的法学院。因为她成绩突出，被选拔为《得克萨斯法律评论》（*Texas Law Review*）的编辑。当时，美国律师界是白人男性的天下，得克萨斯大学法学院录取的女生屈指可数。科菲那届同学有120名男生，只有5名女生，其中包括萨拉·韦丁顿（Sarah Weddington）。

毕业时节，全国各地的知名律师事务所纷纷来校园招聘毕业生，第一轮面谈通过后，外地事务所会出机票和住宿费用，请男生去做第二轮面谈，但不为女生提供同样礼遇。女生要去外地做第二轮面谈，不得不自己出机票和住宿费用。几位毕业的女生把受到的不公平对待反映到校方，法学院通知来校园招聘的事务所，必须给予女生跟男生同样的待遇，否则将被禁止到校园招聘。那年，韦丁顿成为得克萨斯大学法学院历史上第一位获得外地事务所招聘面谈旅行补贴的女生，开了先例。第二轮面谈时，那家事务所的高级合伙人问她："律师经常工作到深夜，但女人要回家做晚饭。你怎么兼顾两者？……年轻律师要经常挨骂，才能训练出来。你是个女人，我们又不能骂你。我们怎么训练你当律师？"结果可想而知。韦丁顿找不到律师的工作，毕业后留在奥斯汀为法学院一位教授打零工。[17]

科菲毕业时面临跟韦丁顿相同的命运。她虽然成绩优异，又担任《得克萨斯法律评论》的编辑，但没有律师事务所愿意雇用她。她在得克萨斯州议会的立法委员会找到一份临时工作，帮助议员起草议案。科菲的母亲在达拉斯浸信会的会议中心做秘书。有一天，她遇到一位律师，说起女儿从法学院毕业后找工作的事。那位律师告诉她，达拉斯联邦地区法院法官萨拉·休斯（Sarah Hughes）正打算招一名助理。休斯在得克萨斯是大名鼎鼎的人物。早在1935年，她就成为得克萨斯州法院的第一名女法官。1961年，她被肯尼迪总统任命为达拉斯联邦地区法院法官，又成为得克萨斯联邦法院的第一名女法官。1963年11月22日，肯尼迪总统在达拉斯遇刺。第二天，副总统林登·约翰逊（Lyndon Johnson）宣誓就职总统。按照惯例，由美国最高法院首席法官引领总统宣读《宪法》第二条第一款中的誓言，但情况危急，约翰逊决定就地找一名法官。他派人找到休斯，在空军一号上由休斯法官引领宣誓就职。记录约翰逊总统就职场景的照片在全国各报刊登，休斯成为最知名的联邦法院法官之一。[18]

科菲的母亲把休斯法官招聘助理的消息告诉女儿。科菲递交申请后，接到休斯法官的电话，邀请她去法院面谈。多年后，科菲回忆说，她当时觉得自己的声音都在颤抖。面谈的那天早晨，正值得克萨斯公布律师资格考试结果，科菲的成绩在全州名列第二。她得到了休斯法官助理的工作，法律业务水平突飞猛进。她很喜欢这项工作，但这种职位只有一年期限。第二年4月，她必须重新进入职场找工作，而律师界对女律师的看法并没有改变，仍然没有事务所愿意聘用她。科菲把找工作难的烦恼告诉中学同学亨利·麦克拉斯基。麦克拉斯基在达拉斯有些人脉，到处帮科菲找工作，仍不成功。不久，达拉斯县检察院招聘助理检察官，科菲递交了申请。麦克拉斯基随后安排了一场晚宴，招待一位朋友，那位朋友认识达拉斯县检察长亨利·韦德（Henry Wade）。晚宴后，麦克拉斯基的朋友找到韦德，希望他能给科菲一个机会。韦德与科菲面谈后，印象很好，但他说能给女律师安排的唯一工作是收账员——向本县拖欠子女抚养费的父亲追账。科菲放弃了这个机会。最终，她在一家办破产案的小型事务所找到处理文件的工作。[19]

麦克拉斯基带诺尔玛去科菲工作的事务所面谈。两人第一次见面，都比较拘束。跟诺尔玛印象中的律师不同，科菲性格内向，言谈举止并不平易近人，而且她不修边幅。用诺尔玛的话说，科菲看上去"像起床的时候忘了梳头"。诺尔玛挺着肚子，她身材瘦小，愈发显出孕妇的体征。科菲告诉诺尔玛，她可以为她打官司，但法院处理起来很慢，即使赢了也来不及终止这次怀孕，但可能会影响她以后的生活和其他需要堕胎的妇女。她问诺尔玛是否还愿意打这场官司。诺尔玛问，打官司是不是需要钱。科菲说，她是义务为堕胎妇女提供法律援助，不需要诺尔玛交钱。那是诺尔玛关心的唯一问题。[20]

麦克拉斯基成功在科菲和诺尔玛之间牵线搭桥。从各方面讲，诺尔玛都是个接近完美的原告：她收入低，没有钱去加州合法堕胎；她文化水平低，靠做清洁工为生，对于担任堕胎案的原告没有顾虑。更重要的是，诺尔玛住在达拉斯，所以达拉斯的联邦地区法院对案件有管辖权。这意味着，案件有希望由休斯法官主审。科菲知道，休斯法官支持堕胎合法化。如果案件在得克萨斯其他城市的联邦地区法院审理，结果可能凶多吉少。至此，一切都朝着对科菲有利的方向发展。

科菲为诉讼找到了原告，可以准备起诉了。出于律师的职责，科菲为诺尔玛严格保密。事实上，在见到诺尔玛之前，她已经为拟议中的堕胎案原告起好了化名"简·罗伊"。在涉及敏感问题的诉讼中，美国法院允许原告使用化名，"罗伊""朵伊"等是法院常用的化名姓氏。"简"是英语世界常见的女性名字，当时芝加哥有个地下堕胎互助组织，化名就是"简群"（The Jane Collective）。在正式起诉前，科菲想找一位搭档。虽然她曾经为休斯法官工作一年，熟悉联邦地区法院的程序，但她清楚自己的弱点和势单力孤的处境。她找到法学院同学萨拉·韦丁顿。韦丁顿有些犹豫。她没有联邦法院诉讼经验，到那时为止，她只为熟人办过几起协议离婚，为没有多少财产的人写过十来份遗嘱,为亲戚办过一起收养手续。因为堕胎这类挑战性诉讼需要动用大量资源做研究,她建议科菲找一位大事务所有专业助理的律师。但大事务所对这类案件不感兴趣。最终,韦丁顿答应跟科菲搭档。[21]

诺尔玛第二次见到科菲时,是在达拉斯北郊一家比萨饼店。她见到科菲就紧张,但那一次有韦丁顿在场,气氛就不同了。韦丁顿只比她大三岁。多年后,诺尔玛回忆对韦丁顿的第一印象:"她阳光,开朗,有魄力。我第一眼就喜欢上萨拉。"两位律师问她,是否认为妇女应该有堕胎权。诺尔玛想堕胎,当然支持妇女享有堕胎权。不过,她对为妇女争取权利不感兴趣,只是想自己能堕胎——这正是她想要,却从两位年轻律师那里得不到的。科菲和韦丁顿需要一名原告,这是她们能从诺尔玛那里得到的——她们需要一位想堕胎而不得的简·罗伊。[22]

对萨拉·韦丁顿来讲,原告简·罗伊的身上也有她个人的影子——这不仅是一场代理诺尔玛·麦科维的官司,也是她暗中为自己打的一场官司。法学院最后一年,韦丁顿发现自己怀孕了。她跟男友都没有固定收入,靠打几份工维持学业,不想辍学养育孩子。但得克萨斯禁止堕胎。一位朋友建议去墨西哥,给他们介绍了一位曾在美国留学的墨西哥堕胎医生,费用400美元,只收现金。韦丁顿和男友凑够了医生的收费和路费,从一位父亲是医生的朋友那里讨了一包强力止痛药,又打听到当地一名外科医生的电话,万一堕胎出事故,用以联系急救。一个周五早晨,他们开车从奥斯汀出发,来到得克萨斯和墨西哥边境的老鹰关(Eagle Pass),在一家汽车旅馆登记入住后穿越边境,来到墨西哥一侧

第九章 勇气是最好的保护

的彼德拉斯内格拉斯镇（Piedras Negras）。两人在约定的地点见到联系人。韦丁顿在自传中回忆，她跟着一名穿白衬衣、褐色裤子的男人进入一条沙土胡同，来到一所低矮的白房子前，里面就是堕胎诊所。幸运的是，一切顺利。[23]

三 "你永远不会赢"

1970年3月3日，离诺尔玛的预产期还有三个月，琳达·科菲去达拉斯联邦地区法院递交了诉状。她用两张个人支票付了30美元起诉费。当时，她的月薪是450美元。罗伊诉韦德案正式进入联邦法院程序，达拉斯县检察长韦德成了被告。但真正应该列为被告的是得克萨斯州总检察长和州长。科菲和韦丁顿没有诉讼经验，法院接收诉状后也没有要求她们改正。韦德是达拉斯的显赫人物，以秉公执法著称，在数十年检察官生涯中，他公诉了无数起大案要案，请求法院判被告死刑的案件就有30起，只有1起没有成功。他的哥哥曾因酒驾被拘，韦德依法公诉，将其判监。肯尼迪在达拉斯遇刺后，他曾负责监督起诉犯罪嫌疑人。得克萨斯从州总检察长到各县检察长都是民选产生，每次竞选，韦德都高票当选。[24]

就个人观点而言，韦德并不反对堕胎。他同情一些怀孕妇女的遭遇，觉得对于不想生孩子的孕妇来讲，有合格的医生帮她们堕胎总比由没有医生资质的人胡来要好。但作为检察官，他要在其位，谋其政，在法律和同情心之间，尽量掌握某种平衡。得克萨斯法律没有给合法堕胎留下空间，但在针对堕胎医生执法时，检察官抬高一下公诉的尺度,许多孕妇的命运,尤其是经济状况拮据的穷苦孕妇的命运,就少了一些艰辛。得克萨斯禁止堕胎的法律主要是针对做堕胎手术的医生和协助孕妇堕胎的人员。作为检察长,他从来没有起诉过堕胎的妇女,对一些比较安全的地下堕胎诊所睁一只眼闭一只眼,但他会把无视孕妇生命的堕胎医生绳之以法。

罗伊诉韦德案进入司法程序后,简·罗伊跟诺尔玛·麦科维就分道扬镳了。简·罗伊由科菲和韦丁顿驾驭着,作为原告在联邦法院的轨道上行进,她的命运将由各级联邦法院的法官决定。诺尔玛回到生活日常,再过三个月就临产了,无论如何,她已经错过了在任何地方合法堕胎的时机,最紧迫的是找到收养即将出生的孩子的人家。那是麦克拉斯基律师的工作。

法院安排在5月22日开庭,科菲和韦丁顿紧锣密鼓准备法庭辩论。被告韦德有两名律师。一名是县检察院为本案专门聘请的律师约翰·托尔(John Tolle),他是虔诚的天主教徒,把信仰的激情倾注于律师职业,相信自己是在为未出生的"小罗伊"辩护,保护一个完全无助的个体生命,还有将来所有未出生的胎儿的生命。另一名律师是得克萨斯总检察长指派的州助理检察官杰伊·弗洛伊德(Jay Floyd)。开庭前,科菲和韦丁顿需要诺尔玛在一份证词上签字,但她居无定所,几经周折才打听到她的下落。那时候,诺尔玛已经临近预产期。多年后,科菲的秘书回忆,诺尔玛来办公室签字时已经是临产的样子,"一个瘦小的女人像怀揣着个大西瓜"[25]。

5月22日下午2点钟,法院开庭。三名联邦地区法院法官坐堂听审。诺尔玛没有出现。科菲首先陈述了程序事宜,再由韦丁顿陈述实体法律问题。那是她们律师生涯中第一次在法庭做陈述。

韦丁顿十分紧张,她的声音颤抖,抬头看到休斯法官在冲她微笑,才逐渐平静下来。她向法庭申辩,简·罗伊有权自己决定是否终止怀孕,这属于她受《宪法》保护的隐私权,得克萨斯法律禁止堕胎,侵犯了她的宪法权利。[26]后世一些律师、法官和法学家主张,妇女堕胎权应当属于《宪法》保护的平等权,归入隐私权过于牵强。但观念世界的法理学说是一回事,现实世界的法院诉讼是另一回事。笼统讲,美国法院遵循判例原则。《宪法》明确规定了少数几项权利,最高法院称之为"基本权利",在解释基本权利涵盖和适用的范围时,律师和基层法院不能随意引申,必须看此前上级法院,尤其是最高法院的判决中是否有先例。

《宪法》中没有规定堕胎权,所以,如果原告指控得克萨斯禁止堕胎的法律违宪,必须在《宪法》中找到一项基本权利,引用此前法院的判例,论证堕胎属于那项基本权利。最高法院此前没有支持堕胎权的判例,在这种情况下,律师在起诉时必须依据在事实上和法理上有可比性的判例。科菲和韦丁顿发现,在最高法院的判例中,跟堕胎问题最具可比性的是1965年判决的"格里斯沃尔德诉康涅狄格案"(*Griswold v. Connecticut*)。在那个案子中,最高法院判决,康涅狄格州禁止避孕的法律违反了原告的隐私权。最高法院认为,虽然《宪法》中没有明文规定个人隐私权,但《宪法》第一、第四、第九、第十四修正案隐含着对隐私权的保护。这是科菲和韦丁顿依据的判例。[27]

在法庭上,韦丁顿引述格里斯沃尔德诉康涅狄格案,指控得克萨斯禁止堕胎的法律侵犯了简·罗伊的隐私权,她请求法庭宣判那项法律违宪,并予以废止。弗洛伊德助理检察官做出抗辩,称简·罗伊没有资格起诉,因为得克萨斯禁止堕胎的法律不是针对孕妇的,而是针对堕胎医生的——事实上,被告从来没有起诉过堕胎的孕妇。托尔律师则主张,即便简·罗伊有堕胎的隐私权,未出生的"小罗伊"的生命权也重于孕妇的隐私权。法庭辩论结束后,科菲和韦丁顿在忐忑不安中等待判决结果。[28]

6月17日,法庭宣判,堕胎属于《宪法》保护的公民隐私权,得克萨斯禁止堕胎的法律违宪。两周前的一个清晨,诺尔玛生下了一个女婴,在麦克拉斯基律师的撮合下,找到了收养的人家。孩子降生的第三天,被一对姓桑顿的夫妇从医院抱走。[29]出生前的"小罗伊"是罗伊诉韦德案争论的焦点:她出生前算不算是一个人,州政府能不能把胎儿作为个体生命来保护?"小罗伊"降生,从胎儿变成婴儿,脱离了诺尔玛·麦科维的身体,开始了自己的人生轨迹,但围绕她出生前生命的争论却随着原告简·罗伊在司法轨道上继续行进。

美国有大致平行的两套法院系统,一是各州法院,二是联邦法院。虽然联邦法院对各州法律涉及的《宪法》问题有管辖权,但一般不愿过度干预州内事务。达拉斯的联邦地区法院也不例外,在判决得克萨斯反堕胎法律违宪的同时,法院并没有勒令州政府停止执法。所以,在现实世界,得克萨斯州各级执法人员仍然可以执行那项违反《宪法》的法律。事实上,法院刚做出判决,被告韦德检察长即向媒体表示,他不仅要上诉,而且会继续查办并起诉非法堕胎的医生。[30]

第二天,《达拉斯晨报》(*Dallas Morning News*)刊登头版文章:《得克萨斯堕胎法被废止》(*Texas Abortion Law Void*)。五天

第九章　勇气是最好的保护

后,《休斯敦邮报》(*Houston Post*)发表了对科菲和韦丁顿的专访,并评论说:"如果她们在法庭上的成功能证明什么的话,当然是证明了温文尔雅的南方淑女完全能做优秀律师。"胜诉后,科菲和韦丁顿收到的不只是赞誉,还有大量辱骂和威胁。韦丁顿把她收到的威胁信保存在一个箱子中,跟同事说,如果她有三长两短,可以交给警察,从这些信中找线索破案。[31]

韦丁顿在法学院念书时喜欢法理学,在课上得到最高分。不过,法理学教授是一位激进的反堕胎人士。他得知自己的学生打赢了堕胎官司,十分愤怒。联邦法院宣判得克萨斯禁止堕胎的法律违宪,得克萨斯是否要考虑修改法律?州议会不能无动于衷,组织了堕胎问题听证会。那位法理学教授是反堕胎的证人之一,他在台上做证时,对坐在台下的韦丁顿说:"你应该感到羞耻。萨拉·韦丁顿,你永远不会赢。我早就知道。"[32]

1970年10月,科菲和韦丁顿把案子上诉到最高法院时,"小罗伊"已经出生4个月,养父母桑顿夫妇给她取名雪莉。此后18年,她不知道自己的生母是谁,也不知道在她降生之前,两位年轻律师围绕她的命运发起了一场20世纪美国争议最大的诉讼,更不知道托尔律师和弗洛伊德助理检察官在法庭上慷慨陈词,要保护她在母亲子宫中的安全。当然,那时候她也不知道,她出生前和出生后,她的母亲一直不想要她。

四 最年轻的律师

1971年5月3日,美国最高法院决定受理罗伊诉韦德案的上诉。科菲和韦丁顿从来没有想到，她们律师生涯中打的第一场官司会走这么远。最高法院每年收到7000～8000起上诉，但只受理80起左右的案件，机会只有百分之一。很多资深律师把在最高法院辩论作为终生的职业目标，但往往努力几十年得不到机会。被最高法院受理后，科菲和韦丁顿面临的问题是，由谁出庭辩论。科菲聪明好学，又有做联邦法官助理的经验，是罗伊诉韦德案的大脑，但她性格内向，不喜欢抛头露面，更不喜欢跟媒体打交道。韦丁顿显然是更合适的人选。像诺尔玛说的那样，她开朗自信，有魄力，也有魅力，喜欢在聚光灯下演讲。

科菲希望韦丁顿出庭辩论，自己继续做幕后工作。但罗伊诉韦德案被最高法院受理后，热心于妇女堕胎权的纽约律师罗伊·卢卡斯（Roy Lucas）开始深度参与法庭辩论的准备工作，他写信给最高法院，请求把自己列为本案出庭辩论的律师。韦丁顿不想把机会拱手相让。在诉讼中，只有当事人有权决定谁代理自己出庭。韦丁顿好久没有联系诺尔玛了，但她现在需要诺尔玛。诺尔玛不认识卢卡斯，只信任韦丁顿。[33]

1971年12月13日，在准备半年之后，韦丁顿在最高法院出庭，为简·罗伊的堕胎权辩护。那年，她26岁，是最高法院历史上出庭辩论的最年轻律师。科菲穿着朴素，坐在旁听席上。两名大法官刚退休不久，总统和参议院还没来得及完成任命程序，所以，法庭上只有七名大法官。那是个老年男性团体——当时离里根总统任命第一位最高法院女大法官还有10年，离克林顿总统任命第二位女大法官还有22年。来最高法院辩论的几乎清一色是男律师，参加辩论的女律师屈指可数。那天，韦丁顿提前一小时来到最高法院的律师休息室，发现那里只有男厕所，没有女厕所。直到1993年，最高法院有了两名女大法官，也有越来越多的女律师获得在最高法院出庭辩论的机会，律师休息室才开始设置女厕所。[34]

开庭前半小时，法庭已经座无虚席。10点钟开庭，沃伦·伯格首席大法官说："韦丁顿夫人，你准备好就可以开始了。"等待开庭时，韦丁顿很紧张，被叫到名字后，她起身去大法官面前做陈述，反倒平静下来。原告和被告的律师各有半小时的陈述时间。对于陈述内容，韦丁顿已经了如指掌，反复演练过无数次。她语调平静，操着得克萨斯口音申辩简·罗伊享有选择堕胎的宪法权利。不过，跟平日演练时不同，几位大法官不时打断她的陈述，问她问题。她在回答时，似乎得克萨斯口音更重了一些。哈里·布莱克门大法官喜欢记下他对律师的印象，并给每位律师的辩论表现打分。他对韦丁顿的印象是"金发浓密，漂亮，丰满"。对这位年轻女律师的辩论表现，布莱克门法官打了C+，分数跟在最高法院辩论的另一名女律师露丝·金斯伯格（Ruth Ginsburg）相同。1993年，金斯伯格被克林顿总统任命为最高法院大法官，成了布莱克门大法官的同事。[35]

得克萨斯州助理检察长弗洛伊德开始陈述。他由一个笑话开篇："有个老掉牙的笑话说，一位男士跟两位漂亮女士辩论，女士总是赢。"旁听席上没有人笑，七位大法官面无表情。事后，一些评论家说，那可能是最高法院辩论中出现过的最糟糕的笑话了。[36]三天后，弗洛伊德助理检察长的戏言成真。七位大法官讨论案情，只有两位支持得克萨斯州政府，其余五位支持简·罗伊。首席大法官伯格分配布莱克门大法官负责起草判决书。伯格跟布莱克门大法官有两个共同点：他们都是明尼苏达人；他们都是由尼克松总统任命。但布莱克门大法官有伯格首席大法官没有的特长——处理医疗案件的专业经验。在1969年被任命为最高法院大法官之前，布莱克门曾长期担任著名的梅奥诊所（Mayo Clinic）的律师。在跟家人的私下谈话中，布莱克门大法官也希望自己能为本案撰写判决书，除了专业兴趣之外，还有当时不为外界所知的个人原因。五年前，他上大学二年级的女儿意外怀孕，仓促退学，结婚，婚后不幸流产，夫妻感情不和，不久离婚。一场意外的怀孕改变了他女儿的命运。[37]

韦丁顿在最高法院辩论后不到一个月，尼克松总统任命了两名新的大法官，其中一名是刘易斯·鲍威尔。法院安排了第二次辩论。跟布莱克门大法官一样，鲍威尔大法官对堕胎问题也有切身体会。在弗吉尼亚做律师时，他的事务所雇有一名19岁的信差。小伙子的女友怀孕了，但两人还没准备好要孩子。弗吉尼亚州法律禁止堕胎，两人在家里尝试用土法流产，导致女友大出血，送到医院急救，但已经太晚了。那天半夜，鲍威尔接到小伙子的电话，他赶到现场，目睹了那场悲剧的结局。按州法律，政府能以杀人罪起诉那名信差。鲍威尔找到检察官沟通，说服了检方放弃起诉可怜的信差。[38]

在最高法院，鲍威尔大法官以保守和严格按照文本解释《宪法》著称，但他同时是一位极富同情心的人。当年，那位信差和女友的遭遇使他意识到，即便法律禁止堕胎，没有准备好生养孩子的孕妇也会想方设法结束妊娠。家境好、有资源的人会选择到堕胎合法的州做手术，穷苦人家的妇女或者选择条件恶劣的地下堕胎诊所，或者自己尝试土法流产，难以避免发生伤残和死亡的悲剧。基于那段经历，他认为，禁止堕胎的法律伤害的是妇女，尤其是底层社会的妇女。鲍威尔大法官虽然价值观保守，对《宪法》的理解中规中矩，但个人生活经历和同情心使他支持简·罗伊。

1973年1月22日是个星期一，最高法院宣判罗伊诉韦德案，九名大法官以7∶2判决得克萨斯禁止堕胎的法律违宪，确认堕胎属于简·罗伊的隐私权，是受《宪法》保护的基本权利。同时，最高法院承认政府在保护胎儿生命和孕妇健康方面的利益。为了平衡妇女的堕胎权和州政府的利益，法院把孕期分为三个阶段。在第一阶段，堕胎风险极低，政府不能对妇女堕胎的权利施加任何限制；在第二阶段，堕胎风险增加，为了保护孕妇的健康，政府可以对堕胎采取合理的规范措施；在第三阶段，按照当时的医疗技术，胎儿已经可以在子宫外生存，政府保护胎儿生命的利益超过孕妇堕胎的权利，可以禁止堕胎，除非继续妊娠会危及孕妇的生命和健康。[39]

科菲在开车上班的路上从收音机中听到宣判的消息。那天播报的重大新闻中还有一条：前总统林登·约翰逊去世。到达办公室后，同事向她祝贺。她打电话给韦丁顿，先说了约翰逊总统去世的消息，然后说她们的官司胜诉了。接到科菲的电话之前，韦丁顿已经得到最高法院宣判的消息。在两个月前的选举中，她赢得了得克萨斯州议会众议员的席位，声望和地位已经今非昔比。

韦丁顿在州议会大楼的办公室迅即收到大量鲜花和贺电,《纽约时报》、美联社和各家电视网的记者纷纷打来电话,要求采访。几乎所有媒体都把韦丁顿作为罗伊诉韦德案的律师,不再提及科菲的名字。科菲并不在意。[40]

五　离散的一家人

那个周一的早晨,诺尔玛在公寓的厨房糊墙纸,听到收音机播报罗伊诉韦德案判决的新闻。诺尔玛告诉同居的女友,她就是原告简·罗伊。在那之前,她没有把这个秘密告诉任何人,包括自己的父母。三天后,诺尔玛接到科菲的电话,说有记者想采访原告,问她愿不愿意公开自己的身份,接受采访。当初,科菲在起诉时使用简·罗伊的化名,是为了保护诺尔玛的隐私。三年间,诺尔玛经历了人生最低谷。生下"小罗伊"送人后,她深陷抑郁,两度试图自杀,手腕上留下割脉的伤疤。如今,诺尔玛不再在乎那层保护。她开始接受采访,讲述自己的故事。[41]

有些案子,在最高法院的胜诉标志着陈规的终结,相应的成文规则和潜规则逐渐淡出社会生活;有些案子,最高法院的胜诉却激发起更持久、更猛烈的抵抗。罗伊诉韦德案属于后者。最高法院判决后,围绕堕胎的争议不但没有平息,反而继续在社会各阶层发酵,时而爆发出来。20世纪70年代以后,每逢选举,支持和反对堕胎的两个阵营对抗就趋于白热化,福音派教会和他们支持的政客在舆论造势中大打反堕胎牌,有效地把经济社会问题弃置一边，几乎把选举变成支持和反对堕胎的全民公投。在美国社会，堕胎问题成为激发选民政治热情和宗教激情的最大兴奋点。

媒体自然不会放过这个持续升温的话题。1989年，NBC电视网根据罗伊诉韦德案拍摄了一部影视剧，5月15日向全国播放，成为NBC收视率最高的节目之一，有超过1500万家庭收看。[42]次年1月，在剧中扮演萨拉·韦丁顿的女演员艾米·马迪根（Amy Madigan）获得金球奖。那时，韦丁顿履历中的头衔已经包括得克萨斯州议会众议员、美国农业部法律顾问、卡特总统助理、韦丁顿中心创始人、妇女权益活动家……与此同时，琳达·科菲在达拉斯正经历人生和事业的挣扎。1989年春，她被达拉斯检察官起诉欺诈，如果罪名成立，不仅律师执照不保，而且面临监禁。检方试图迫使她达成认罪协议，以争取从轻处罚，但科菲拒绝认罪。虽然法院最终因证据不足判她无罪，但被审判的屈辱无可挽回地击垮了她的人生和事业。科菲变得郁郁寡欢，更加内向。她的助理说："她越来越沉默寡言，回避别人。"此后的年月，她因拖欠律师协会的会费，两度被暂停律师执照。

曾一度跟科菲同样失落的是诺尔玛，但跟科菲不同，诺尔玛不甘寂寞。影剧《罗伊诉韦德案》（Roe vs. Wade）热播的同时，诺尔玛接受电视访谈，说她后悔把第三个孩子送人，想知道她在哪里。一家专门刊登名人八卦的媒体《国民问询报》（National Enquirer）答应帮诺尔玛寻找"小罗伊"。当初办理收养手续的律师麦克拉斯基没有告诉诺尔玛收养夫妇的名字，也没有告诉那对夫妇他们收养的孩子生母是谁。最高法院宣判罗伊诉韦德案之后不久，麦克拉斯基律师失踪。几天后，有人在一座水坝下的沟渠中发现了他的尸体，胸前有两个弹孔。科菲参加了麦克拉斯基的葬礼，为失去曾经帮助过她的老同学和朋友黯然神伤。麦克拉斯基没有留下"小罗伊"养父母的信息，但《国民问询报》的寻亲人员在达拉斯的婴儿出生记录中发现了线索。[43]

一个阳光明媚的春日，雪莉走在西雅图的街上，再过十几天，就是她的19岁生日了。她经过一辆小客车时，车门打开，出来一名穿皮夹克、牛仔裤的陌生妇女，问她："你是雪莉？"那人说明了来意，告诉雪莉是受她生母之托来找她。雪莉感到一阵惊喜：失散多年的母亲仍然惦念着她。她开始流泪。那位妇女并没有告诉雪莉她的生母是谁。两天后，雪莉在养母的陪伴下去见寻亲人员，当她得知自己的生母是简·罗伊时，全身颤抖，开始哭泣。雪莉答应跟诺尔玛通话。电话上，雪莉问诺尔玛自己的生父是谁，还有两个姐姐的消息，但诺尔玛并不热心那些话题。她想让雪莉接受媒体采访，跟她一起上电视，做母女重逢的节目。雪莉不感兴趣，而且决定不跟诺尔玛见面。[44]

五年后，诺尔玛打电话给雪莉，说要去西雅图看她。那时候，雪莉已经有了一个三岁的儿子，她不想见诺尔玛，也没有兴致让儿子见这位外婆。诺尔玛被雪莉的冷淡激怒，对她说："你应该感谢我。"雪莉问："感谢你什么？"诺尔玛说："感谢我当初没把你打掉。"那是母女最后一次通话。[45]

雪莉坚持不见诺尔玛，但她希望找到两个失散的姐姐。在《华尔街日报》（*The Wall Street Journal*）调查记者约书亚·普莱格（Joshua Prager）的安排下，三姐妹相互取得了联系。2013年，雪莉跟两个姐姐第一次见面。三姐妹出自同一个母亲——既是小人物诺尔玛·麦科维,又是大名鼎鼎的简·罗伊,但有三个不同的父亲,都经历了从小被生母抛弃的命运,在各自的人生轨道上颠簸。[46]

大姐莫丽萨跟酗酒的外婆长大,只有她从小知道诺尔玛是自己的生母。儿时在外婆家,她偶尔见到诺尔玛,却不觉得她是妈妈,而是像姐姐。长大后,莫丽萨有了稳定的家庭,她的孩子不再经历她小时候的命运。在2021年CBS电视网的采访中,记者问她:"在那种家庭环境里长大,你是怎么做到的?"她说:"努力……你想要某种东西,就得努力。"一个普通母亲挣脱了上两代人无法摆脱的抛弃与被抛弃的循环,不再重复与生俱来的宿命。记者问莫丽萨:"你对生活中最感到骄傲的是什么?"她流着泪说:"我的孩子。"记者说:"就是做你不曾有过的那种母亲?"莫丽萨边擦眼泪边点头。[47]

谈到生母诺尔玛,莫丽萨说,不是每个人都适合做母亲,但"每个人内心都会保护自己的妈妈"。尤其是最高法院判决后,人们知道了诺尔玛是简·罗伊,叫她"杀婴犯""魔鬼",让她觉得自己要对无数胎儿的死亡负责,强化她的负罪感,然后利用她。莫丽萨为诺尔玛担忧,内心很难过,想保护她,又无能为力。记者说:"那可能是人性吧,即使自己的母亲有缺陷,但毕竟是你的母亲。你是怎么做到的?"莫丽萨开始掩面哭泣:"那太难了……我不想让任何人伤害她。我觉得,她尽管内心强大,但又很脆弱。"[48]

2017年初冬,诺尔玛在病床上对着摄像机录下临终遗言:"作为诺尔玛·麦科维,我活得很快乐。但他们都知道我是简·罗伊,或化名简·罗伊。这让他们对我另眼相看……我一点也不在乎别人怎么想。这是我的头脑。他们别想告诉我怎么想,别想告诉我说什么,更别想告诉我做什么。这才是最重要的。"诺尔玛病房的墙上挂着一幅耶稣像,她对着镜头说:"这是耶稣的相片。他是我男友……女人会犯错,跟男人犯错,有些事发生了,躲不了,没法说清楚。"[49]

记者问诺尔玛:"你想念家人吗?"她停顿了一下,说:"你知道,人不会想念从未有过的东西……"诺尔玛小时候,她母亲酗酒,喝醉了打她出气;她10岁离家,流浪到俄克拉何马,在少年管教学校待到15岁;16岁时嫁给板材厂工人伍迪·麦科维,18岁怀上莫丽萨,丈夫离家出走,一去不复返。她生了三个女儿,都送给别人收养。诺尔玛没有家人。在她弥留之际,莫丽萨带着两个女儿陪伴在病床边。诺尔玛用微弱的声音说:"我要走了。"莫丽萨说:"我知道。""我要走了。"诺尔玛的声音更加微弱。莫丽萨对她说:"我知道你正在离开,我非常爱你。我高兴你做我的妈妈……跟你在一起的时候,真的很快乐。"奄奄一息的诺尔玛看着两个外孙女说:"你俩真漂亮,长得真像姐妹。我爱你们。"那是她最后的话语。2017年2月18日,诺尔玛在得克萨斯凯蒂镇(Katy)去世,终年69岁。[50]

雪莉是诺尔玛唯一没见到的女儿。2021年,当年在联邦法院审判前夕出生和被收养的"小罗伊"已经51岁。她第一次接受电视采访,回忆18岁得知自己的生母是诺尔玛时的心理冲击。在那之前,她从没有想过堕胎问题。在她长大的环境中,小家庭之外有大家庭,如果哪位亲戚生了孩子无力抚养,另一位亲戚会收养,她觉得这一切都自然而然。在堕胎问题上,她不想站队,避免让自己成为舆论焦点,只希望过平静的生活。30多年过去了,她仍然不愿公开讲自己对堕胎的看法,不想被支持或反对堕胎的任何一方利用，像她的生母诺尔玛一样。诺尔玛一生处于社会底层，挣扎在各种力量的夹缝中，无依无靠，面对生活的机缘和阴差阳错，靠街头智慧和狡黠，度过了利用和被利用的一生。雪莉不想重复那种生活。记者问她，是不是原谅了诺尔玛。雪莉说："没有。"[51]

六　忏悔与迷茫

　　诺尔玛一生讲过无数自己的故事，在不同时间，不同场合，面对不同的人，故事也不同，虚虚实实，真真假假。几十年下来，人们对她讲的故事已经不再当真。但有一件事，一直困扰外界：1995年，她突然加入反堕胎阵营，并在激进反堕胎牧师弗利普·贝纳姆（Flip Benham）的安排下高调受洗，成为福音派教徒。在录制的临终遗言中，诺尔玛说她喜欢表演，人生如戏，像《麦克白》中说的演员："登上舞台蹦跶一阵，毫无意义。"谈到反堕胎的牧师，她有些激动："那是群王八蛋。他们表演——都装成像上帝派他们来传福音的样子。"诺尔玛说，妇女应该决定自己是不是能堕胎，不应该让牧师决定。在生命的最后时段，她试图向世人展示一个真实的诺尔玛·麦科维。[52]

　　当年把诺尔玛塑造成浪子回头之典型的福音派牧师罗伯特·申克（Robert Schenck）说，干他们这一行的职业本能就是发现人的弱点，因为弱点越大的人越容易皈依："我们瞄准了诺尔玛。她没有亲人保护，又很缺钱。这很容易看出来，尤其是对于我们牧师来讲。我们很熟悉这种人格……我们看到，她最大的弱点可以供我们开发利用。"对于牧师的反堕胎意图，诺尔玛心知肚明。记者问她:"你是否认为他们把你当战利品利用?"诺尔玛回答:"当然,我是条大鱼。""你是否觉得他们会说你也利用了他们?"诺尔玛说:"我想,我们是相互利用。你知道,我拿他们的钱,他们把我放到摄像机前,告诉我说什么。就是这么回事。"[53]

反堕胎的宗教组织安排诺尔玛演讲,事先教给她怎么说,严格控制她讲话的长度,怕她说漏嘴,只是把她当成引子,让她露个面,然后由主导牧师来讲。每次讲完,牧师派人拿个盘子到会众中收捐款,收来的款项大头归组织,零头分给诺尔玛。申克牧师说:"(反堕胎)运动的很多股势力都给诺尔玛写支票。我其实永远不会知道到底付给她多少钱。钱一直让大家关系紧张。诺尔玛会抱怨,分到的钱太少。她抱怨越多,给她写的支票越多。每次,从几百到几千美元不等。我们称之为慈善馈赠。有人担心,如果给诺尔玛分钱不够多,她会回到支持堕胎的阵营……我们教给她说什么,担心她在维护未出生胎儿的权利问题上不坚定。"[54]

曾经给诺尔玛施洗的弗利普·贝纳姆牧师坚持反堕胎事业至今,因为在堕胎诊所聚众骚扰,曾经多次被捕。在看过诺尔玛的临终遗言后,他否认给过她钱。记者问他是不是利用诺尔玛,贝纳姆牧师说:"你可以那么讲,她选择被利用。那叫做工。你做什么工得什么工钱。"他反问记者:"你不也是被利用吗?是谁在利用你?是谁雇你干这活?是他们利用你,还是你利用他们?到底是谁利用谁?"说完,贝纳姆牧师把打开的《圣经》贴到自己嘴上。[55]

晚年,申克牧师充满忏悔,表示他后悔以前的做法,并引用《福音书》中耶稣的话:即便得到全世界,却丢了灵魂,有什么益处?"干我们对诺尔玛干的那些事,人就丢了灵魂。"诺尔

第九章 勇气是最好的保护

玛去世后，申克牧师说："她一生挣扎，试图讲出自己的真实故事，但从未真正做到。我希望她死后能如愿。"他期望教会的反堕胎领袖能让诺尔玛平静地离开，在葬礼上诚恳地悼念她并有所反省，但他们继续把诺尔玛脸谱化，不把她作为一个真实的人对待。诺尔玛葬礼之后，申克牧师说，那是他们最后一次公开把她当成反堕胎运动的战利品利用。[56]

诺尔玛去世后的五年，美国反堕胎运动硕果累累，最高法院反堕胎的保守派法官占到多数，罗伊诉韦德案被推翻似乎只是时间问题。早在2003年，萨拉·韦丁顿在接受《得克萨斯月刊》（*Texas Monthly*）采访时就说："将来人们给我写讣告，开篇肯定是讲罗伊诉韦德案。有段时间我曾想，随着时间流逝，人们会接受妇女享有自己决定是否堕胎的权利……围绕堕胎的争议会像电影最后一幕逐渐淡出视野，我们可以去关注别的话题。我错了。"[57]

2021年8月，得克萨斯州通过了"心跳法"，事实上把禁止堕胎的时限提前到怀孕第6周，而且发动群众执法。最高法院拒绝紧急叫停这项违反罗伊诉韦德案判例的立法。2021年12月1日，最高法院开庭审理一起密西西比堕胎案，案件涉及的密西西比州法律把合法堕胎的期限提前到怀孕第15周。申克牧师说："不管还能活多久，在有生之年，我会尽力弥补我以前的行为和很多反堕胎运动领袖的行为造成的伤害。我曾经认为，罗伊诉韦德案不会被推翻。现在我认为，罗伊诉韦德案可能会被推翻。我想，那种后果将是混乱和痛苦。把那种危机强加到妇女头上，思之不寒而栗。"[58]

2021年圣诞节的次日，美国各大媒体报道，萨拉·韦丁顿在得克萨斯奥斯汀家中去世。那时候，离她和科菲在达拉斯那家比萨饼店跟诺尔玛见面已经50年了。正如她生前预言的那样，《讣告》的第一句写道："萨拉·韦丁顿是一名律师和妇女选择权活动家，曾在里程碑式的罗伊诉韦德案中代理诺尔玛·麦科维……"生前身后，她的名字都永远跟罗伊诉韦德案联系在一起。26岁时的那场诉讼改变了美国，也塑造了她的一生："我们这一代妇女都会记得那场斗争的感受。就像年轻时的爱情，现在回忆起来感觉不会完全一样，但不会忘记。"[59]

琳达·科菲仍然健在，已经79岁。50年间，她默默无闻，保持低调，个人履历上甚至从未提及罗伊诉韦德案。2001年，她关闭了达拉斯的事务所，开始退休生活。很多打过著名官司的律师腰缠万贯，但科菲没有钱。她搬到位于达拉斯和泰勒之间的小镇米尼奥拉（Mineola），住在一间没有空调和供暖的房子里，靠微薄的退休金和政府发放的食品券维生。镇上没有人知道，这位手指变形、白发凌乱的贫弱妇人是"简·罗伊"的创造者，她在半个世纪前发起的那场诉讼改变了无数美国妇女的命运。[60]

2021年12月初，《达拉斯晨报》一名记者辗转找到琳达·科菲的家。在谈到风雨飘摇中的罗伊诉韦德案和妇女堕胎权时，科菲说："我感到很迷茫。"她跟年轻时一样内向，停顿下来，寻找合适的言辞："我相信，相信改变终将会发生，但可能需要很多年……"[61]

注释

1　Ruth Igielnik, Scott Keeter, and Hannah Hartig, "Behind Biden's 2020 Victory：

An Examination of the 2020 Electorate, Based on Validated Voters", Pew Research Center, June 30, 2021, https：//www.pewresearch.org/politics/2021/06/30/behind-bidens-2020-victory/.

2　Ruth Igielnik, "Men and Women in the U.S. Continue to Differ in Voter Turnout Rate, Party Identification", Pew Research Center, August 18, 2020, https：//www.pewresearch.org/fact-tank/2020/08/18/men-and-women-in-the-u-s-continue-to-differ-in-voter-turnout-rate-party-identification/.

3　George Dondero, "Why Lincoln Wore a Beard", *Journal of the Illinois State Historical Society* 24, no. 2（July 1931）: 323.

4　Alexis de Tocqueville, *Democracy in America*, Vol. II, translated by Henry Reeves（Cambridge: Sever and Francis, 1863）, 245.

5　同上, 259。

6　Ann D. Gordon, *The Trial of Susan B. Anthony*（Federal Judicial Center, 2005）, 26, https：//www.fjc.gov/sites/default/files/trials/susanbanthony.pdf#page=13.

7　Susan B. Anthony, *An Account of the Proceedings on the Trial of Susan B. Anthony*（Rochester: Daily Democrat and Chronicle Book Print, 1874）, 81–82.

8　Thomas J. McSweeney, "Magna Carta and the Right to Trial by Jury", *Magna Carta: Muse and Mentor*, edited by Randy J. Holland, forward by Chief Justice John G. Roberts（Thomson West, 2014）, 146.

9　Susan B. Anthony, *An Account of the Proceedings on the Trial of Susan B. Anthony*, 82–83.

10　Ann D. Gordon, *The Trial of Susan B. Anthony*, 7.

11　*Minor v. Happersett*, 88 U.S. 162, 174（1875）

12　"Ten Suffragists Arrested While Picketing at the White House", The Library of Congress, August 28, 1917, https：//www.americaslibrary.gov/jb/jazz/jb_jazz_sufarrst_3.html.

13　*AKA Jane Roe*, Directed by Nick Sweeney（Century City: FX Network, 2020）.

14　*Roe v. Wade*, 410 U.S. 113（1973）.

15　Joshua Prager, *The Family Roe：An American Story*（New York：W & W Norton, 2021）, 67.

16　同上，77–79。

17　Sarah Weddington, *A Question of Choice*（New York：The Feminist Press, 2013）, 28.

18　Joshua Prager, *The Family Roe：An American Story*, 70.

19　同上，71。

20　同上，77。

21　同上，79–80。

22　同上，81。

23　Sarah Weddington, *A Question of Choice*, 18.

24　Joshua Prager, *The Family Roe：An American Story*, 85.

25　Sarah Weddington, *A Question of Choice*, 68.

26　同上，72。

27　*Griswold v. Connecticut*, 381 U.S. 479（1965）.

28　Sarah Weddington, *A Question of Choice*, 75.

29　Joshua Prager, *The Family Roe：An American Story*, 120.

30　同上，93。

31　Sarah Weddington, *A Question of Choice*, 166.

32　同上，90。

33　同上，111–113。

34　同上，122。

35　Joshua Prager, "Sarah Weddington's Unexpected Path to Roe", *The Atlantic*, January 7, 2022, https：//www.theatlantic.com/ideas/archive/2022/01/sarah-weddington-obituary-roe-v-wade/621160/.

36　Joshua Prager, *The Family Roe：An American Story*, 91.

37　同上，92。

38　同上，99。

39 *Roe v. Wade*, 410 U.S. 113, 162–166（1973）.

40 Joshua Prager, *The Family Roe：An American Story*, 115.

41 同上, 118–119。

42 *Roe v. Wade*, directed by Gregory Hoblit（New York：NBC Productions, 1989）.

43 Joshua Prager, *The Family Roe：An American Story*, 120, 126.

44 同上, 194–198。

45 同上, 219。

46 同上, 399。

47 "The 'Roe Baby' Reveals Identity as Half-Sister Speaks to CBS News About Their Mother's Legacy", CBS News, September 9, 2021, https：//www.cbsnews.com/news/jane-roe-daughter-speaks-norma-mccorvey-legacy/.

48 同上。

49 *AKA Jane Roe*, Directed by Nick Sweeney（Century City：FX Network, 2020）.

50 同上。

51 "Daughter of 'Jane Roe', the Woman Behind the Landmark Abortion Case, Comes to Terms with Her Identity", ABC News, October 4, 2021, https：//abcnews.go.com/US/daughter-jane-roe-woman-landmark-abortion-case-terms/story?id=80329351.

52 *AKA Jane Roe*, directed by Nick Sweeney（Century City：FX Network, 2020）.

53 同上。

54 同上。

55 同上。

56 同上。

57 Pamela Colloff, "Supreme Moment", *Texas Monthly*, February 2003, https：//www.texasmonthly.com/articles/supreme-moment/.

58 *AKA Jane Roe*, Directed by Nick Sweeney（Century City：FX Network, 2020）.

59 Ryan Smith, "Respects Paid to Sarah Weddington, Roe v. Wade Lawyer：'A Texas Giant'", *Newsweek*, December 27, 2021, https：//www.newsweek.com/sarah-

weddington-death-roe-v-wade-lawyer-texas-tributes-1663251.

60 Joshua Prager, "Exclusive : Roe v. Wade's Secret Heroine Tells Her Story", *Vanity Fair*, January 19, 2017, https : //www.vanityfair.com/news/2017/01/roe-v-wades-secret-heroine-tells-her-story.

61 BeLynn Hollers, "Dallas Lawyer Linda Coffee Launched Landmark Roe v. Wade Talks About Filing the Case", *Dallas Morning News*, December 16, 2021, https : //www.dallasnews.com/news/politics/2021/12/16/dallas-lawyer-linda-coffee-launched-landmark-roe-vs-wade-abortion-rights-case-with-a-15-filing-fee/.

结　语

　　这种文明之所以对远近无数人充满吸引力，核心在于追求幸福的观念……它的内涵如此丰富：个人、责任、选择、睿智的生活、职业精神、追求完善和成就。这是个包罗万象的观念。它无法被削减成一个固化的体制。它不会促发盲从狂热。但我们都知道它存在，因为它的存在，那些僵化的体制终将灰飞烟灭。

　　　　　　　　　　　　　　　　　　　　——V. S.奈保尔

　　毫无疑问，（自由）不仅意味着免于人身束缚，而且意味着享有个人缔结契约、求职谋生、获取知识、结婚成家、养育子女、按自己良知的律令敬拜上帝等权益，普通法历来承认，自由人要有秩序地追求幸福，这些权利必不可少。

　　　　　　　　——美国最高法院"梅耶诉内布拉斯加案"判决书

　　近半个多世纪，一些基督教原教旨主义者借创世-堕落的宗教范式虚构美国历史，把过去的美国想象成黄金时代，把当今的美国描写成被自由派、少数族裔、移民败坏的时代。这种神学化的历史观不符合美国法律和司法的历史事实。跟自由、平等一样，"追求幸福"是启蒙时代的核心理念之一。

一　常识理性

跟大部分现代国家一样，美国是启蒙运动的产物。[1]说起启蒙运动，人们自然会联想到伊曼努尔·康德（Immanuel Kant）的著名启蒙格言"Sapere aude"，即"敢于运用自己的理性"。1794年，托马斯·潘恩（Thomas Paine）甚至把自己的自然神学著作取名为《理性时代》（*The Age of Reason*），这可能是英语世界中"理性时代"这一短语的由来。不过，潘恩讲"理性时代"，主要是用常识理性阐述他的自然神论主张，跟后世用"理性时代"指称启蒙运动没有直接关系。[2]事实上，直到1910年美国哲学史家希本（John Hibben）出版《启蒙运动哲学》（*The Philosophy of the Enlightenment*），英语世界才开始用"启蒙运动"（Enlightenment）指称康德和潘恩生活的那个历史时代。[3]西方学界现有的关于18世纪启蒙运动的历史概念，直到二战后才逐渐成形，标志性著作是德裔美国史学家彼得·盖伊（Peter Gay）于1966年和1969年出版的两卷本《启蒙运动解读》（*The Enlightenment: An Interpretation*）。[4]

20世纪下半叶，西方学界对启蒙运动的阐释大致由哲学家主导，法兰克福学派、自由主义、后现代主义等流派先后登场，批判启蒙运动，尤其是启蒙理性，在学术界和大众文化界风行一时。同一时期的史学家则相形见绌。这种状况在近20年发生逆转，对启蒙运动的哲学批判逐渐退潮，还原启蒙运动历史面目的史学研究则硕果累累。其中史学家乔纳森·伊斯雷尔（Jonathan Israel）的启蒙运动三部曲和丹·埃德尔斯坦（Dan Edelstein）的

结　语　277

启蒙谱系学著作等,已经成为启蒙运动研究的经典。[5]

跟20世纪下半叶哲学家对启蒙运动的批判不同,当代史学家大都站在为启蒙运动辩护的立场,对美国革命中的激进与保守等问题也有不同于20世纪很多哲学家的认知。比如,里奇·罗伯逊(Ritchie Robertson)在其著作《启蒙运动:追求幸福,1680—1790》(The Enlightenment: The Pursuit of Happiness, 1680—1790)中,强调启蒙运动感性的一面,即在生活世界追求幸福。这种追求成为美国革命的理想,反映在《独立宣言》中,"追求幸福"被明确为跟生命和自由并列的人们与生俱来的权利。[6]

20世纪下半叶,各流派的哲学家喜欢使用"现代性""欧洲中心论""东方主义"等概念。里奇·罗伯逊等史学家指出,这些概念包含沉重的历史包袱和想当然的假设,如果纠缠进去,史学家难免要跟一些大名鼎鼎的哲学家进行思想论战,无助于呈现启蒙运动本来的历史面目。20世纪的"反启蒙"哲学家长于透过当下问题思辨历史,短于对史料的钻研,往往把自己对启蒙运动的思想重构当成启蒙运动本身,把后世和当今发明的理念硬套到18世纪的启蒙思想家头上。比如,20世纪各种思想流派纷纷把200年来西方社会出现的问题都放到"现代性"这个箩筐中——几乎所有现代世界的问题都被归结为现代性问题,而所有现代性问题都归咎于启蒙运动:帝国主义、殖民主义、法西斯主义、纳粹主义、乌托邦主义、资本主义的罪恶源头都被追溯到18世纪"理性时代"。[7]

这种对"启蒙理性"和"现代性"的认知至少在两方面跟历史不符。首先,18世纪的主流启蒙思想家使用的"理性"一词含义宽泛,更接近于日常语言中的"常识""常理常情""讲理"

等。大致可以说,启蒙思想家讲的"理性"是一种"常识理性",他们用这种"常识理性"反对盲从教会权威:教会不能再以神启的名义,用恐吓和酷刑的手段证明自己正确,而是要通过"讲理"来说服别人。从伏尔泰到潘恩都是在这个意义上使用"理性"这个词。康德固然讲启蒙是敢于运用理性,但运用理性认知只是启蒙的使命之一,是人脱离不成熟状态,进入心智成年的必要条件,而不是充分条件。况且,"敢于运用理性"的"敢于"或"有勇气运用理性"的"勇气"本身,就涉及人的意志和道德信念,不是纯粹的理性活动。

其次,理性无疑是启蒙运动的一个关键词,但不是唯一的关键词。18世纪各国的启蒙者往往把人文、幸福、敬畏、希望等跟理性并举,不仅强调运用理性消除认知蒙昧,避免盲从权威,同时强调感性、情感、同情心在人性和社会生活中的地位。启蒙运动不仅是理性时代,也是感性时代。比如,亚当·斯密(Adam Smith)在写《国富论》(*The Wealth of Nations*)前,先写了《道德情感论》(*The Theory of Moral Sentiments*),分析人这种复杂的社会动物,说明人群是靠同情心、道德感等纽带组成社会,在这种前提下各自追求利益,并不是只会利益算计的经济动物。斯密出版《道德情感论》是在1759年,比《国富论》早17年,而且他一生中不断修改《道德情感论》,直到去世前一年还在修改,去世那年出了第六版。[8]这些修改主要集中在扩充论述人的同情心、同理心、公民德行、道德责任等方面。跟斯密同时代的休谟讲"理性是激情的奴仆",更是广为人知。

二 反启蒙

法兰克福学派的霍克海默（Max Horkheimer）和阿多诺（Theodor Adorno）把20世纪出现的社会和政治问题归咎于"启蒙理性"。在1947年出版的《启蒙辩证法》（*Dialektik der Aufklärung*）中，这两位法兰克福学派哲学家认为，启蒙有无法克服的自我毁灭逻辑，把理性作为绝对权威，试图借助科学和逻辑控制自然，最终导致法西斯和纳粹极权主义、资本主义生产方式和现代工业社会的同质文化。同为法兰克福学派的哈贝马斯（Jürgen Habermas）曾经批评这种对启蒙的过分简化的概括。波兰史学家莱谢克·柯拉柯夫斯基（Leszek Kolakowski）评论说，霍克海默和阿多诺发明了自己的启蒙概念，把他们不喜欢的东西都装到里面：实证主义、逻辑、演绎和经验科学、资本主义、金钱万能、大众文化、自由主义、法西斯主义，一言以蔽之，都是启蒙运动的错。但是，启蒙运动和启蒙理性何以既导致法西斯极权主义，又导致跟法西斯极权主义截然不同的个人自由主义？霍克海默和阿多诺则语焉不详。[9]

《启蒙辩证法》在1972年才被译成英文。[10]20世纪下半叶，在英语世界"反启蒙"最具有影响力的是自由主义哲学家以赛亚·伯林（Isaiah Berlin）。里奇·罗伯逊认为："霍克海默、阿多诺刻画的启蒙形象，跟以赛亚·伯林搬运到英语世界的启蒙形象存在着惊人的相似。"[11]他把伯林对启蒙运动的理解——或者更确切地讲，对启蒙运动的误解——一直追溯到20世纪30年代伯林早年的著作。当时,伯林接受出版社约稿,写一本卡尔·马克思传记。在写作过程中,伯林主要参照俄国马克思主义理论家普列汉诺夫的名著《论一元论史观的发展》。普列汉诺夫认为,马克思从法国启蒙主义思想中发展出了唯物史观。虽然伯林没有全盘接受普列汉诺夫的观点,但对马克思主义和启蒙运动渊源关系的看法却深受其影响。在《卡尔·马克思》中,伯林认为,启蒙运动的诉求就是通过运用理性,把人从贫穷、专制和神权中解放出来,建立美好的社会乌托邦。伯林在概述法国启蒙运动时,把伏尔泰、狄德罗、卢梭等最重要的启蒙思想家放到一边,反而突出霍尔巴赫(Baron d'Holbach)、爱尔维修(Claude Helvétius)等二流启蒙哲学家的观点,跟普列汉诺夫的做法如出一辙。[12]

伯林对启蒙运动的"乌托邦"成见贯穿他的学术生涯。1956年,他为自己编纂的《启蒙时代:18世纪哲学家》(*The Age of Enlightenment: The Eighteenth Century Philosophers*)写导言,重申他早年的观点,把启蒙运动描述成理性乌托邦。在他编选的启蒙哲学家文献中,法国哲学家只占7页,包括伏尔泰《哲学书简》中的一个段落,而英国哲学家则占到235页,相对完整地选取了约翰·洛克(John Locke)、大卫·休谟、乔治·贝克莱(George Berkeley)等人的著述。值得注意的是,他选取的这些材料并不支持他在导言中的结论。无论是伏尔泰,还是洛克、休谟、贝克莱,都没有他批评的那种建立理性乌托邦或社会乌托邦、一劳永逸地解决人类社会问题的诉求。[13]

伯林的政治取向和学术旨趣跟霍克海默、阿多诺不同,对启蒙运动却与二人有着惊人相似的偏见。二战以后,他借助自己的社会声誉和学术名望，把"反启蒙"（Counter-Enlightenment）变成文化界和思想界的流行术语，并采用二元对立的方法，把启蒙和反启蒙描述成18世纪思想家两种互不相容的诉求：启蒙意味着理性至上、普世文明、人类进步、乌托邦等，反启蒙则意味着情感追求、文化独特性、原始创造力、回归自然等。为了跟法国和英国的启蒙哲学家阵容相对抗，伯林推举出维科（Giambattista Vico）、哈曼（Johann Hamann）、赫尔德（Johann Herder）等反启蒙思想家阵容。[14]

伯林把启蒙运动分割成启蒙和反启蒙两个对立阵营，是否有足够的历史依据呢？史学家盖伊和伊斯雷尔都认为，尽管各国启蒙运动呈现出多样性，但启蒙运动是一个有大致共同诉求的知识和文化运动。罗伯逊赞同这两位历史学家的看法，指出伯林对维科、哈曼和赫尔德的思想描述充满了误读和夸张，缺少历史依据；跟伯林的结论相反，这几位所谓"反启蒙"人物的诉求跟启蒙运动的根本诉求——追求幸福——是一致的。他们是启蒙运动的一部分，而不是独立于启蒙运动之外的反启蒙者。追求幸福可以在理性和感性方面各有侧重，但启蒙者有着不同于此前任何时代的共同诉求："要追求幸福，我们不能预先规定人怎么才能幸福。"[15]换言之，启蒙不是要建立一个永恒的乌托邦社会，把人训练成像机器一样按照理性设计的规则运转。与其说启蒙是追求被别人设计好的幸福，毋宁说启蒙是每个人运用自己的理性和感性，不断探寻什么是幸福。

在分析伯林"反启蒙"理念的由来时，罗伯逊着重指出德国史学家迈内克（Friedrich Meinecke）对他的影响。在迈内克看来，英法启蒙运动崇尚抽象、普世和永恒的理性权威，追求绝对真理；

德国启蒙运动则强调感性和人性的丰富性。在为迈内克著作《历史主义的起源》英文版（Historism: The Rise of a New Historical Outlook）写的序言中，伯林重复了迈内克的二分法，并将其通俗化为启蒙与反启蒙的对立。这意味着，伯林事实上是把19世纪以降德国学界对英法启蒙运动的"敌视"搬运到20世纪下半叶的英语世界。[16]

伯林对启蒙运动的解读——启蒙就是把人从蒙昧和迷信中解放出来，在世俗世界追求幸福，显然是正确的。他推崇长久被英语世界忽视的维科、哈曼、赫尔德等思想家对感性启蒙的贡献，极大地丰富了后世，包括里奇·罗伯逊等当代学者对启蒙运动的理解。作为哲学家，伯林擅长使用二分法，把同一个对象一分为二，在对比中阐述各自的特性，条理十分清晰。比如，他曾经把自由分为"消极自由"和"积极自由"，为学界所熟知，为大众所广泛接受。不过，伯林用同样的方法把启蒙运动分为启蒙和反启蒙，则流于牵强。二分法固然有助于把观点讲得清晰明了，但也容易把复杂的问题简单化，人为地把本来相辅相成的历史现象对立起来。另外，伯林把启蒙运动崇尚的追求幸福等同于建立社会乌托邦的政治诉求，显然流于草率。

人生的意义在于在此世追求智慧、德行和感性生活的幸福，政府的目的在于保护民众平等地追求幸福的权利和自由，这是启蒙运动的观念；承诺人人幸福的乌托邦理论是政治鸦片；按照统一的幸福标准建立强制所有人服从的制度乌托邦，则是跟启蒙诉求相反的政治压迫。伯林显然没有在三者之间做充分的辨析。

结　语

三 启蒙与革命

奈保尔曾把追求幸福称为"观念之美",认为这是现代文明中最具有普世意义的价值,跨越了宗教、种族和文化界线。追求幸福是人们"习以为常的说法,觉得理所当然,也容易被曲解"。但它却是现代文明的核心价值,"这种文明之所以对远近无数人充满吸引力,核心在于追求幸福的观念……这是个富有弹性的观念,适合所有人。它意味着某种特定的社会、某种觉醒的精神……它的内涵如此丰富:个人、责任、选择、睿智的生活、职业精神、追求完善和成就。这是个包罗万象的观念。它无法被削减成一个固化的体制。它不会促发盲从狂热。但我们都知道它存在,因为它的存在,那些僵化的体制终将灰飞烟灭"[17]。

传统社会中,制度和习俗把人分成三六九等,追求幸福是一种按高低贵贱远近亲疏分配的特权,自上而下层层打折扣。18世纪下半叶,追求幸福跟平等、自由的启蒙运动观念一起,成为革命时代的理想。在美国革命中,1776年签署的《独立宣言》把追求幸福作为人人与生俱来的权利;在法国革命中,1793年颁布的《宪法》把"公共幸福"当作社会目标。

不过,任何观念和政治事件之间都存在极其复杂的关系。美国革命和法国革命都不是简单的革命者把启蒙理想付诸革命行动的结果。观念很少直接变成政治行动,在解释政治事件的时候,需要着眼于具体的社会环境和历史事实。换言之,要把政治事件作为政治事件去解释,而不是单纯从政治理念的角度去解释。近

200年来,思想界存在夸大观念在政治事件中作用的倾向。尤其是在描述启蒙运动跟法国革命的关系时,"观念在法国革命中的重要性可能被夸大了"。政治事件的发生和演进往往有自身的逻辑,即政治的逻辑。"不管哪种学术理论激发了哪些革命者,法国革命是个政治事件,有其自身的动因。人们不需要启蒙运动给他们灌输对自由的渴望,才会反抗旧王朝往往是触目惊心的不公。回顾那段历史,随着一系列事件加速发展,人们似乎越来越分化成势不两立的敌友阵营。"[18]

法国革命演化成雅各宾党的恐怖统治后,思想界出现褒美国革命、抑法国革命的潮流。埃德蒙·伯克对法国革命中激进主义的声讨和对美国革命中保守主义的褒扬流传了两个多世纪。大卫·休谟说自己"原则上是个美国人",认同美国革命的理念。弗里德里希·席勒(Friedrich Schiller)赞赏美国革命倡导的"生命、自由和追求幸福"的权利,甚至考虑移民美国。他认为,美国人在政治上比较成熟,能够有秩序地实现革命理想,不像法国人,草草革命,以恐怖统治收场。[19]类似的观点在当今学界仍然十分流行。

针对这种流传已久的贬抑倾向,历史学家会问:法国是否有可能接受温和的启蒙理念,走上英国的君主立宪道路或美国的民主共和道路?罗伯逊和伊斯雷尔都曾问过同样的问题。两人的结论大体一致:法国革命不是一群拥有激进启蒙理念的革命者把恐怖理念变成恐怖行动,雅各宾党的恐怖统治是在君主立宪和民主共和失败后才出现的结果。换言之,是当时法国的社会状况和各方政治势力的具体操作,而不是启蒙观念上的温和或激进,导致法国革命最终走上恐怖道路。罗伯逊尤其强调，单纯从激进启蒙理念的角度，无法令人信服地解释法国革命的暴力和血腥，必须着眼于当时一系列社会问题和政治事件的细节。[20]对于史学家来说，魔鬼在历史细节中，上帝也在历史细节中。

无论是美国革命，还是法国革命，都是多种思想、政治、经济和社会因素在历史中机缘巧合的结果。启蒙观念只是引发革命的因素之一。不是有人想保守，就不爆发革命了；也不是有人想革命，革命就会爆发。在思想观念和政治事件之间隔着学者现在还无法完全理解的一些层面和因素。埃德蒙·伯克有把英国保守传统极端化和把君主立宪的英国模式绝对化的倾向。但历史发展表明，英国传统和英国模式不符合大部分国家的现实。比如，连英国在北美的殖民地臣民都不愿维持英国的君主立宪模式，宁肯革命造反，也不要英国王室统治。美国独立之后，也不再照搬英国的君主立宪模式。而法国革命爆发后，既尝试过英国的君主立宪模式，也尝试过美国的民主共和模式，都失败了，没有成功的社会土壤。

四　保守与激进

20世纪的几场人类灾难被很多学者归罪于激进主义，学界内外很多人因此倒向保守主义。但保守主义往往维护传统中优良的东西，也维护传统中伪恶的东西。好坏良莠在历史中竞争，在某个历史时段哪一面占上风，取决于具体的传统、具体的人群，以及当时的社会状况、经济状况、时代精神等因素。可能更重要的是，取决于多种因素同时发挥作用的历史机缘。

在埃德蒙·伯克发表对美国革命的看法时，美国刚刚独立，很多理念和事件还没有在历史中展开。200多年后，回顾伯克对美国革命的评价，不免让人感到有草率和短视之嫌。美国革命并不是完成于1776年宣布独立，甚至不是完成于1787年立宪。立宪时的妥协造成的后遗症在此后的历史中逐渐积累、酝酿，不断呈现出来。比如说奴隶制，立宪后的半个世纪，北方各州经过制度改良，以不流血的方式先后废除了奴隶制，但这种温和的改良在19世纪50年代走入死胡同。南方州不但拒绝以和平方式废除奴隶制，而且要把奴隶制扩展到新纳入美国版图的州。在亚伯拉罕·林肯1861年就职总统前，已经有7个蓄奴州宣布脱离联邦。立宪时和立宪后半个多世纪的妥协终于导致国家面临分裂的危险。林肯总统就职后，尝试继续通过妥协的方式避免联邦分裂，但所有努力都失败了。伯克崇尚的温和、保守、妥协终于没能避免大规模内战，付上60多万平民和一位总统的生命代价，后遗症影响至今。

比之伯克，当代人能够把美国革命放到更为纵深的历史进程中审视。史学家埃里克·方纳（Eric Foner）把美国内战和战后重建称为"第二次建国"。从政治诉求和战后立法看，内战显然是美国革命的继续。内战结束后，《宪法》增加了第十三、十四和十五修正案，在法律上把"平等、自由、追求幸福"等启蒙观念扩展到所有公民。所以，如果把美国革命放到更广阔的历史背景里看，它并不比法国革命更温和、更保守、更妥协，造成的暴力、流血和人命损失并不比法国革命小。况且，正如里奇·罗伯逊指出的那样，美国建国者在奴隶制等问题上的妥协，首先并不是因为他们的保守理念和英国的温和传统，而是在当时殖民地的历史条件下，不得已而为之。"没有这种妥协，在立宪问题上就达不成共识。但那种'特色制度'对后来美国历史造成的邪恶后果早已尽人皆知。"[21]

埃德蒙·伯克去世于1797年。那一年，美国的第二任总统刚刚就职，美国还是一个没有完全成形的国家，立宪时妥协的后遗症还没有在历史中充分展开。无疑，伯克对美国革命和法国革命有着深刻的洞见，在身后200多年间启发了无数思想者。同时，他和他的思想是18世纪英国历史的一部分，打着那个特定历史时空的烙印。托马斯·潘恩曾在《人的权利》(*Rights of Man*)中批评伯克："伯克先生把死人的权威置于活人的权利和自由之上。"[22]

在探讨启蒙与革命、保守与激进等问题时，我们受益于埃德蒙·伯克的思想洞见，但也要聆听他的同时代人对他的批评，还有他身后历史发展对他的真知灼见和偏见从正反两个方面的验证。尊重历史传统和思想权威，但不做历史的囚徒或盲从权威，这正是在美国革命和法国革命中都得到弘扬的启蒙精神。

史学家杰弗里·科林斯(Jeffrey Collins)曾指出启蒙运动被后世长久忽视的一面，即"敢于感知"。[23]用一个短语或一句话概括影响了人类历史200多年的那场运动并不容易。比起被广泛误解的"敢于运用理性"或同样容易引起误解的"敢于感知"，可能另一个表述是更恰当的——"敢于追求幸福"——这是启蒙运动一以贯之的主题。不管我们赞成还是反对，喜欢还是不喜欢，启蒙运动带来了观念和生活方式的巨变，人们不再让神明或祖先主宰自己的命运，而是自己决定成为什么样的人，过什么样的生活。而这种生活方式的巨变充分体现在美国革命的理想中，尤其是对人人有追求幸福的权利的政治承诺中。

五　法律与公道

"启蒙运动不是观念的故事,而是观念跟社会现实互动的故事。"[24]美国革命和建国后的200多年历史同样如此。"追求幸福"的理想和观念具体化在立法、政令和法院判决中,才具有现实可操作性;变成各阶层的共识,才能成为国民生活方式。这是一个多渠道、多层面的漫长演进过程。

笔者赞同法律史家劳伦斯·弗里德曼(Lawrence Friedman)的说法,法律不是一个自成一统的领域,而是"社会的一面镜子,尽管可能是一面扭曲的镜子"。[25]抽象的法理和原则必须体现在具体立法中才有现实意义,法律条文和不成文的习惯法必须体现在法院判决中才有生命力。而且,法院对法律条文和习惯法的解释并非一成不变的,而是处在不断的变化之中——每个案件的事实都不可能跟此前的案件相同,即便事实雷同,当事人的境遇和社会环境也可能发生了变化,这些因素都会影响法院对成文法和习惯法的解释。弗里德曼称他的《美国法律史》(*A History of American Law*)为"法律的社会史",说"可能在某种意义上社会是法律的镜子","形式跟着功能变,而不是功能跟着形式变",所以,回顾历史不是怀旧,也不是为了"寻找化石,而是研究在时间长河中展开的社会发展"[26]。

法律不仅依存于社会土壤,而且也依赖权力的其他分支而存在。经常被中文学界引用的约翰·罗尔斯(John Rawls)曾经说:"宪法不是最高法院说什么就是什么。毋宁说,宪法是人们通过其他权力分支依宪而行,最终允许最高法院说宪法是什么。最高法院对宪法的具体理解必须随修正案改变，或者随广泛而持久的政治多数派的理解而改变，像新政时期那样。"[27]不过，历史中经常出现国会和行政不作为的情况，对基本的法律不公视而不见，法院就成为受害者申诉的唯一政府渠道。如果法院的大门也关上了，法官也对不公现象视而不见，或者把球踢给立法和行政当局，实现社会正义的路就暂时被阻断了。

同时，法院作为政府权力的一个分支，有其行使权力的宪法边界，尤其要警惕不可充当"柏拉图式保护者"的角色。[28]行使司法审核权和越权干涉其他权力分支之间并没有一条明确的界线，在最高法院大法官中也经常引起激烈争论。厄尔·沃伦做首席大法官时，很多人批评他过于关注社会公正和公平问题，让法院承担了本应由国会承担的立法功能。在一次讨论案情的会议上，费利克斯·法兰克福特大法官言辞激烈："他妈的，你是个法官！你不能凭你的正义感或你的个人偏好判案。"沃伦首席大法官回敬道："感谢上帝，我还没有丧失我的正义感。"[29]在开庭辩论时，他在听取双方律师的陈述和申辩后，经常说："好的。"但接着问："这样公平吗？"[30]

寻求公平和公道是西方法律的悠久传统，从亚里士多德起就辨析法律的正义和公道的正义：按照法律条文和惯例判决的结果有时会不公平，违反公道原则。在亚里士多德看来，出现这种情况时，需要用公道的正义矫正或补充法律的正义。[31]为了体现公道的正义，英国历史上曾经设立衡平法院，主要功能之一是矫正普通法法院的缺陷。衡平法院的地位甚至一度超过普通法法院。美国建国前后均承袭英国的司法传统和法院建制，虽然晚近各州纷纷把衡平法院纳入了普通法法院系统，但衡平法院的程序和公道原则却在司法实践中保存下来。联邦法院系统经历了类似的历程。有论者甚至把1938年的《美国联邦民事程序规则》称为"衡平法战胜普通法"的产物。[32]最高法院在一些判决中显然也考虑公道因素。有些大法官把法院仅仅作为"法律的解释场所"，而有些大法官则把法院当作"主持正义的场所"。对于后者而言，"一言以蔽之，必须用公道填补法律体制的空白"[33]。

无论在理论上还是在实践上，法律的正义和公道的正义都是英美法的悠久传统。两种不同传统体现在不同法官身上。费利克斯·法兰克福特大法官坚持法律的正义传统，也就是亚里士多德讲的"直尺"标准——严格按照法律条文和判例解释法律，做出判决。厄尔·沃伦大法官认为，严格遵循形式的法律正义固然重要，但远远不够，法官还要弘扬公道的正义传统，看判决结果是不是公道，对当事人是不是公平，也就是亚里士多德讲的"曲尺"传统——只用"直尺"建不成神庙。[34]公道的正义传统在美国司法中受到很多保守人士的批评，被称为"司法能动主义"。[35]比如，法院推翻涉嫌违宪的国会立法，为当事人主持公道，常被指责越俎代庖，违反了权力制衡原则和《宪法》的权力分配，或者说滥用了司法审核权。法兰克福特大法官强调司法自律，就是为了避免出现这种情况。

司法自律假定，在权力制衡的制度设计中，三个权力分支各司其权，各尽其职。但在现实世界，国会受制于多数民意，经常不尽其职，对社会上弱势群体和少数族裔遭受的不公道视而不见，没有意愿也没有能力立法消除冲击社会良知的不正义现象。历史上，少数族裔争取平权和妇女争取选举权都曾经历过国会不作为、法院推脱的状况。在司法和立法相互踢球的游戏中，无数民众的宪法权利就落进了一条巨大的法律缝隙中。很多法官看到体制的这个缺陷，要补上这个漏洞，不但把法院作为解释法律的场所，也让法院成为伸张正义、主持公道的场所。他们不是要代替国会立法，而是让被不正义的法律侵害的当事人获得公道的结果。[36]

正因为这一公道的正义传统，弱势群体和少数族裔发现，他们争取平等权利的最好盟友往往不是国会的民意代表，而是法院。不管是法律的正义还是公道的正义，都要靠独立的专业法院系统来实现，同时离不开普通人，尤其是被社会忽略甚至遗忘的"小人物"的主动参与和坚守。在最高法院看来，普通人通过法院争取权利与自由的过程，即一个有秩序地追求幸福的过程："毫无疑问，（自由）不仅意味着免于人身束缚，而且意味着享有个人缔结契约、求职谋生、获取知识、结婚成家、养育子女、按自己良知的律令敬拜上帝等权益，普通法历来承认，自由人要有秩序地追求幸福，这些权利必不可少。"[37]这意味着，把《宪法》保障的自由人的权利从法律（*de jure*）变成现实（*de facto*）是法院的职责，而在法律秩序中争取追求幸福必不可少的平等权利是现代文明人的生活方式。

注释

1　Jonathan I. Israel, *Democratic Enlightenment* (Oxford : Oxford University Press,

2011), 443–478.

2 Thomas Paine, *The Age of Reason : An Investigation of True and Fabulous Theology* (New York : Liberal and Scientific Publishing House, 1877).

3 John G. Hibben, *The Philosophy of the Enlightenment* (New York : Charles Scribner's Sons, 1910).

4 Peter Gay, *The Enlightenment : An Interpretation, Volume I, The Rise of Modern Paganism* (New York : Alfred A. Knopf, 1966). Peter Gay, *The Enlightenment : An Interpretation, Volume II, The Science of Freedom* (New York : Alfred A. Knopf, 1969).

5 Jonathan Israel, *Radical Enlightenment : Philosophy and the Making of Modernity 1650—1750* (Oxford : Oxford University Press, 2001). Jonathan Israel, *Enlightenment Contested : Philosophy, Modernity, and the Emancipation of Man 1670—1752* (Oxford : Oxford University Press, 2006). Jonathan Israel, *Democratic Enlightenment : Philosophy, Revolution, and Human Rights 1750—1790* (Oxford : Oxford University Press, 2011). Dan Edelstein, *The Enlightenment : A Genealogy* (Chicago : The University of Chicago Press, 2010).

6 Ritchie Robertson, *The Enlightenment: The Pursuit of Happiness, 1680—1790* (New York : HarperCollins, 2021), 706.

7 同上，769–780。

8 Adam Smith, *An Inquiry into the Nature and Causes of the Wealth of Nations*, Volume I & II. First Edition (London : W. Strahan, 1776). Adam Smith, *The Theory of Moral Sentiments*, Volume I & II, Sixth Edition (London : A. Strahan, 1790).

9 Ritchie Robertson, *The Enlightenment : The Pursuit of Happiness, 1680—1790*, 775.

10 Max Horkheimer and Theodor Adorno, *Dialectic of Enlightenment*, translated by John Cumming (New York : Continuum Pub. Co., 1972).

11 Ritchie Robertson, *The Enlightenment : The Pursuit of Happiness, 1680—1790*, 776.

12 同上，776–777。Isaiah Berlin, *Karl Marx: His Life and Environment* (Oxford : Oxford University Press, 1939).

13 Ritchie Robertson, *The Enlightenment : The Pursuit of Happiness*, *1680—1790*, 777. Isaiah Berlin, *The Age of Enlightenment : The Eighteenth Century Philosophers* (Oxford : Oxford University Press, 1956).

14 Ritchie Robertson, *The Enlightenment : The Pursuit of Happiness*, *1680—1790*, 777–778.

15 同上，779。

16 同上，778。Friedrich Meinecke, *Historism : The Rise of a New Historical Outlook*, translated by J. E. Anderson (London : Herder & Herder, 1972).

17 V. S. Naipaul, "Our Universal Civilization", *The New York Times*, November 5, 1990, https ://archive.nytimes.com/www.nytimes.com/books/98/06/07/specials/naipaul-universal.html.

18 Ritchie Robertson, *The Enlightenment : The Pursuit of Happiness*, *1680—1790*, 730–731.

19 同上，717。

20 同上，720–722。

21 同上，717。

22 同上，740。

23 Jeffrey Collins, "The Enlightenment Review : Daring to Feel", *The Wall Street Journal*, March 12, 2021. https ://www.wsj.com/articles/the-enlightenment-review-daring-to-feel-11615561782.

24 Jonathan I. Israel, *Democratic Enlightenment*, 4.

25 Lawrence M. Friedman, *A History of American Law* (New York : Simon & Schuster, 2005), 1.

26 同上，1–3。

27 John Rawls, *Political Liberalism* (New York : Columbia University Press, 1993), 237–238.

28 *Griswold v. Connecticut*, 381 U.S. 479, 526–527 (1965). *Powell v. Texas*, 392 U.S. 514, 547 (1968). *Plyler v. Doe*, 457 U.S. 202, 242 (1982). *Holder v. Hall*,

512 U.S. 874, 913（1994）.

29　Ed Cray, *Chief Justice : A Biography of Earl Warren*（New York : Simon & Schuster, 1997）, 356.

30　同上, 558。

31　Aristotle, *Nicomachean Ethics*, translated by J.E.C. Welldon（New York : Macmillan and Co., 1902）, 171.

32　John H. Langbein, Renee L. Lerner, Bruce P. Smith, *History of the Common Law : The Development of Anglo-American Legal Institutions*（New York : Aspen Publishers, 2009）, 269.

33　Michael A. Lawrence, "Justice-as-Fairness as Judicial Guiding Principle : Remembering John Rawls and the Warren Court", *Brooklyn Law Review*, Vol. 81, No. 2（2016）, 694.

34　Aristotle, *Nicomachean Ethics*, 172.

35　Keenan Kmiec, "The Origin and Current Meanings of 'Judicial Activism' ", *California Law Review*, Vol. 92, No. 5（October 2004）, 1441–1477.

36　Bernard Schwartz, *A History of the Supreme Court*（Oxford : Oxford University Press, 1993）, 275–285.

37　*Meyer v. State of Nebraska*, 262 U.S. 390, 400（1923）.

附录：美国联邦法院的司法审核权

如若立法权、行政权和司法权集于一身，不论是集于一个人、少数人或多数人，也不论是世袭、任命还是选举产生，均可断定暴政无疑。

——詹姆斯·麦迪逊

《宪法》或者是不能由一般法案更改的最高大法，或者是和一般立法法案一样，可由立法者随意更改的法律。如果前者为真，那么违反《宪法》的立法便不是法；如果后者为真，那么以人民的名义把《宪法》写到纸上限制一种本质上无限的权力就成了一种荒谬的企图。

——约翰·马歇尔大法官"马伯里诉麦迪逊案"判决书

一　司法审核权

2020年9月，离大选不到两个月，美国最高法院大法官露丝·金斯伯格去世，再度引发了总统对最高法院法官提名和任命的争议，成为大选的舆论焦点之一。围绕这个问题对选情的影响，出现了各种评论和推测。最高法院法官的提名和任命之所以受到社会各界关注，是因为最高法院有司法审核权。什么是司法审核权呢？简单讲，就是联邦法院有权解释《宪法》，并宣判总统、国会、各州政府和州议会的政策或立法是否违反《宪法》。

按照美国《宪法》，最高法院拥有司法权，是美国政府的三个权力分支之一。中文世界习惯于以"三权分立"概括美国的制度。此处的"权"是指政府统治国家的权力，而不只是政府部门的具体职能。孟德斯鸠（Montesquieu）是现代法学中"分权"学说的奠基人。他把国家权力一分为三，即立法、行政和司法。按他的论述，"三权分立"的目的是为了保证公民的自由："如若司法与立法、行政不分立，则无自由可言。"[1]这句话成为现代政治制度中有关三权分立的箴言。孟氏创立这个学说深受英国君主立宪制的启发，但这一学说在理论上的完善和具体实践，却是在美国独立之后的政治建构中完成的。

詹姆斯·麦迪逊和亚历山大·汉密尔顿（Alexander Hamilton）曾对美国《宪法》的制定和政治制度的建立起过举足轻重的作用。孟德斯鸠是他们最爱引用的作者之一。尤其那句阐述"三权分立"的话，更是被他们反复引用。麦迪逊曾经发挥孟德斯鸠的学说，警告权力集中必然导致"暴政"："如若立法权、行政权和司法权集于一身，不论是集于一个人、少数人或多数人，也不论是世袭、任命还是选举产生，均可断定暴政无疑。"[2]

不过，三权分立只是美国政体的一面，更重要的一面是行政、立法、法院的权力相互制衡。所以，分权加制衡才是美国政治制度的核心和灵魂。分权制衡既避免了全权政府对公民自由与权利的损害，也避免了政府权力过度分散而丧失对国家的治理能力。不过,"三权分立"并不意味着在政府的三个分支之间平均分配权力。因为,立法、行政和法院三个部门的权力是不平衡的。其中,立法与行政的权力远远大于法院的权力。汉密尔顿曾经对这三种权力做出比较:立法机关掌握财权并且制定法律;行政部门任命官员并且掌握武力;法院既无军权也无财权,只有判决权,而且判决能否得到执行也完全依赖行政部门。因而,他总结说:法院在三种分立的权力中属于最弱的一种,难以与立法、行政平起平坐。[3]

汉密尔顿分析三种权力不均衡的主要目的在于,揭示立法、行政与司法三种权力之中哪一种最有可能危害人民的自由。立法机关与行政部门因为大权在握,最有可能滥用权力,而法院因自身权力弱小,难以单独对人民的自由构成威胁。所以,在三权分立的政体之下,对自由的威胁很难单独来自法院。法院若要威胁人民的自由,必须与立法机关或行政部门相勾结。同样,法院因为没有实权,一旦与立法或行政相勾结,则必然将自己置于后者的权力庇荫之下,从而成为立法与行政的走卒。一旦如此,便徒有分权之名,而无分权之实。因此,防止法院依附于立法或行政,便成为保证人民自由的当务之急。汉密尔顿曾经为此提出几种保证措施,比如,立法保障法官的收入不致减少、法官职务不受任期限制、法院对立法机关通过的法律以及行政命令具有司法审核权等。其中,法院的司法审核权使得既无军权又无财权的法院,有能力制衡大权在握的立法和行政部门。[4]

美国是一个"《宪法》之下的国家",《宪法》是立国的根本大法，所以任何法律或政令一旦违反《宪法》，即失去效力。法院审核权这项至关重要的权力并不见于《宪法》，而是见于汉密尔顿的论述。汉密尔顿在论证法院审核权时，十分强调《宪法》对立法权的限制，即立法机关不得通过剥夺人民自由的法律。换言之，任何一项剥夺人民自由的法律即属违宪，因而无效。问题的关键在于：由谁来决定一项立法是否违宪？汉密尔顿认为，法院应当拥有司法审核权，依照《宪法》审核某项立法是否违宪，并做出相应的判决。[5]

联邦政府的所有权力均来源于《宪法》。《宪法》规定和限制政府中行政、国会和法院各自的权力和职能范围。比如，《宪法》第一条规定国会的立法权限，第二条规定行政当局的权限，第三条规定法院的司法权限。其中，第三条第一款规定国家的司法权力属于最高法院以及国会设立的下级联邦法院，第二款规定最高法院及各级联邦法院对于宪法问题拥有司法管辖权。但美国《宪法》并无条文明确赋予法院对立法机构通过的法律和行政当局的政令进行司法审核的权力。司法审核权是美国最高法院通过对《宪法》条文的解释而确立的。具体讲，是由约翰·马歇尔（John Marshall）大法官在马伯里诉麦迪逊案中确立的。[6]可以讲，法院的司法审核权源于汉密尔顿的论述，基于《宪法》，确立于最高法院对《宪法》的解释。

二 "午夜法官"

马伯里诉麦迪逊案缘起于两届总统与国会交接期间的政治

斗争。1801年2月，托马斯·杰斐逊战胜联邦党在任总统约翰·亚当斯，赢得大选。同时，共和党在国会选举中大胜，从联邦党手中夺取了国会的控制权。新旧国会正式交接前，在国会中仍然占多数的联邦党通过了新的"司法法草案"；亚当斯总统在卸任前签署了这项法案，使之成为法律。新司法法案对1789年订立的《司法法》做出重要修正。其中包括扩充联邦地区法院及上诉法院，并增加数十名各级法院的法官。根据美国《宪法》第二条第二款，联邦法院法官由总统任命。亚当斯总统赶在卸任前任命了数十名联邦党人担任联邦法院各级法官，史称"午夜法官"。

这些被仓促任命的法官即包括联邦党人威廉·马伯里（William Marbury）。按照《宪法》和《司法法》，总统提名法官人选，经参议院核准后，总统签发委任状，由国务卿交由被任命人，被任命人携委任状赴任。亚当斯总统卸任前，大部分"午夜法官"的委任状已经递送本人，但马伯里和另外几位的委任状在两届政府交接前来不及递送。递送的任务就落到了新政府头上。杰斐逊总统指令其新政府停止递送上届政府尚未送出的委任状，让收不到委任状的被任命人无法赴任，以使亚当斯总统的任命落空。马伯里及其他几位没收到委任状的新任命法官要求杰斐逊总统的新政府履行其行政职责，及时递送委任状。在要求遭到拒绝后，马伯里等人将杰斐逊总统新任命的国务卿詹姆斯·麦迪逊告上法庭，要求法院强令新政府履行其行政职责，递送亚当斯前总统在任时签发的委任状。

原告与被告双方对案件涉及的主要事实没有太多争议，问题集中在法律方面，具体而言涉及三个主要法律问题：第一，原告是否有权获得委任状？第二，如果原告有权获得委任状，而且这一权利受到侵害，法律是否给予补救？第三，如果法律可以给予补救，是否应通过向法院申请强制令的方式予以补救？

关于第一个问题，法院认定马伯里有权获得委任状。主要原因在于，任命马伯里的程序完全合法：总统依照《宪法》提名法官，经过参议院投票通过任命，由总统签发委任状正式任命。而且，委任状作为任命的证据与任命本身是不可分割的；总统在签署委任状时任命已经正式生效，不因被任命人收不到委任状而无效。换言之，委任状一经总统签发即属于被任命人所有。国务卿向被任命人递送委任状是法律规定的一项行政职责。国务卿拒绝履行自己的行政职责，不及时向被任命人递送委任状，构成失职行为，侵害了马伯里等人的合法权利。[7]

关于第二个问题，最高法院首先对美国的法治做出宏观论述："公民自由的实质在于人人均有在受到侵害时寻求法律保护的权利。政府的首要职责之一即提供这种保护……美国政府被公认为法治政府，而非人治政府。当公民固有的合法权利被侵害时，如果法律不能提供补救，美国政府将无疑不配享有法治政府的称誉。"[8]

法院是否在任何情况下都有权审理行政当局的行为是否侵害公民权利呢？最高法院的答案是否定的。这涉及《宪法》中对政府权力的分配。《宪法》赋予总统某些政治权力，总统在行使这些权力时，直接对国家负责，只诉诸自己的良知，法院无权干预。比如，任命国务卿是《宪法》赋予总统的权力，国务卿依法履行总统的政治职责，法院无权干预总统的任命，也无权干预国务卿履行总统赋予的政治职责。

不过，履行总统赋予的职责只是政府官员的行政职责之一，而非全部。除了总统赋予的政治职责外，法律还赋予政府官员必须履行的行政职责。尤其是当公民的权利依赖于政府官员行使其法律赋予的行政职责时，政府官员就不再是总统意志的执行者，而是法律的执行者，必须受到法律的制约，不能按照自己的意志随意选择保护或侵害公民固有的权利。换言之，政府官员在履行职责时，应当让政治的归政治，法律的归法律。在纯粹的政治事务范围内，法院无权干涉；在法律范围内，法院有权审核政府官员的行为是否违法。

因而，当公民的合法权利受到行政当局侵害时，是否可以诉诸法律寻求补救，首先要看行政当局的做法是否属于政治决策和政治行为。如果总统决定与某国断绝外交关系，国务卿忠实地执行总统的意志，这属于政治决策和政治行为，法院无权对总统的此类决策和国务卿的此类行为做司法审核。如果行政当局的政治决策和政治行为需要审查的话，它们需要的是政治审查，比如国会的制衡，而非法院的司法审查。这体现了分权制衡的政治制度下权力分立的一面。

分权有其限度，制衡也有其限度。这个限度就是立法、行政、司法三个政府分支各自的权力边界，而《宪法》则是规范这个限度的最终标尺。如同行政当局和立法机构必须在各自的限度内行使行政权和立法权，法院也必须在自己的限度内行使司法权。马歇尔大法官将法院对行政当局的行为行使司法权的标准界定如下："如果法律赋予了行政一项具体的职责，而且个人的权利依赖于行政当局行使那项职责，当个人权利受到损害时，受害人有权诉诸国家的法律寻求补救。"所以，一方面，法院无权干涉行政当局的政治行为，另一方面，法院有权审核行政当局是否违法。在美国的法治中，这两个方面同样清楚。[9]

把这一原则运用于马伯里诉麦迪逊一案，法院认定亚当斯总统在任期间向参议院提名马伯里做法官，并在参议院核准后任命他为法官，是《宪法》赋予总统的政治权力，其行为属于政治行为。而且，按照《宪法》，总统有任命法官的权力，而无解雇法官的权力。马伯里一经亚当斯总统任命，杰斐逊总统无权终止这项任命或解除马伯里的法官职位。所以，马伯里对委任状拥有的权利不因新总统的意愿及其新政府的行为而终止，这项权利受到法律保护，属于法院司法审核的权限。作为国务卿，麦迪逊拒绝行使法律赋予他递送委任状的行政职责，损害了马伯里的合法权利，法律应对此予以补救。

问题是法律如何补救？或者说，马伯里是否可以通过向最高法院申请强制令的方式获得补救？这就是本案涉及的第三个问题，也是最为核心的问题——即使杰斐逊政府损害了马伯里的权利，法院只能在法律规定的权限内提供补救。换言之，最高法院必须决定在本案中法律是否赋予了自己发出强制令的权力——强制麦迪逊国务卿履行其行政职责。如果最高法院有权发出强制令，马伯里受到损害的权利就可以通过此案得到补救；如果最高法院在本案中无权发出强制令，马伯里的权利就仍然无法通过此案的判决得到补救。

三 "违反《宪法》的法律不是法"

按照英国普通法的传统，强制令由国王法院发出，以强制王权之下的任何个人、组织或下级法院履行与其职能相符的具体职责。法院发出强制令往往意味着，被告的个人、组织或下级法院没有履行其职责，有失职行为。普通法中的强制令是保证政府公平有效运作的重要法律机制。

在马伯里诉麦迪逊案中，马歇尔大法官引经据典，说明强制令的功能在于一方面维护个人权利，另一方面保障政府公平施政。如果法律赋予个人一项权利，政府有责任和义务履行职责，使个人权利得到保证。如果政府不作为或失职，使个人权利受到损害，又没有其他有效的渠道得到补救，法院就要主持公道，强令政府及有关官员履行其职责。一个不尽职的政府，既无公平也无正义可言，公民的个人利益常常受到侵害，社会就无法长治久安。强制令是对政府失职的一种补救，不过，最高法院认为，强制令不是唯一的补救渠道，而应当是最后的补救或补偿渠道——只有在其他补救渠道业已穷尽之后，受害人方能诉诸法院的强制令。

马伯里案的案情完全符合强制令的条件。道理似乎全在马伯里这一边，但他是否能够通过此案得到法律正义，却不完全依赖道理是否在他这一边，还要看法院是否有权依照正当程序主持正义。按照常理，法院既然认定道理在原告这一边，当然应该判原告胜诉。但是，法院不是国王，它的权力也有一个界限，这个界限就是法律。

法律与常理并不等同。在马伯里诉麦迪逊一案中，就马伯里是否有权要求签发强制令而言，显然法律和常理都在他这一边。他的权利因政府不作为而受到损害，他有权诉诸法律的保护，请求法院签发强制令，强制政府履行其依法必须履行的行政职责。不过，问题并未到此结束。在最高法院签发强制令之前，还有一个司法管辖权问题，即最高法院对此案是否拥有管辖权？在这一问题上，常理走到了尽头，法律与常理分道扬镳。

法院审理一个案件的前提是，必须对此案拥有司法管辖权。在美国分权制衡的政体中，每一个政府分支的权力都在《宪法》及国会依据《宪法》通过的有关法律中设立了界限。立法、行政、司法概莫能外。美国《宪法》和《司法法》对联邦法院的管辖权，包括最高法院的管辖权，设立了明确的规定和限制。联邦法院的司法管辖权因而被称为有限管辖权。法院的司法管辖权又分为初审管辖权与上诉管辖权。按照程序，原告必须首先在拥有初审管辖权的法院提起诉讼，初审法院审理后，若败诉方不服，可向拥有上诉管辖权的法院提出上诉。

《宪法》赋予国会立法权，但是，国会在行使立法权的时候，必须符合《宪法》。《宪法》明确规定最高法院只对有关大使、公使与领事以及州为当事方的案件有初审权，对其他案件没有初审权，但国会在交接前通过的新司法法草案却把强制令案件的初审权授予最高法院。在马伯里诉麦迪逊案中，最高法院认为，国会的这一立法违反了《宪法》。

如果法院已经认定国会通过的法律违反《宪法》，法院是否有权判决这些法律无效？马歇尔大法官对此展开了一段经典论述："一项违反《宪法》的法案是否可以成为国家的法律？这个问题，对合众国意义深远……美国的立国根基在于，人民固有为政府设立此类基本原则的权利，并以此实现自己的福祉。行使这项固有的权利需要付出极大的努力，人们不能也不应该周而复始地去做。是故，这类原则被视为基本原则，拥有最高权威和永恒不变的效力。人民按照这一固有的最高意志组织政府，并分配给政府各分支相应的权力。人民的意志或止于此，或进一步为政府各分支的权力设置不可逾越的界限。合众国的政治属于后者。立法机构的权力有其界定和界限。这些界限写在《宪法》中，不容搞错，也不容遗忘。如果这些界限被《宪法》意在限制的那些权力随意逾越，所谓限制权力以及把限制权力写进《宪法》的目的便成为空谈。如果《宪法》设立的这些界限无法限制它要制约的权力，如果《宪法》禁止的行为和《宪法》允许的行为有同等效力，无限权力政府与有限权力政府之间的界限就不复存在了。《宪法》约束违反《宪法》的立法，同样也约束通过一般法案改变《宪法》的立法，这一论断显而易见，不容置疑。在这一论断和其他不同的结论之间，没有第三种选择。《宪法》或者是不能由一般法案更改的最高大法，或者是和一般立法法案一样，可由立法者随意更改的法律。如果前者为真，那么违反《宪法》的立法便不是法；如果后者为真，那么以人民的名义把《宪法》写到纸上限制一种本质上无限的权力就成了一种荒谬的企图。"[10]

显然，立宪者的意图在于把《宪法》作为国家的最高大法，其他所有法律均在《宪法》之下，经受《宪法》的检验——那些违反《宪法》的法律无效。虽然美国《宪法》规定法院对所有关乎《宪法》问题的案件拥有司法管辖权，但立宪者并没有将法院审核立法的条文写入《宪法》。法院对立法做司法审核是一条由《宪法》引申出来的司法原则，这一原则对实施《宪法》不可或缺，被马歇尔大法官称为美国社会的基本原则。那么，在一个以分权制衡的有限权力政府中，哪一个权力分支有权决定一项法律符合或违反《宪法》呢？《宪法》对此没有明文规定，法院只能诉诸法理。

在这个问题上，马歇尔大法官深受汉密尔顿分权理论的影响。立法者建立法律，行政当局执行法律，法院依照法律审理案件。法院在将法律运用于具体案件时，必须解释法律。所以，解释法律属于司法分支的权力职责。在两条法律相互冲突、无法调和时，法院必须通过解释法律对案件做出判决："如果两条法律相互冲突，法院必须决定各自的有效性。假定一条法律违背《宪法》，而《宪法》和违背《宪法》的这条法律都适用于一个案件，这种情况下，法院或者要无视《宪法》，依照那条违背《宪法》的法律判案，或者依照《宪法》判案，无视那条违背《宪法》的法律。法院必须在两条相互冲突的法律之间做出选择。而这正是司法权力的实质。"[11]

由此，最高法院判决，新司法法草案授予最高法院审理强制令案件的初审管辖权违反《宪法》第三条第二款，并因违宪而无效。最高法院对马伯里的强制令诉求没有初审管辖权，他必须到拥有初审管辖权的下级法院提起诉讼。

四　法官、总统、党派

司法审核权是权力制衡中的一个重要机制。如前所述，汉密尔顿曾分析，在政府权力分支中最有可能威胁人民自由的是行政和立法两个分支，因为这两个分支拥有大量实权。

美国《宪法》设计的行政与立法间的制衡能够在一定程度上防止和纠正行政或立法分支滥用权力。比如，总统可以否决国会通过的法案，国会两院必须有三分之二赞成票才能否决总统的否决。但是，《宪法》设计的这种行政与立法间的制衡机制并非在所有时候都能杜绝行政或立法分支滥用权力，通过违背《宪法》的法律或推行损害公民权利的政令。在历史上和现实政治中，当行政和立法均由同一党派控制时，往往会发生滥用权力的现象。这时候，法院的司法审核权便有可能纠正行政和立法当局的违宪行为。

具体而言，对于国会和行政滥用权力，法院的司法审核权具有弥补和预防的双重作用。一方面，法院的司法审核权使得损害人民自由的法令即使在立法机关和行政部门通过，仍有可能被法院判为违宪而遭废止，从而不至于造成长久的危害。这是法院司法审核权的弥补作用。另一方面，当立法与行政当局可以预见到某项法令因损害人民的自由而可能被法院宣判违宪时，他们在企图滥用权力制定这项法令时便会有所节制。这是法院司法审核权的预防作用。

　　1869之前，美国最高法院法官的数量几经变化。但从1869年至今，最高法院一直由九名法官组成，每个案件的判决都经由法官投票，简单多数决定判决结果。按照《宪法》，联邦法院法官，包括最高法院法官，由总统提名、参议院确认、总统任命。一旦被任命，最高法院法官为终身制，除非主动辞职或被国会弹劾。1805年，最高法院法官塞缪尔·蔡斯（Samuel Chase）被众议院弹劾，但被参议院宣判无罪，弹劾失败。那是美国历史上唯一一起在众议院通过的对最高法院法官的弹劾案。

　　美国最高法院法官辞职大都因为个人原因，主要是退休。比如，最高法院的首位女法官桑德拉·奥康纳，由里根总统于1981年任命就职。2005年，她76岁时宣布退休。当时，共和党是参议院多数，小布什总统提名并任命塞缪尔·阿利托（Samuel Alito）法官继任。2018年，安东尼·肯尼迪（Anthony Kennedy）法官宣布退休，特朗普总统任命布雷特·卡瓦诺（Brett Kavanaugh）法官继任。将近一半的最高法院法官选择不退休，终生工作。比如，里根总统于1986年任命的安东宁·斯卡利亚（Antonin Scalia）法官，2016年2月在任上去世，终年80岁。再比如，克林顿总统于1993年任命的露丝·金斯伯格法官，在2020年大选前夕去世，终年87岁。

　　由于司法审核权的重要性，又因为总统掌握着法官的提名和任命，所以在总统大选中，候选人会承诺任命符合某种政治倾向的最高法院法官，将其作为动员选民的策略之一。一般而言，民主党总统候选人在竞选时会承诺任命自由派倾向的法官，共和党总统候选人在竞选时会承诺任命保守派倾向的法官。为了获得福音派选民的支持，整合保守派票仓，共和党候选人常用的一个策略是暗示任命保守派法官，推翻允许堕胎和同性恋婚姻的判例。这种选民动员策略每次大选都上演一遍。近几十年，这种竞选策略相当有成效。很多福音派选民会把票投给违背他们道德信条的一些总统候选人，是出于对总统任命保守派法官禁止堕胎、禁止同性恋婚姻的盼望。

尽管法院有司法审核权，但司法权仍然是三权之中最弱的一权。法院判决对人们生活的影响不像行政当局的政令和国会立法那么直接，作用和效果大都是间接的和长期的。在直接影响国家走向和民众的日常生活方面，总统和国会的能量比法院大得多。而且，从历史上看，最高法院在跟总统和国会的较量中处于下风。比如，小罗斯福总统上任后，参众两院都在民主党手中，通过了很多推行"新政"的法律，却屡屡被最高法院推翻。小罗斯福总统便推出一个增加最高法院法官数量的"法院重组"（Court-Packing）提案：每有一位年届70岁的现任法官，总统就任命一位新法官。如此一来，最高法院可以增加六名法官。最高法院的司法权威受到了真正的威胁，有保守派法官就变得不那么保守了，妥协并支持一些"新政"法律。

金斯伯格法官去世后，特朗普总统和共和党控制的参议院表示，将在大选前提名、确认并任命继任的最高法院法官。民主党方面则有人提议，如果拜登赢得大选，且民主党夺回参议院的话，可以学习小罗斯福总统，推出"法院重组"计划，增加最高法院法官的数量。不过，增加最高法院法官是把政治双刃剑。小罗斯福总统的"法院重组"计划在选民中相当不得人心。当时，民主党在参议院占绝对多数，但很多民主党议员也反对这个计划。总统跟国会有权做一件事跟做事是否明智是两回事。小罗斯福总统最后没有强推"法院重组"计划，避免了一场政治摊牌；最高法院法官适时让步，避免了一场跟总统两败俱伤的正面对抗。

特朗普总统提名法官，共和党参议院听证、投票确认，都在各自的宪法权限内。参议院共和党领袖米奇·麦康奈尔（Mitch McConnell）和多名共和党参议员2016年反对奥巴马总统在大选年提名和任命最高法院法官，2020年则支持特朗普总统的这种做法。道理上自相矛盾，但这是美国党派政治的常态：党派利益和自己的政治前途往往高于自己说过的话和讲过的道理。大选前一个月，特朗普总统提名埃米·巴雷特（Amy Barrett）法官接任金斯伯格法官，选前一个星期，参议院确认了提名，巴雷特法官得到正式任命。

按照《宪法》，联邦法官虽然由总统任命，且历届总统均任命符合自己政治理念的法官，但联邦法院是美国政府中最缺少党派色彩的一个权力分支。大多数联邦法院法官职务终身，不受行政和立法当局换届影响，不用去迎合民意，而直接对《宪法》负责。民意常变，政治风向常变，党派的政治诉求常变，而《宪法》不变。

不过，《宪法》不是一个僵死的文本，它的生命力存在于法院的解释和对案件的判决中。而法院不是在真空中运行，跟其他权力分支一样，是时代的产物；法官也不是按照预置程序运转的法律机器，在解释《宪法》时，免不了受当时社会良知觉醒程度的影响，往往会响应时代的呼声，为陈旧的《宪法》文本注入新的生命。比如，在历史上，最高法院曾宣判种族隔离和禁止跨种族婚恋符合《宪法》，但到了20世纪下半叶却宣判这两种传统做法违反《宪法》。[12]同一部《宪法》，不同的解释和判决，时移势易，最高法院对《宪法》条文的解释也随时代变化。

注释

1　Charles de Secondat, Baron de Montesquieu, *The Spirit of Laws*, translated by Thomas Nugent（New York：Colonial Press, 1899）, 151.

2　*The Federalist Papers*, No. 47.

3　*The Federalist Papers*, No. 78.

4　同上。

5　同上。

6　*Marbury v. Madison*, 5 U.S. 137（1803）.

7　5 U.S. 137, 155–162.

8　5 U.S. 137, 163.

9　5 U.S. 137, 166.

10　5 U.S. 137, 176, 177.

11　5 U.S. 137, 178.

12　*Plessy v. Ferguson*, 163 U.S. 537（1896）; *Brown v. Board of Education of Topeka*, 347 U.S. 483（1854）.